# ファンタジーの元ネタ

## 神話と宗教の解体神書

超

しんりゅう 著
沖田瑞穂 監修



KADOKAWA

# はじめに

本書を手に取っていただき、誠にありがとうございます。僅かでも興味を持っていただけたということは、おそらく「神話好き」あるいは「ファンタジー好き」なのではないかと思っています。そういった方のために心血を注いで執筆しましたので、ぜひ楽しんでいただけますと幸いです！　ちなみに以下には、書籍の執筆に至った経緯と、本書に込めた想いを綴りましたので、興味のない方は本編に早速飛んでください！

――書籍化させていただけませんか？　そんなご連絡をKADOKAWAさんからいただいたのは、２０２３年8月末のことでした。その頃はYouTubeのチャンネル登録者が目標の10万人に到達したばかりで、きっと浮かれていたのだと思います。そもそも出版社からお話をいただいたこと自体が嬉しくて「ぜひ！」とすぐにお答えしたのですが……まさかこんな大仕事になるとは、当時は思いもしませんでした。

恐縮ですが、ここで少しだけ自己紹介させてください。私は普段「しんりゅう／ファンタジー&神話研究所」というYouTubeチャンネルを運営し、神話や宗教の解説動画を週に1本のペースで公開しています。実は、動画制作にはびっくりするほどの労力がかかるため、「文献調査」「原稿の執筆」「事実確認と編集」「ナレーション録音」「動画編集」などなど、全工程を1人で行うことは私には不可能です（できる人もいるらしいです。すごすぎる！）。神話好きが集まって複数人で協力しながら動画制作を続けてきましたので、そういった意味で私「しんりゅう」は、いわば複合人格的な存在なのかもしれません。

もう1つ重要な点は、しんりゅうは「大学で神話学を研究している専門家ではない」ことです。ネット世界の片隅にギリギリ生息している、ただの神話好き（アマチュア）なんです。幼い頃からゲームやアニメ、漫画などのファンタジー作品が大好きで、その元ネタを調べていくうちに神話や宗教の面白さにハマり現在に至る、という感じです。

さて、書籍化のご連絡を受けて、編集者のKさんにも同様のことをお伝えしました。すると「ご専門の先生に監修していただき、ファクトチェックを徹底してつくりましょう」とおっしゃり、それから書籍の内容が決まり、企画が通り、構成が決まり……と話がトントン拍子で進んでいきました。

なお、本書のご監修を快く引き受けてくださった沖田瑞穂先生には、この場を借りて厚くお礼申し上げます。専門家ではない者の原稿を監修されるのは、大変なご苦労があったかと思います（かねて先生の本を読んでいましたので、これほど光栄なことはありませんでした！）。

本書の制作にあたって私は、「ゲームや漫画が好きで、元ネタの神話・宗教について広く知りたいけど理解が難しい！」という方に向けて執筆することにしました。私もかつて、分厚い専門書に挑戦しては幾度となく挫折した経験があります。そこで初学者向けに、「この1冊で神話と宗教が広く網羅できるし、ファンタジーに限らず古今東西の名作とのつながりもわかる！」という欲張りすぎる書籍を1から作ることを決意したのです。

そしてこれが、とんでもなく無謀な挑戦だったと後に気づくことになりました……（その詳細は「おわりに」に）。

すべての神話好き、そしてファンタジー好きに楽しんでいただけたらと思い、全力で執筆しました。様々な都合によって紹介できなかった項目や作品は、たくさんあります。ぜひ「あの作品の元ネタでもあるよね！」とそれぞれお好きな作品を思い浮かべながら、本書を読んでいただけると嬉しいです。

この本は、ファンタジー大好きオタクのしんりゅうがお送りします。

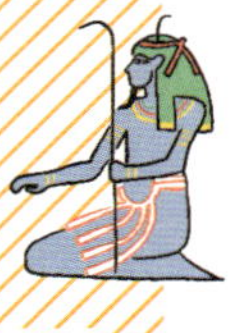

第6章

# その他の神話

最強の雷神の子が熊と結婚する建国神話！

6-13 **謎多きスラヴ神話**
自然の中に見出された神々の断片的な記録！

6-14 **北米先住民族の神話がユニークすぎる**
全ての生き物は、1匹のクモによって創造された!?

6-15 **島々の創造を語るポリネシア神話**
南国の島々に伝わる、神と英雄が世界を創る物語！

6-16 **アフリカ大陸の諸神話が独特すぎる**
カマキリやカメレオンが活躍する、個性的すぎる神話！

6-17 **作家たちが作ったクトゥルフ神話**
宇宙から来た支配者たちの恐怖を描く、現代の創作神話！

COLUMN ケルト神話の王権の女神と現代日本のライトノベル①

第7章 **ユダヤ教・キリスト教** 167

7-1 **『旧約聖書』って何？**
ユダヤ教とキリスト教の正典に、イスラエルの民の歴史が語られる！

7-2 **アダムとエバの失楽園から始まった**
最初に生まれた男女は、蛇に唆されて木の実を食べる！

7-3 **カインとアベル、人類最初の殺人**
些細なきっかけで起きてしまった悲劇……！

7-4 **滅ぼされる人類とノアの方舟**
大洪水を生き延びたノアは、新たな人類の始祖となる！

7-5 **天まで届くバベルの塔**
天を目指して建てられた塔と、神に挑んだ人間……！

7-6 **モーセの出エジプトと約束の地**
『旧約聖書』最大の預言者は海を割り、十戒を授かる！

7-7 **ダビデとゴリアテの一騎打ち**
羊飼いの美少年は巨人殺しを為して、イスラエルの王となる！

7-8 **ソロモン王と72柱の悪魔**
神から授けられた指輪で、悪魔たちを使役する!?

7-9 **『新約聖書』って何？**
救世主イエスの生涯と教え、そして世界の終末を記す正典！

7-10 **イエス・キリストの奇跡と復活**

奇跡を起こして教えを広め、最後には磔刑に……！

7-11 12使徒と裏切りのユダ
イエスに付き従う12人の弟子の中に、裏切り者がいる！

7-12 天使の9階級は天使界のヒエラルキー
神の言葉を伝えたり、神を讃えたり……天使の仕事もいろいろ！

7-13 天使を代表する7大天使
神に従う7人の天使たち、メンバーはいつも違う!?

7-14 7つの大罪に対応する最凶悪魔
人間を罪に誘う感情や欲望は、悪魔たちが司る！

7-15 『ヨハネの黙示録』がヤバすぎる
人類滅亡レベルの厄災が、次々と地上に降りかかる……！

7-16 実在する数々の「聖遺物」
イエスにまつわる遺品は、各地の教会に残されている！

7-17 異端の教派「グノーシス主義」
キリスト教最古の異端は、偽りの神からの脱却を目指す！

COLUMN 女性向けライトノベルは神話でどう読み解かれるか

## 第8章 仏教 201

8-1 仏教を開いた釈迦
修行の旅に出た元・王子は、たった1人で悟りを得る！

8-2 日本に伝わる仏教の13宗派
日本に伝わった仏教は、独自の発展を遂げていった！

8-3 仏の種類（如来・菩薩・明王・天部）
悟りを得た者、修行中の者、そして仏法を守護する者！

8-4 薬師如来は万病を癒やす
あらゆる病を治してくれる、仏界の〝お医者様〟！

8-5 大日如来を信仰する密教（真言宗）
宇宙そのものでありすべての根源である、大スケールの如来！

8-6 恐ろしすぎる六道輪廻
永遠に転生を繰り返す6つの世界が、どれも辛すぎる……！

8-7 八大地獄の刑期が長すぎる件
罪人が裁かれる地獄の懲役は、最低でも1兆年!?

8-8 **弥勒菩薩と地蔵菩薩が人々を救う**
遥か未来に救ってくれる菩薩と、今この時代に救ってくれる菩薩！

8-9 **最強すぎる五大明王**
インド神話の神々すら打ち倒す、最強の武闘派集団

8-10 **四天王は東西南北を守護する**
世界の四方を守護する、頼もしすぎる武神たち！

8-11 **七福神がありがたすぎる**
インド・中国・日本から集まった、福の神オールスター！

8-12 **般若心経の「色即是空」って何？**
仏教の真髄を説く、たった数百文字の経典！

COLUMN ケルト神話の王権の女神と現代日本のライトノベル②

第9章
# その他の宗教

227

9-1 **ムハンマドが創唱したイスラーム**
6つの信条と5つの義務を持つ、世界3大宗教の1つ！

9-2 **善と悪が対立するゾロアスター教**
「善神 vs. 悪神」の戦いが、1200０年にわたって続く！

9-3 **不老不死を目指す道教と陰陽五行思想**
老子に始まった多神教は、不老不死の薬を求めた！

9-4 **陰陽道と最強の陰陽師・安倍晴明**
呪術を操る陰陽師は、国家お抱えの役人だった⁉

9-5 **修験道と最強の陰陽師・役小角**
霊山に籠もって修行を行い、鬼神を従えた⁉

9-6 **日本に古くから伝わる神道**
開祖も教義もないのに、自然の神々を信仰してきた⁉

COLUMN インドとギリシアの「パンドラ型神話」

● おわりに 241

● 神話と宗教をもっと理解するためのブックリスト 245

# 解体神書の解体新書

## ～本書をより楽しむためのメッセージ～

- 解説における固有名詞の表記は、原則としてなるべく原語に近い発音となるように表記しています。ただし、作品内で使用される名前がそれと異なる場合は、その限りではありません。
- 神話や宗教のモチーフを使用していると思われる作品を多数取り上げ見解を記していますが、これは著者による個人的な考察であり、必ずしも公式による見解と一致するものではありません。
- 神話や宗教の解説は、多くの研究成果を参考にして執筆しています。諸説あるものも多数ありますが、知り得た中から恣意的に選択して解説しています。
- 巻末に、神話と宗教をもっと楽しむためのブックリストを掲載しました。興味をもってより深く知りたいテーマについて、参考書籍も手に取っていただけたら嬉しいです。
- 本書の情報は、2024年8月現在のものに基づいています。

ファンタジー作品の考察です。ネタバレは極力避けていますが、少しでも気になる人は作品を楽しんでからお読みください。

他のページで詳しく取り上げているモチーフは、そのページ番号を記しました。併せて読むと、理解が深まります。

解説ページに書ききれなかったエピソードなどを深掘りしています。

神話や宗教のモチーフが関わる美術作品などを紹介します。

第 1 章

# ギリシア神話

古代ギリシアで語り継がれた「ギリシア神話」。その特徴をざっくりと1文で表すと、「人間臭い神々が繰り広げる愛憎劇！」といったトコロでしょうか。最高神ゼウスとその家族である中心的な神々「オリュンポス12神」を初めとして、彼らの行動原理には、愛、嫉妬、復讐といったワードが常に付きまとうんです。ドロドロすぎる！　第1章では、ギリシア神話の代表的な物語を、それらをモチーフとした『聖闘士《セイント》星矢』や『美少女戦士セーラームーン』といった名作と共に紹介します！

1-1

# 「父殺し」から始まるギリシア神話

## 息子クロノスの大鎌で、父が去勢される!?

「息子が父を殺す物語」と聞いて、どんな作品を思い浮かべますか？　人気映画シリーズ『STAR WARS』、あるいはロシア文学『カラマーゾフの兄弟』かも。「息子が父を超えること」を象徴する「父殺し」のエピソードは古今東西の作品に登場しますが、その原型とも言える例が、ギリシア神話の始まりの物語なんです。**これがかなり面白い！**

ギリシア神話には個性的な神々がたくさん登場しますが、『神統記』というギリシア神話の原典では「全ては原初の混沌の神カオスから始まった」とされています。カオスは多くの神々の元となった、始まりの神というワケ。そんなカオスの娘の地母神ガイアは、彼女自身の息子である天空神ウラノスとなんと夫婦になり、12柱の巨人の神々「ティタン神族」などをもうけます。

このウラノスは神々の王として君臨しましたが、彼はめちゃくちゃ横暴な性格でした。夫婦の間には他にも、単眼の巨人キュクロプスや百の腕を持つ巨人ヘカトンケイルが産まれたんですが、ウラノスは彼らを「醜い」という理由で奈落に幽閉してしまったんです。**ヒドい！**　母ガイアは心を痛め、「誰かウラノスを罰してくれない？」と懇願します。すると、皆が臆する中、息子の農耕神クロノス(P16)だけが勇敢にも名乗り出ました。

早速ガイアは、クロノスに「不死の存在を殺せる力」を持つアダマスの鎌（ハルペ）を与えます。そして、いざ本番。**ウラノスがガイアを求めて覆いかぶさった瞬間を見計らい、息子クロノスはハルペで父ウラノスの男根を切り落としたんです。**　**痛すぎる！**

こうしてクロノスが新たな神々の王として君臨しました。ウラノスは去勢されただけとはいえ、これも一種の「父殺し」。しかし歴史は繰り返すもの。クロノスもやがて、息子のゼウスに王座を奪われることになってしまうんです。

ジョルジョ・ヴァザーリ、クリストファーノ・ゲラルディ『クロノスに去勢されるウラノス』／ヴェッキオ美術館蔵

## 関連知識

### 父ウラノスは息子クロノスに去勢される

1560年の絵画『クロノスに去勢されるウラノス』です。去勢に用いられたアダマスの鎌（ハルペ）は後に、主神ゼウスや伝令神ヘルメス、英雄ペルセウスといった様々な人物の手に渡り、怪物退治に用いられました。最初の使用方法はちょっとアレですが、「神や英雄に受け継がれていく神器」と考えると、めちゃくちゃカッコいいです！

## 読み解きのカギ

### 『STAR WARS』は父殺しの物語

「父殺しの物語」と言えば、やっぱり『STAR WARS』。超有名作品なので「ネタバレ」には含まれないとは思いますが、もし気になる方がいたら以下を読まないでください！　作中で、主人公のルーク・スカイウォーカーは宿敵ダース・ベイダーとの対決の中、宿敵自身の口から「私がお前の父親だ」と告げられます。そのときの衝撃と言ったら……！　時代を超えても、父という「大きな壁」を越える物語が、人々を強く惹きつけることがわかりますね。

クロノスにハルペを与えるガイア

## 読み解きのカギ

### ロシア文学の超傑作にも！

ロシアの文豪ドストエフスキーの代表作『カラマーゾフの兄弟』。ある時、とある家族の父が殺害されてしまいます。長男のドミートリイは普段から「父殺し」を公言していたため、当然犯人として疑われることになってしまいますが、その真犯人は……？　という物語。「自らの不幸の原因である父を殺して、生まれ変わりたい」という、哀しいけれど普遍的と言える「父殺し」の願望が随所に見られる、文学の傑作です。

『カラマーゾフの兄弟』ドストエフスキー（著）、原卓也（訳）／新潮文庫刊

1-2

# 最強の雷神ゼウスのハードすぎる出生譚

## 実は苦労人のゼウス、王になったら浮気しまくる

ファンタジー作品でもお馴染《なじ》みの最強の雷神ゼウスを紹介しましょう。ゼウスはギリシア神話の「顔」と言える完全無欠の最高神……なんですが、実は意外にもかなりハードな出生を経験しているんです。

それはゼウスが神々の王になる前のお話。元々はゼウスの祖父である天空神ウラノスが神々の王でしたが、ゼウスの父である農耕神クロノスがウラノスを打倒して王座を奪います。**最悪の親子関係。**クロノスは、「ティタン神族」と呼ばれるウラノスの子どもたちである巨人の神々の長です。

そんなあるとき、クロノスは「自分の子に王座を奪われるぞ」と予言されてしまいます。この予言にクロノスは心底ビビり、なんと生まれてくる子どもたちを次々とのみ込んでしまったんです。**コワすぎる……。**夫の所業を恐れたクロノスの妻レアは、夫を欺くために一芝居打ちます。「石」を布にくるんで渡し、赤ん坊の代わりにのみ込ませたんです。こうして最後の子のゼウスをなんとか救うことに成功。**我が子を守る、母の愛です。**

**ゼウスは精霊のニンフたちに育てられ、成長すると父クロノスに復讐を開始します。**まずクロノスに薬を飲ませ、のみ込まれていた兄や姉たちを全員吐き出させます。**生きてたのね。**そして彼らと徒党を組んで、クロノス率いるティタン神族に大戦争を仕掛けると、最強武器の雷霆《らいてい》ケラウノスを手に、王座を奪い取ったんです。ゼウスはその後の大戦争でも勇ましい活躍を見せ、常に支配権が争われてきた宇宙を平定します。**さすが最強の雷神！**

ところが平和になると、ゼウスはめちゃくちゃ浮気し始めます。女神や人間の美女や美少年に手を出しまくり、とんでもない数の子どもを作ったんです。でもそのおかげで、ゼウスの血を継いだ最強の英雄ヘラクレスなど多くの英雄が誕生したので……**結果オーライかも？**

アニメ「終末のワルキューレ」©アジチカ・梅村真也・フクイタクミ／コアミックス，終末のワルキューレ製作委員会

## 読み解きのカギ

### ゼウスが戦闘狂の変態に!?

人類の存亡を懸けて、13の神と人間が闘う人気漫画『終末のワルキューレ』にも、ゼウスが登場します。一般的なイメージの通り「ヒゲをたくわえた老人」という姿ですが、このゼウスは屈指の戦闘狂。その実力は凄まじく、「戦闘変態嗜虐愛好神《エロジジイ》」という異名が付けられています。どういう変態？　作中でゼウスは、『旧約聖書』の人類の始祖アダムと闘います。宇宙を統べる全知全能の神と、神に造られた全人類の父。めちゃくちゃ激アツな構図ですね！

## 深掘りコラム

### ゼウスのヤバすぎる恋愛遍歴！

ゼウスは、まず知恵の女神メティスと結婚し、2人目に法の女神テミス、そして3人目に正妻ヘラと結婚しました。今で言うバツ2。さらに大勢の女神や人間の女性と浮気します。しかも、浮気のために牡牛や白鳥、果てには「雨」にまで変身して女性に迫ります。執念がスゴすぎる！　ゼウスの愛人として有名なのは、フェニキア王女エウロペや、アルゴス王女ダナエ、ミュケナイ王妃アルクメネ、スパルタ王妃レダなどなど。しかも彼女たちとの間に、英雄ペルセウス、英雄ヘラクレス、双子の英雄ディオスクロイなどが生まれました。彼らが後に大活躍するので、ゼウスの浮気も侮れません……。

## 関連知識

### ゼウスとユピテルはほぼ同じ神

ユピテルとは、ローマ神話でゼウスにあたる神のこと。海の女神テティスがユピテルに「短命な息子アキレウスの名誉を救ってほしい」と懇願する場面が描かれています。両神話の関係は➡P42 1-15へ！

『ユピテルとテティス』ジャン=オーギュスト=ドミニク・アングル／「東京富士美術館収蔵品データベース」収録

1-3

# 一度目の大戦争「ティタノマキア」

## 「子世代 vs. 親世代」の戦いで、ゼウスは最強武器をゲット！

ゼウス↓P16たち子世代の神々が、父クロノスたち親世代に仕掛けた大戦争「ティタノマキア」を詳しく紹介しましょう。ゼウスは兄や姉たちと共にオリュンポス山に陣取り、対するクロノスも兄弟たちと共にオトリュス山に陣取ります。クロノス率いる「ティタン神族」は巨大な体を持つとされる神々で、クロノスの兄弟にあたる12柱の神々が主に属しています。**まさに、天下分け目の決戦！**

しかし、両陣営の実力は互角。一進一退の攻防が続き、なんと9年間も決着がつきませんでした。「最強のゼウスがいるのに勝てなかったの？」という疑問が浮かぶかもしれませんが、実はこの時点ではまだ、ゼウスは最強武器である雷霆「ケラウノス」を持っていなかったんです。

そんな中、ゼウスは祖母にあたる大地の女神ガイアからアドバイスを貰います。それは、「奈落に幽閉された巨人のヘカトンケイルとキュクロプスを解放して味方につければ勝てるわよ」というもの。孫に味方するおばあちゃんの知恵です。ちなみに、この巨人たちはゼウスの祖父にあたる天空神ウラノスの子たちで、「醜い」という理由から奈落に幽閉されてしまったんです。**ひどい！**

さて、ゼウスが巨人たちを解放すると、一気にゼウス優勢に。**キュクロプスは3兄弟であり、鍛冶《かじ》に長けていたので、3柱の神に3つの神器を作ります。**ゼウスには天地を焼き雷を落とす雷霆ケラウノスを、冥界神ハデスには姿が見えなくなる隠れ兜を、海神ポセイドンには地震や大波を起こす三叉槍を授けたんです。**嬉しい！**

最強武器をゲットしたゼウスたちは鬼に金棒。ティタン神族を次々と打ち倒します。膠着状態は一気に崩れ、クロノスはあえなく敗北。親世代のティタン神族が奈落タルタロスに幽閉されるという形で、戦いは終わります。こうしてゼウスは、実の父から王座を奪い取ったのでした。

関連知識

## 奈落に幽閉されたティタン

ゼウスたちに敗北して奈落タルタロスに落とされた、筋骨隆々のティタン神族たちが描かれています。この奈落はなんと「大地から天までの間」ほどの深さがあったんだそう。どう足掻《あが》いても脱出不可能……。

「打ち負かされるティタン」コルネリス・ファン・ハールレム作／コペンハーゲン美術館蔵

読み解きのカギ

## 「タイタニック」の名の由来……

1912年に沈没した豪華客船「タイタニック号」は、若きレオナルド・ディカプリオ主演で映画化され人気を博したことで、日本でもよく知られています。実はこのタイタニック号の名は、巨大なティタン神族の「Titan」から来ているんです。ティタン神族が奈落に落とされる神話の結末を考えると、やや不吉な名前であった……と言えなくもないですね。

読み解きのカギ

## 『FF』の召喚獣タイタンの元ネタ

人気ゲーム『FINAL FANTASY』シリーズの多くには、巨人の召喚獣タイタンが登場します。このタイタンももちろん、ギリシア神話のティタン神族が元ネタです。2023年6月に発売された『FINAL FANTASY XVI』では、とある国の巨漢が保有する召喚獣としてタイタンが登場し、山のような巨体を躍動させて大地を揺らし、大迫力の攻撃を繰り出します。これ、圧倒的な映像美で超必見です。ファンタジー作品に「巨人」はやっぱり欠かせませんね。

キュクロプスと3つの神器

1-4

# 世界を支配する「オリュンポス12神」

## ゼウスの家族が集まって大会議（浮気相手との子もいるよ）

ティタノマキアに勝利したゼウスは家族と共に、ギリシアのオリュンポス山の山頂に住み、世界の主権を握ります。彼らは「オリュンポス12神」と呼ばれ、ゼウスとその兄や姉、そして子どもたちなど、主役級の12柱の神々（男神6、女神6）が属しています。ゼウスを中心とする大家族で構成された最高機関、といった感じ。

そのメンバーをゼウスとの関係と共に挙げると、❶最高神ゼウス、❷正妻の神妃ヘラ、❸兄の海神ポセイドン、❹姉の地母神デメテル、❺娘の戦女神アテナ、❻息子の軍神アレス、❼息子の伝令神ヘルメス、❽例外的に泡から生まれた美の女神アプロディテ、❾息子の太陽神アポロン、❿娘の月の女神アルテミス、⓫息子の鍛冶神ヘパイストス、⓬姉の秩序の女神ヘスティア――とゲームや漫画でよく名前を見かける、錚々たる面々です。ちなみに息子と娘のうち半数が浮気相手との子どもだ！　**ヤバすぎる！**

メンバーが異なる場合もたまにあり、ゼウスの（愛人との）息子の酒神ディオニュソスが末席に入ったりします。また、ゼウスの兄の冥界神ハデスと、その妻ペルセポネも重要な神なんですが……地下深くの冥界にいるので、オリュンポス12神に数えられることは少ないです。**残念。**

さて、**実はこのオリュンポス12神がかなり〝曲者揃い〟で、彼らが各々の行動原理でばらばらに動くことで、ギリシア神話はかき乱され、愛憎渦巻く様々なエピソードが紡がれていきます。**多くの作品でオリュンポス12神の名前が見られるのも、その強烈な個性があってこそですね。

ちなみに、オリュンポス山には12神以外の神々も住んでいるとされ、中には人間や半神半人でありながら、後に神になる者もいます。例えば、最強の大英雄ヘラクレス（→P32）、神と恋をした娘プシュケなどなど。**成り上がりも可能（ただし超レア！）、というワケ。**

## 関連知識

### オリュンポス12神の面々

タイトルの通り、オリュンポスの神々がチェス盤を囲み、その下にポセイドンとパンが描かれている絵です。オリュンポス12神が一堂に会している図は、なかなかに迫力がありますね！　最強の神々が行うチェス……めっちゃ高度な勝負になりそうです。

「チェス盤を囲むオリュンポスの神々、その下にはポセイドンとパンがいる天国の風景」ジョン・カーウィサム／メトロポリタン美術館蔵

## 読み解きのカギ

### ギリシア神話の冥界が舞台！

2018年に発売し、数々の賞を受賞したインディーゲーム『HADES』。主人公ザグレウスは冥界神ハデスの息子であり、家出を目標に冥界から脱出を試みるが……というユニークな物語で、オリュンポス12神も多く登場します。ちなみにザグレウスは、古代ギリシアの密儀宗教の一派に登場する少年神で、ティタンに殺されてしまい、冥界でハデスの手伝いをしていたんだそう。酒神ディオニュソスと同一視されることもあり、謎の多い存在です。2024年5月には続編『HADES II』のアーリーアクセス版が発売されました。めちゃくちゃ面白いのでぜひ！　冥界王ハデスといえば、➡P26オルペウスの「冥界下り」でも有名。「冥界下り」は超重要な神話モチーフでもあり、沖田先生の解説➡P122（第4章COLUMN）も必見です！

ハデスとペルセポネに竪琴を弾くオルペウス、『変身物語』より／シカゴ美術館

## 読み解きのカギ

### 12人の日記所有者の名前は？

12人の日記所有者が生き残りを懸けて殺人ゲームを行う人気漫画『未来日記』。実は、この12人の名前は主に、オリュンポス12神のローマ神話版の名前をもじってつけられています。主人公の天《あま》野《の》雪《ゆき》輝《てる》はゼウスにあたる天空神ユピテル、ヒロインの我《が》妻《さい》由《ゆ》乃《の》は正妻ヘラにあたるユノなどなど。由乃が雪輝に“ぞっこん”だったりと、その性格にも関連があったりするので、考察しながら読んでみるのも超面白いです！

『未来日記』えすのサカエ／KADOKAWA

1-5

# 二度目の大戦争「ギガントマキア」

## あのゼウスが、最凶怪物テュポンに大苦戦!?

支配者となったゼウスたちですが、なんと新たな大戦争「ギガントマキア」が勃発し、再び戦うことになってしまいます。事の発端は、→P18ティタン神族を奈落に幽閉するというゼウスの行動に、祖母の女神ガイアが怒ってしまったことです。ティタン神族は皆ガイアの子なので、孫のゼウスに「あんたやりすぎよ！」と怒り心頭。ティタノマキアではゼウスに助言してくれたおばあちゃんですが、今回は打って変わって敵になってしまったんです……。

ガイアはなんと、自ら産み落とした巨人族ギガスをオリュンポスに仕向けます。このギガスたちが超巨大で、しかも「神々には決して殺されない」という対ゼウス軍として最適すぎる能力まで持っていました。**ズルい！**

いくら戦っても巨人にとどめを刺せないゼウスたちでしたが……そこに救世主が現れます。それは、最強の大英雄ヘラクレス。実は、「人間の英雄が味方すれば、神々が勝利する」という予言に従って、女神アテナが半神半人の英雄ヘラクレスを勧誘していたんです。**人の血が混じるヘラクレスには、ギガスの不死の能力が効かなかったため、神々は一気に優勢に。**この〝法の抜け穴〟を突いた作戦で、ギガントマキアに勝利を収めます。**やったぜ！**

しかし、ガイアは諦めませんでした。今度は怪物テュポンを産み落とし、ゼウスに最後の戦いを挑みます。テュポンは肩から100の竜を生やし、星に届くほどの巨体を持つ最凶怪物。しかもとんでもなく強く、ゼウスは雷霆ケラウノスを奪われ、殺される寸前まで追い詰められます。ところがそこに伝令神ヘルメスが現れて幽閉されていたゼウスを助けたことで、ゼウスは逆にテュポンを圧倒し始め、最後にエトナ火山でテュポンを押し潰すことで封印に成功します。こうしてゼウスは最後の戦いを終え、今度こそ本当に世界の支配者となったのでした。

読み解きのカギ

## 「ゼウスvs.テュポン」の切手

ギリシアで実際に発行されていた切手に、テュポンとゼウスの戦いが描かれています。テュポンを見た多くの神々は恐れ慄き、エジプトまで逃走してしまいました。

巨人のギガス

読み解きのカギ

## 『ドラクエ』のギガンテス

人気ゲーム『DRAGON QUEST』シリーズ。多くの作品に登場するお馴染みのモンスター「ギガンテス」は、ギリシア神話の巨人族ギガスが元ネタになっています。しかし、1つ目で棍棒を持つ姿は、どちらかと言うとギガスよりもキュクロプス➡P18に近そうですね。

深掘りコラム

## テュポンの妻や子も超有名な怪物ばかり！

実はテュポンは、女怪物エキドナとの間に多くの子をもうけました。しかも、子どもたちもよく知られた怪物ばかりで、3つ首の冥界の番犬ケルベロス、双頭の番犬オルトロス、9つの頭の大蛇ヒュドラ、100の頭の竜ラドン、合成獣キマイラ➡P35などなど。ファンタジー作品に頻出のモンスターたちを産んでくれたと考えると……結構ありがたい存在かも？

### 『FFVI』のテュポーン先生&オルトロス

名作ゲーム『FINAL FANTASY VI』のボス敵として、テュポーン（先生）とオルトロスが一緒に登場します。ギリシア神話では親子の関係ですが、作中では師弟のような関係。しかも原典とは異なる姿で、特にオルトロスは関西弁のような方言で話すタコです……どゆこと？

神話のテュポンとオルトロス

### 『リゼロ』のエキドナは美少女

人気ライトノベル『Re:ゼロから始める異世界生活』。主人公のナツキ・スバルは異世界に召喚されて獲得したループ能力『死に戻り』を駆使して、絶望的な状況で時間の巻き戻しを繰り返し、過酷な運命に抗う……という物語。作中には「エキドナ」という魔女が登場します。美少女の姿をしていますが、ギリシア神話のエキドナはテュポンの妻となる怪物で、蛇の下半身を持つとされています。コワい！

MF文庫J「Re:ゼロから始める異世界生活」／KADOKAWA刊
著：長月達平 イラスト：大塚真一郎

1-6

# ギリシア神話の最強すぎる神器たち！

## 神々や英雄が持つ神器があまりにチートすぎる件

神話といえばやっぱり、神々が持つ「神器」を語らずにはいられません！　ゼウスが持つ雷霆ケラウノスもその1つで、その威力は天地を焼き、あらゆるものを破壊するほど。ギリシア神話には他にも数多くの神器が登場し、どれも引けを取らないチートっぷりなんです。**最高！**

さて、そういった神器は優れた鍛冶職人によって作られたものがほとんどです。例えば、一度目の大戦争↓P18ティタノマキアの折に、ゼウスには雷霆ケラウノスを、ハデスには姿を隠せる「隠れ兜」を、ポセイドンには地震や大波を起こす「三叉槍（トライデント）」を制作して授けたのは、鍛冶の得意なキュクロプス3兄弟でしたね。

また実は、**オリュンポス12神に属する鍛冶神ヘパイストスも数多くの神器を作った名匠です。彼が作ったのは、不死の神や怪物であっても殺せる「アダマスの鎌」、あらゆる災厄を退ける女神アテナの盾「アイギス」、苦痛なく男性を即死させる「アポロンの矢」と女性を即死させる「アルテミスの矢」などなど。どうやって作るの……？**

神器というだけあって、ある意味なんでもありなチートすぎる性能のものばかりですが、中にはちょっと変わった力を持った神器もあります。愛の男神エロスが持つ「エロスの黄金の矢」はなんと、「射られたものは目の前の人に激しい恋心を抱く」という驚きの神器で、「エロスの鉛の矢」は逆に「射られたものは恋を嫌悪する」というそれはそれでヤバい神器なんです。しかもエロスはこの黄金の矢を誤って自分に射ってしまい、人間の娘に激しく恋をしてしまう——というエピソードもあったりします。**おっちょこちょい！**「恋心」を操れるところに、ドロドロ展開の多いギリシア神話らしさが滲んでいます。

神話を彩り、常識外れの力を持つこれらの神器は現代のファンタジー作品でも数多く採用されていますよね！

## 読み解きのカギ



### 『風花雪月』にはたくさんの神器が登場

ゲーム作品に、神話の神器は外せません。名作『ファイアーエムブレム』シリーズの１つ『風花雪月』には神話の神器と同じ名前を持つ武器が数多く登場し、ギリシア神話からは女神アテナの持つ「アイギス」や、ゼウスの「雷霆」の他にも、伝令神ヘルメスの持つ杖「カドゥケウス」などが採用されています。さらに、北欧神話やインド神話、ケルト神話やウガリット神話など、世界中の神器の名称がたくさん登場し、神話好きにはたまりません！

## 関連知識

### 神々がもつチート級の神器たち

**アダマスの鎌（ハルペ）**
古代ギリシアの刀剣ハルペの１つで、「不死の存在を殺せる」力があります。クロノスが父ウラノスの男根を去勢して王座を奪った際などに使用。痛すぎる！

**三叉槍（トライデント）**
海神ポセイドンのシンボル。大波や地震を引き起こし、地面に突き立てれば塩水や泉が湧き出すとされます。海の破壊力と豊かさを象徴するような武器ですね。

**隠れ兜**
冥界神ハデスの「隠れ兜」は被ると姿が見えなくなる隠密行動用の装備。後に英雄ペルセウスに貸し出されメドゥサ退治に役立ちました。便利だけどちょっと地味？

**アイギス**
あらゆる厄災を退ける女神アテナの盾（ともいわれるが、形状ははっきりしていない）。後に、メドゥサの首が盾に付けられ、その瞳で見たものを石にする武器に……。

**アルテミスの矢**
女神アルテミスと男神アポロンは双子で、即死級の「矢」を２人とも持っています。アルテミスは、その矢で恋人オリオンを誤って殺してしまったことも……。

**エロスの矢**
愛の神エロスが持つ「恋心」を操る矢。ちなみに「恋のキューピッド」という言葉のキューピッドは、エロスのローマ神話版の名前「クピド」に由来しています。

1-7

# オルペウスの冥界下り

## なぜ「見るな！」と言われたのに、見てしまうのか？

「決して見てはいけないぞ」と言われると、むしろ見たくなるのが人の性《さが》。**神話や昔話には、そういったタブー（禁忌）を犯してしまうエピソードが多くあり、「見るなのタブー」と呼ばれています。**現代の作品にもよく見られる展開ですね。もちろんギリシア神話にも例があり、それが「オルペウスの冥界下り」というお話です。

　吟遊詩人のオルペウスは、毒蛇にかまれて亡くなった妻エウリュディケを生き返らせるべく、冥界へと降り立ちます。オルペウスは冥界神ハデスに自慢の竪琴を聴かせて感動させ、妻の魂を連れ戻す許可をなんとか得ることに成功。しかし、ハデスは「決して振り返ってはならないぞ」と告げます。**嫌な予感……。**そう、オルペウスは地上に出る直前に妻がついてきているか不安になり振り返ってしまい、その途端に妻は消えてしまうのでした。**悲しい……。**

　また、P42ローマ神話にも、見るなのタブーが繰り返される神話があります。それが「アモルとプシュケ」の恋物語。

　美しい王女のプシュケは、愛の神アモルに見初められますが、暗闇の寝床にだけ現れるアモルからは「決して顔を見ないように」と言われていました。**神と人の禁断の恋！**しかし、プシュケは好奇心を抑えきれず、眠るアモルに火を近づけて顔を見たうえ、蠟《ろう》で火傷《やけど》を負わせてしまいます。約束を破られた愛の神アモルは去ってしまいました。

　その後プシュケは、怒ったアモルの母から「冥界の女神から『美』が入った箱を貰ってこい」と命じられます。プシュケはうまく箱を貰いますが、「開けるな」と忠告されました。**2つ目のタブー……。**しかし彼女は、老いてアモルの愛を失う不安から「美」の箱を開けてしまい、中にあった「冥府の眠り」で昏倒《こんとう》。ところが、アモルが助けに来たことで、プシュケは無事に目覚めます。最終的に彼らの愛は認められ、正式に2人は結婚しました。**ハッピーエンド！**

関連知識

## 神話の“箱”……？

神話の“箱”と言えば「パンドラ」が開いて災いをまき散らしたと言われるアレ、と言いたいところですが実はあれ、本当は箱じゃなくて甕《かめ》らしい……なんで？　詳しくは、章末COLUMN➡P44で解説してもらいました！

パンドラの箱を開ける／シカゴ美術館蔵

関連知識

## 冥界から妻を連れ戻すオルペウス

オルペウスは妻を愛するあまり、あと少しのところで振り返ってしまいます。音楽の神アポロンを名義上の父とするオルペウスの竪琴の音色は、冥界の番犬ケルベロスさえ眠ってしまうほどでした。

オルペウスとエウリュディケ／シカゴ美術館蔵

読み解きのカギ

## 振り返るのを我慢する千尋

ジブリ映画『千と千尋の神隠し』には、オルペウス的な「見るなのタブー」が盛り込まれていると言えます。物語の重要な場面で、ハクに「決して振り向いちゃいけないよ」と告げられた千尋は、一瞬、振り返ろうとして我慢します。このとき振り返ってしまっていたら、どうなっていたんでしょうか……。ちなみに、冒頭で千尋の両親が食事をして豚になるのも、各地の神話に見られる「冥界のものを食べてはいけない。死者の一員になってしまうから」に類するタブーを犯したからだと考えることができます。

1-8

# 月の女神セレネとエンデュミオンの悲恋

## 女神に愛された美青年は永遠に眠り続ける

愛憎渦巻くギリシア神話には、「神と人間の恋」を描いたエピソードが多くあります。それは謂わば、『ロミオとジュリエット』にも似た「身分や立場の異なる者どうしの恋愛」が描かれた王道の恋物語。中にはビターな最後を迎える悲恋もあり、その1つが月の女神「セレネ」と人間の美青年「エンデュミオン」の物語です。『美少女戦士セーラームーン』だ！　と思った方もいるかもしれません。

ある伝承によると、エンデュミオンは類い稀なる美しさを持つ羊飼いでした。それは、狩りに疲れたエンデュミオンが、現在のトルコにあたるラトモス山で眠ってしまったときのこと。月の女神セレネが、眠っているエンデュミオンを天から見つけ、一目惚れしてしまいます。**相当な美青年です。**女神セレネはエンデュミオンのそばに降りてくると、そっと頬にキスをしたんだそう。それ以降、夜になって月が昇ると、セレネは眠るエンデュミオンのもとを訪れるようになりました。エンデュミオンは夢の中でセレネと交わり、愛を育んだともされています。

しかし、**女神セレネが不老不死である一方で、人間のエンデュミオンは老いていき、やがて死ぬ運命にあります。**セレネ（あるいはエンデュミオン）は、永遠に一緒にいられるように「決して衰えることのない若さ」を与えてほしい、とゼウスに願います。ゼウスはこれを承諾します……が、「その代わりに、エンデュミオンは永遠に眠り続ける」という条件を突きつけます。このゼウスの条件をのんだことで、エンデュミオンは美しさを失わないまま永遠に眠ることになります。そしてセレネは、月明かりが照らすようにエンデュミオンを見守り続けたといいます。

身分や立場を越えた恋物語に、障壁は付き物。ハッピーエンドと考える人もいる……かもしれませんが、「悲恋」と言われることの多い、**美しく切ないお話なのでした。**

## 読み解きのカギ

文庫版『美少女戦士セーラームーン』9 武内直子（著）／講談社

©Naoko Takeuchi

### プリンセス・セレニティとプリンス・エンディミオン

不朽の名作『美少女戦士セーラームーン』にはギリシア神話の影響が随所に見られます。例えば、主人公の月野うさぎと、恋人の地場《ちば》衛《まもる》には前世があり、それは古代の月の王女プリンセス・セレニティと地球の王子プリンス・エンディミオンです。しかも２人は、種族の壁を越えて恋に落ちてしまいます。まさにギリシア神話の悲恋が元になっている物語だと言えますね。

文庫版『美少女戦士セーラームーン』1 武内直子（著）／講談社

## 関連知識

### 息子ナルキッソスも美青年

セレネとエンデュミオンは50人の子どもをもうけた、とも伝承されています。その１人とされるのが美青年ナルキッソス。ナルキッソスは「ナルシズム（ナルシシズム）」の語源になった人物で、その傲慢さから「自分だけを愛する呪い」をかけられます。ナルキッソスは水面に映った自分にキスをしようとして溺死してしまった、などとされます。悲惨な最期ですね。

水の中で自分を見つめるナルキッソス／メトロポリタン美術館蔵

## 関連知識

### 美青年に恋をした女神

眠るエンデュミオンと、彼をそっと見守るセレネが描かれています。ちなみに、セレネはオリュンポス12神の狩猟の女神アルテミスとも同一視されるため、エンデュミオンに恋をしたのはアルテミスだとされることもあります。

セレネとエンデュミオン／アムステルダム国立美術館蔵

1-9

# 英雄集団「アルゴナウタイ」の大冒険

## 金羊毛を求めて、名だたる英雄たちが巨大な船に乗る！

「伝説のアイテムを求めて、最強の仲間たちと大航海！」というロマン溢れる物語がギリシア神話にあります。それは、英雄イアソンが率いる英雄集団「アルゴナウタイ」が巨大な「アルゴ船」に乗って、金色の羊の毛皮「金羊毛」を求めて大冒険を繰り広げる物語。

英雄イアソンは叔父のペリアス王から「もしも金羊毛を手に入れることができれば、お前に王位を譲ろう！」と難題を与えられました。早速、同行者を募集した結果、最強の大英雄ヘラクレスや、ミノタウロスを討ち取った英雄テセウス、英雄詩人オルペウス、双子の英雄カストルとポルクス、英雄アキレウスの父ペレウスなど、50人もの名だたる英雄が集まってきたんです。**超ドリームチーム。**

彼らの前に数々の試練が立ちはだかりますが……人を歌声で誘惑する怪物セイレーンの試練に出くわした時にはオルペウスが歌合戦を挑んだり、旅人に片っ端から勝負を挑む残酷なアミュコス王の謀略にはポルクスがボクシングで応戦したり、各々の得意分野を活かして乗り越えます。途中でヘラクレスが抜けるなどのハプニングがありつつも、イアソンたちアルゴナウタイは無事に目的地のコルキス王国へ。そして、**イアソンはコルキスの王女である魔女メディアの助力を受けて、金羊毛を手に入れるのでした。**

目的を果たしたイアソンは帰国。しかし、叔父のペリアス王はなんと王位を譲りませんでした。**ウソつき！** すると、イアソンについてきた魔女メディアが王の娘たちを騙して、王を殺させます。しかし、これによって王位を継承するどころか、イアソンは国から追放されてしまいます。

諸説ありますが、その後2人は離縁し、イアソンは自ら命を絶った、あるいは自身が愛したアルゴ船に潰されて死んだとされています。大切な思い出の詰まった船に潰される間際、イアソンは何を思ったのでしょう……。

## 読み解きのカギ

### 『FGO』の英雄イアソンは新生アルゴノーツを率いる！

「世界を取り戻す戦い」を描く大人気ゲームアプリ『Fate/Grand Order』に登場する英雄イアソン。普段は尊大で口が悪いという性格ですが、いざという時には指揮官としての優れた能力を遺憾なく発揮します。作中では現地ギリシアで出会った英霊たちと「新生アルゴノーツ」を結成し、戦いに臨みます。これ、めちゃくちゃ激熱です！

## 関連知識

### 英雄たちが乗ったアルゴ船

アルゴ船は、ギリシア神話に登場する巨大な船。巨大なアルゴ船は女神ヘラ、あるいは女神アテナの援助を受けて造られたとされています。集まったのがヘラクレスやテセウス、オルペウスといった名だたる英雄たちとなれば、偉大な女神が支援したのも頷けますね。

## 読み解きのカギ

### 『ダンまち』の英雄願望

人気ライトノベル『ダンジョンに出会いを求めるのは間違っているだろうか』、通称『ダンまち』。女神ヘスティアのファミリアに所属する冒険者の少年ベル・クラネルは、「英雄になる」という夢を叶えるため地下に広がるダンジョンに挑んでいく……という物語です。ヘスティアがギリシア神話に登場する秩序の女神であるように、作中にはギリシア神話やその他の神話の要素が数多く盛り込まれています。ベルは【英雄願望《アルゴノゥト》】という強力なスキルを持つんですが、この名はまさにギリシア神話の英雄たちの船から取られていますね。驚異的な成長を見せるベルの英雄譚をぜひ！

『ダンジョンに出会いを求めるのは間違っているだろうか』大森藤ノ（著）ヤスダスズヒト（イラスト）／SBクリエイティブ

1-10

# 最強の英雄ヘラクレスの12の功業

## 義母に嫌がらせされまくるも、全てを乗り越えた男の物語

ギリシア神話で活躍する英雄たちの筆頭と言えるのが大英雄ヘラクレスです。ヘラクレスは最高神ゼウスがミュケナイ王女アルクメネの夫に化けて、一夜を共にした際に身籠もった子でした。さすが浮気だらけのゼウス。また、ヘラクレスは怪物メドゥサを退治した英雄ペルセウスの子孫でもあります。超サラブレッドの、半神半人の英雄、そんなヘラクレスの人生は波瀾万丈でした。

彼はゼウスの浮気相手との子だったため、正妻の女神ヘラから目の敵にされていました。ヘラの策略によって、ヘラクレスは自分が継ぐはずだった、ペルセウスの子孫が継ぐとされるミュケナイ王の地位を、同じペルセウスの子孫であるエウリュステウスに奪われてしまうんです。さらにヘラは、妻と子を持ったヘラクレスに狂気を吹き込み、ヘラクレス自身の手で愛する子を殺させます。**切ない……。**しかも、**この子殺しの罪を贖うために、ヘラクレスは自分の代わりに王になったエウリュステウスに仕え、彼から課された12個の試練「12の功業」に挑むことになります。ヘラクレスばっかり、なんでこんな目に！**

課された試練は「恐ろしい怪物を倒す」といった過酷なものばかりでした。これは裏でヘラが糸を引いていて、「試練と称してヘラクレスを苦しめて、あわよくば殺しちゃおう」という思惑があったため。ちなみに、もともとは10個の試練をクリアすればOKでしたが、他人の手を借りたり、報酬を要求したりしたことが原因で、2つ分の試練がノーカウントになり、合計12個となってしまいました。

とはいえ、ヘラクレスは神話最強の英雄です。全試練をなんとか乗り越え、大戦争ギガントマキア⇒P22においても大活躍。そうした功績から、死後には神々に加えられ、女神ヘラとも和解したそう。決して挫けず、数々の試練を乗り越えた大英雄ヘラクレス、**カッコよすぎますね。**

## 関連知識

Harvard Art Museums

### 最初の試練「ネメアの獅子」の討伐

ヘラクレスは最初に「怪物テュポンの子どもであるネメアの獅子を討伐してくるように！」と言われます。傷1つつかない身体を持つ獅子にヘラクレスは苦戦しますが、最終的には素手で獅子を絞め殺し、その皮から「不死身になる衣」を作ったとされます。さすがに強すぎます。

## 読み解きのカギ

### 『名探偵ポワロ』の名前にも！

「ミステリの女王」と呼ばれる推理作家アガサ・クリスティの作品に登場する名探偵といえばやはりエルキュール・ポワロです。彼の「エルキュール」という名前は、実は「ヘラクレス」のフランス語読み。ヘラクレスの12の功業にちなんで、ポワロが12の事件を解決する『ヘラクレスの冒険』という短編集もあるんです。ヘラクレスが最強の力を有する英雄なら、灰色の脳細胞を持つポワロは最強の頭脳を有する英雄なのかも？

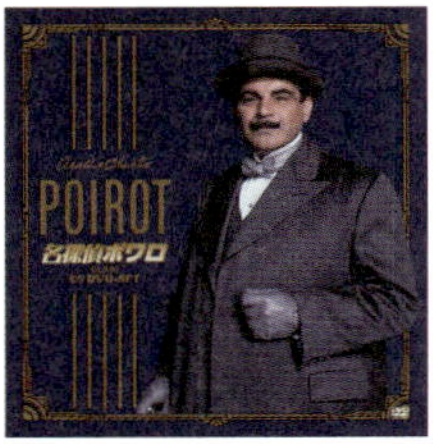

名探偵ポワロ【完全版】全巻DVD-SET／DVD発売中／販売元：株式会社ハピネット・メディアマーケティング／

## 深掘りコラム

### 無理ゲーすぎる「12の功業」

1. 傷つかない身体を持つ「ネメアの獅子」の討伐
2. 猛毒を持つ大蛇「レルネのヒュドラ」の討伐
3. 女神の聖獣「ケリュネイアの牝鹿」の捕獲
4. 人を喰らう「エリュマントスの野猪」の捕獲
5. 3000頭の牛の「アウゲイアスの牛小屋」の掃除
6. 人を喰らう「ステュムパロスの鳥」の退治
7. 暴れ牛「クレタ島の牡牛」の捕獲
8. 人を喰らう「ディオメデスの人喰い馬」の捕獲
9. アマゾネス女王の「ヒッポリュテの帯」の入手
10. 赤い牛の群れ「ゲリュオンの牛」の捕獲
11. 竜に守られる「ヘスペリデスの林檎」の入手
12. 冥界の番犬「ケルベロス」の捕獲

1 - 11

# 恐ろしい怪物vs.最強の英雄

## 工夫して勝利する、ファンタジー必修の名バトル！

神話の見どころといえばやっぱり、恐ろしい怪物と最強の英雄たちとの戦い！　ヘラクレス↓P32以外にも神の血を引く英雄は多く存在し、彼らは王から「怪物の退治」を命じられるのが常。これは謂わば、真の英雄になるために必要な「通過儀礼」なのかもしれません。

しかし、**いくら英雄とはいえ、人間が怪物に勝つのは至難の業。そこで彼らの多くは、神々から特別な武具を授かったり、協力者を得たりすることで乗り越えていきます。**

例えば、ヘラクレスの祖先の大英雄ペルセウスは、見た者を石にする怪物メドゥサの討伐を命じられたとき、アダマ↓P24スの鎌（ハルペ）や、女神アテナの盾アイギス、冥界神ハデスの隠れ兜、空を飛べるサンダルなど、これでもかと言わんばかりに武具を授かりました。**すっごく心強い。**ペルセウスはこれらを使って、メドゥサ殺しの偉業を成し遂げたんです。

一方、神から神器を授かることなく怪物を退治したのは英雄テセウスです。↓P30アルゴナウタイの1人でもあるテセウスは迷宮ラビュリントスに単身で挑み、牛頭の怪物ミノタウロスを討ち果たしました。そして彼は王女アリアドネから貰った糸を入口から伸ばしながら進んでいたため、それを逆に辿って無事に迷宮から脱出しました。神器は授かりませんでしたが、協力者がいたというワケ。

他にも、英雄ベレロポンは女神アテナの協力を受けて、メドゥサの血から生まれた空飛ぶ馬のペガサスを捕えてから、恐ろしい合成獣キマイラとの戦いに臨みました。ベレロポンは、ペガサスに乗って空を駆け巡り、矢や槍を放ってキマイラを討伐したんです。

一口に「英雄」と言っても、彼らは単純に「強いだけ！」ではなく、神々から加護を受けたり、工夫をこらしたりして、なんとか困難を成し遂げた者たちなんです。

関連知識

## メドゥサvs.ペルセウス

蛇の髪を持ち見た者を石にしてしまう怪物メドゥサは、主神ゼウスの血を引く英雄ペルセウスに討伐されました。実はメドゥサは元々、美しい容姿の女性でしたが、女神アテナの神殿で海神ポセイドンと交わったことが原因で、アテナに呪われてしまい、怪物にされてしまったのだそう。恐ろしい怪物にも背景あり、ですね。

メドゥサVSペルセウス／メトロポリタン美術館所蔵

関連知識

## キマイラvs.ベレロポン&ペガサス

獅子や羊、蛇の合成獣として様々な作品に登場するキマイラは、空飛ぶ馬ペガサスに騎乗した英雄ベレロポンによって討伐されました。キマイラは最凶の怪物テュポンと女怪物エキドナの間の子の１人。複数の動物の要素を組み合わせたその姿から、異質なものを組み合わせる「キメラ」の語源となりました。

関連知識

## ミノタウロスvs.テセウス

迷宮に棲む牛頭の怪物ミノタウロスは、英雄テセウスに討伐されました。ミノタウロスの出生にも物語があります。ミノス王が「海神ポセイドンから授かった牡牛を生贄に捧げる」という約束を破って牡牛を生かしたため、ポセイドンはミノス王の妃に呪いをかけて、牡牛に性欲を抱くようにしてしまいます。こうして王妃と牡牛が交わって生まれてしまった怪物がミノタウロスでした。悲しき生まれですね……。

1 - 12

# 夜空に輝く「黄道12星座」の神話

## 星座の神話といえばやっぱり『聖闘士星矢』だ！

不朽の名作である漫画『聖闘士《セイント》星矢』。その登場人物の多くは言うまでもなく、夜空に輝く星座と、その由来とされるギリシア神話がモチーフになっています。例えば太陽の通り道である黄道の上にある「黄道12星座」をモチーフとした人物は、「黄金聖闘士《ゴールドセイント》」として登場しますよね。ここでは、そんな「星座とギリシア神話の深い関わり」について紹介しましょう。

さて、夜空の星座の多くは、ギリシア神話に登場する神や人間、獣や道具が、天に召し上げられた姿だ、とされています。夜空に浮かぶ神話と考えると、**結構ロマンチック！**　星座によってその経緯は異なりますが、**神話上での活躍が称えられて天に召し上げられたり、その死が神によって嘆かれた結果、星座として残されたり……というパターンがほとんどなんです。**ギリシア神話の神々は、目に見える星座として痕跡を残すことで、彼らの活躍を後世に伝えていこうとした、とも考えられますね。ちなみに、そんなギリシア神話における星座関連の神話は、『カタステリスモイ（星への変身）』という書籍に集められています。

中でも特に重要視されるのは、先にも挙げた黄道12星座です。これは黄道上に存在する13の星座のうち、「へびつかい座」を除いた「おひつじ座」から「うお座」までの12個の星座のこと。それぞれに特徴的な物語が紐づけられていますが、「おうし座」はゼウスが王女エウロペを誘拐する際に変身した牡牛の姿――など、「それで星座になれるの？」というユニークなものもあったりします。

ちなみに、黄道12星座の起源は実は、ギリシア神話よりも前、最古の文明とされる古代メソポタミアにまで遡れます。メソポタミア起源の黄道12星座を用いた占星術がギリシア・ローマ世界でもブームになり、その中で独自の神話が作られていったというワケなんです。

『聖闘士星矢 FinalEdition』
車田正美／秋田書店

読み解きのカギ

## 『聖闘士星矢』はギリシア神話だけじゃない！

女神アテナに仕える希望の闘士「聖闘士《セイント》」の戦いを描いた漫画『聖闘士星矢』は、ギリシア神話をモチーフにした名作の代表格です。各キャラクターの由来となった星座にまつわる神話が、彼らの性格や強さにも反映している、とされています。とはいっても、乙女座《バルゴ》の「シャカ」は「釈迦如来」がモチーフだったり……ギリシア神話に囚われすぎないトコもめちゃくちゃ魅力的！

深掘りコラム

## 12星座の神話（※諸説ありで、そのうちの一説です）

**おひつじ座** ♈
アタマス王の２人の子を助けるため、ゼウスに遣わされた金色の毛皮の羊。羊は助けられた子に生贄とされ、星座になる。

**おうし座** ♉
ゼウスは白い牡牛に化けてフェニキアの王女エウロペに近寄り、油断した彼女を誘拐。この牡牛が星座になる。なんで？

**ふたご座** ♊
双子の英雄カストルとポルクスのうち、不死ではないカストルだけが亡くなる。哀れんだゼウスが一緒に星座にした。

**かに座** ♋
ヘラクレスと戦う大蛇ヒュドラの加勢として、ヘラが巨蟹カルキノスを派遣。しかし蟹はヘラクレスに踏み潰され星座になる。

**しし座** ♌
ヘラクレスが12の功業で最初に戦い、素手で絞殺されたネメアの獅子。ヘラクレスを苦しめた功績を称えられて星座になる。

**おとめ座** ♍
由来には諸説あり、正義の女神アストライアや、豊穣の女神デメテル、あるいはエジプト神話の地母神イシスなどがいる。

**てんびん座** ♎
正義の女神アストライアは、堕落する人類に最後まで道徳を説き続けた。彼女が持つ善悪をはかる天秤が星座になる。

**さそり座** ♏
狩人の神オリオンを殺した毒サソリが星座になる。さそり座が西に沈むとそれを恐れるオリオン座が東から出てくる、とも。

**いて座** ♐
半人半馬のケンタウロスの賢者ケイロン。ヘラクレスやイアソンの師匠でもある彼が猛毒に耐えかね死を選び、星座になる。

**やぎ座** ♑
怪物テュポンが現れた際、牧神パンは慌てすぎて下半身が魚の山羊の姿になり、これを記念してゼウスが星座にした。不名誉！

**みずがめ座** ♒
ギリシア神話屈指の美少年ガニュメデスはゼウスに誘拐され、神々に水瓶の酒を注ぐ給仕になり、その姿が星座となる。

**うお座** ♓
怪物テュポンが現れた際、アフロディテと子のエロスは川に飛び込み、互いを紐で結び魚となって逃げ、それが星座になる。

1 - 13

# トロイ戦争とトロイの木馬

## 神々と英雄たちが2陣営に分かれて10年の大戦争！

「姫が攫われるところから物語が始まる」といえば、冒頭でピーチ姫が攫われがちな『マリオ』シリーズなど、多くの作品に見られる王道の展開ですよね。ギリシア神話に語られる「トロイ戦争」の物語も、実はその1つ。

トロイ戦争のきっかけは、トロイの王子パリスがスパルタの王妃ヘレネを誘拐してしまったこと。攫われたヘレネを奪還すべく、ギリシア各地から集結した英雄たち「アカイア勢」がアガメムノン王を総大将に、「トロイ勢」に戦いを挑んだんです。姫を救うための戦い、**熱い！**

集まった英雄の中には、瞬足のアキレウスや、知恵者のオデュッセウス、彼らに次ぐ実力者の大アイアスなど、名だたる戦士がいました。ところが、一方のトロイ勢にも、女神アプロディテの血を引くアイネイアスや、王子パリスの兄のヘクトルなど、多くの英雄がいたため、なんと9年もの間、決着がつきませんでした。また、トロイ戦争は「人類の数を減らすためにゼウスが仕組んだもの」でもあったため、オリュンポスの神々がそれぞれの事情によって2陣営に分かれて味方につくというさらにややこしい状況に……。これも長期化した原因でした。

そんなトロイ戦争を終結に導いたのは、アカイア勢の英雄オデュッセウスでした。オデュッセウスは、「トロイの木馬」という作戦を考案します。それは、**巨大な木馬を作り、その中に自身やスパルタ王メネラオス、小アイアスやディオメデスといった英雄たちが隠れ、トロイ内に運び込ませるというもの。** **そんなのうまくいくの……？**と思ってしまいそうな作戦ですが、これが大成功。機を見て外に飛び出した英雄たちがトロイを内側から陥落させ、ヘレネを奪還したのでした。**めでたしめでたし。**

登場人物が多すぎるトロイ戦争ですが、「神話の戦記物」として人気が高く、様々な作品の題材になっています。

## 関連知識

### 「トロイの木馬」を運び込む人々

詩人ウェルギリウスの叙事詩『アエネイス』や詩人ホメロスの叙事詩『オデュッセイア』に「トロイの木馬」の物語が描かれています。『アエネイス』は、トロイ勢の英雄アイネイアスを主人公に据えた大叙事詩で、アイネイアスはトロイの木馬によりトロイが災禍に見舞われる中、家族と共に国を脱出。イタリアへと逃れてローマ建国の祖になりました。

## 読み解きのカギ

『火の鳥13　ギリシャ・ローマ編』手塚治虫／角川文庫　©手塚プロダクション

### 漫画『火の鳥』エジプト編・ギリシャ編・ローマ編

手塚治虫の名作漫画『火の鳥』のうち、雑誌『少女クラブ』に連載された「エジプト・ギリシャ・ローマ編」は、古代ギリシア・ローマ時代を描いた歴史ドラマです。「エジプト編」で、火の鳥の血を飲んで3000年の命を得た２人の男女クラブとダイアは、死んでも生き返り、来世でまた出会うという数奇な運命を辿ることになります。「ギリシャ編」では、２人は“トロヤ戦争（トロイ戦争）”に巻き込まれ、ダイアは木馬に轢かれてしまい、彼女の亡骸を抱えてクラブも……という哀しい最期を迎えてしまいます。そして再び「ローマ編」で蘇った２人の運命はいかに……？　パリスやヘレネ、ユリシーズ（オデュッセウスの英語名）など、ギリシア神話の面々も登場するので、原典を知るとさらに楽しめます！

## 読み解きのカギ

### 人間ドラマたっぷりの『トロイ』

ブラッド・ピットとオーランド・ブルームが共演したことで話題になった2004年の映画『トロイ』では、トロイ戦争をベースにした重厚な人間ドラマが描かれます。ブラピ演じるアキレス（アキレウス）とブルーム演じるパリス王子は、両陣営に分かれて戦うことに。戦争、愛、そして死……。話の流れや人物の性格など、原典と異なる部分もかなり多いので、比較しながら見てみると面白いかも？　男性たちの筋肉美にも注目です！

1-14

# 『オデュッセイア』の10年の冒険

## 英雄オデュッセウス、ロマンス&バトル&カタルシスMAXの大帰郷！

トロイ戦争が終結した直後のこと。トロイの木馬を考案した英雄オデュッセウスは、愛する妻ペネロペが待つ祖国イタケ島へと船で帰ろうとするのですが、行く先々でトラブルに見舞われてしまいます。**そんな10年にもわたる帰国の日々を描いた大叙事詩が、詩人ホメロスの『オデュッセイア』です。** **これが面白い！**

例えば、オデュッセウスたちが1つ目の巨人キュクロプスの住む島に立ち寄った際には、とある巨人の洞窟に囚われて絶体絶命。しかし、巨人の1つ目を潰してなんとか脱出します。ところが、その巨人の父は海神ポセイドンであったため、怒りを買ってしまい、嵐を起こされるなどの妨害によって帰国がさらに困難になってしまいます。

他にも、魔女キルケの住む島で一悶着あったり、予言者の霊から助言を受けるために船で冥界に下ったり、恐ろしい怪物が棲む海域を抜けたり、と大冒険。そんな苦難の連続に部下たちは次々と命を落としていき、やがてオデュッセウスはただ1人になってしまいます。それでも帰郷を諦めないオデュッセウスは、とある国の聡明な王女ナウシカアと出会ったことをきっかけに、ついにイタケ島へと帰国するツテを得ます。**長かった……！** ちなみに、ナウシカア王女を含めて、旅路で出会った女性たちからオデュッセウスは言い寄られモテまくりますが、故郷で待つ妻ペネロペのことを忘れずに想い続けます。**良い漢《おとこ》。**

一方、妻ペネロペのもとには、オデュッセウスの遺産を目当てにした求婚者たちが押しかけ、館に住み着いていましたが、彼女は誰にも心を許すことなく夫を待ち続けます。そして20年ぶりに帰国したオデュッセウスは、そんな求婚者たちを残らず成敗し、愛する妻と感動の再会を果たしました。**最高のカタルシス！** 不屈の英雄の冒険譚は、まさにファンタジーRPGの原点とも言えますね。

## 読み解きのカギ

### 『閃光のハサウェイ』のガンダム名

近年アニメ映画化もされているガンダムシリーズの人気小説『機動戦士ガンダム　閃光のハサウェイ』。作中には「オデュッセウスガンダム」と「ペーネロペーガンダム」が登場します。これは、作中の企業アナハイム・エレクトロニクスがガンダムの開発を開始してから20年であることなどを、オデュッセウスがトロイ戦争＋帰国で20年かかったことと掛けて名付けられたそうです。めっちゃ粋なネーミングですね！

## 読み解きのカギ

### 『ナウシカ』の名前の由来に

『風の谷のナウシカ』漫画版1巻のあとがき冒頭で宮崎駿は、「ナウシカは、ギリシヤの叙事詩オデュッセイアに登場するパイアキアの王女の名前である。私はバーナード・エヴスリンの『ギリシア神話小事典』（社会思想社刊教養文庫、小林稔訳）で彼女を知ってから、すっかり魅せられてしまった」と書いています。あくまでこのエヴスリンの小事典に3頁半で書かれたナウシカの描写に心惹かれ、「自分流のナウシカを描きたい」と思ったのが『風の谷のナウシカ』につながったそうです。気になる方はぜひ、小事典の描写をチェックしてみてください！

## 関連知識

### 羊と一緒に脱出するオデュッセウス！

1つ目の巨人キュクロプスたちの島で、「ポリュペモス」という名の巨人の洞窟からオデュッセウスたちが逃げる場面を描いた絵。目を潰されたポリュペモスが飼っていた羊を洞窟から出そうとしたその隙に、オデュッセウスたちはなんとか脱出しました。

1 - 15

# ギリシア神話とローマ神話の違いとは？

## ギリシア神話をベースにしてローマ神話が追加されていった

これまでに「ユピテルはローマ神話でゼウスにあたる神」などと述べてきましたが、この2つの神話の関係性について、最後に少しだけ紹介しておきましょう。

ローマ神話は、イタリア半島を中心に栄えたローマの人々に語られた神話のこと。**ギリシアに比べると歴史が浅かったため、ローマ人たちはギリシア神話を積極的に取り入れながら、独自の神々の多くをギリシア神話の神々と同一視していきました。**

ギリシア神話のゼウスがローマ神話のユピテルであるように、ヘラはユノ、アプロディテはウェヌスといった感じで対応しています。ちなみに、オリュンポス12神にもローマ神話版があり、そちらでは「ディー・コンセンテス」と呼ばれています。こうして「かなり似ているけどちょっと違う」2つの神話ができていったんです。

一方で、ローマ神話に固有の物語として、ローマの「建国神話」が挙げられます。これは文字通りローマの成立を物語る神話で、叙事詩『アエネイス』などに描かれています。自国を作った英雄たちの独自神話というワケ。

この叙事詩『アエネイス』では、トロイ戦争にトロイ勢として参戦した英雄アイネイアスが、敗走してイタリアへとたどり着き、そこで「ラティウム」という街を築いてローマの礎となる過程が描かれています。

また「ロムルスとレムスの神話」では、その後の時代のローマ建国のいきさつが描かれます。産まれてすぐに川に流された双子のロムルスとレムスは狼に助けられた後、羊飼いに拾われてどうにか成長。そして、自分たちを川に流すように命じた大叔父アムリウスを打倒しますが、新たな王国を造るための土地に関して意見が対立してしまい、双子は決闘を行うことに。これに勝利したロムルスは、都市を造り「ローマ」と名付け、ローマの初代王となったんです。

## 関連知識

### トロイから敗走する英雄アイネイアス

英雄アイネイアスは、陥落したトロイから敗走した先のイタリアでローマ建国の礎を築きました。実はアイネイアスは女神アプロディテの血を引いているため、彼の子孫であるロムルスとレムス、そして歴代のローマ皇帝たちも、アプロディテの子孫ということになるんです。

『アエネイス　第２巻』よりアンキス、クレウサ、アスカニアスとともにトロイから逃亡するアエネイアス／メトロポリタン美術館所蔵

## 読み解きのカギ

### 『PLUTO』はローマ神話の冥界神の名前！

手塚治虫著『鉄腕アトム』の人気エピソード「地上最大のロボット」を原作とした浦沢直樹の漫画『PLUTO《プルートゥ》』。作中でロボットを破壊していく巨大ロボットの名前である「プルートゥ」は、放射性元素「プルトニウム」、あるいはその語源となったローマ神話の冥界神「プルートー」から来ているとされ、作中にも「（中略）冥界の王ハデス……あるいは、ローマ神話の冥王……プルートゥだ」と関連をほのめかすセリフが登場します！このプルートーはギリシア神話のハデスがローマ神話に取り込まれて生まれました。

## 関連知識

### 双子のロムルスとレムス

川に流された双子ロムルスとレムスは、狼の乳を飲んで生き延びました。その後、協力して復讐を果たした２人ですが、最終的には対立してしまい、勝利したロムルスがローマを建国しました。ちなみに、ロムルスは死後に神格化され「クィリヌス」というローマ固有の神と同一視されました。神になる英雄、まさに“ロマン”があります！

ロムルスとレムス／メトロポリタン美術館蔵

## パンドラ、甕と箱

「**パンドラの箱**」という言い回しがよく使われます。「諸悪の根源」などの意味になります。ところが、**ギリシア神話の原典では、パンドラの話の中に「箱」は一度もでてきません。**パンドラが開いて災いを撒き散らした、それは「甕」、古典ギリシア語で「ピトス」と呼ばれるものです。とても大きなもので、飲料や食物を貯蔵するために古代ギリシアの人々の家庭には必ず置かれていたものです。したがって、パンドラがその甕をもらって天から地上に降ったということもありえません。大きすぎます。甕はパンドラの夫となったエピメテウスの家に初めから置かれていた、そう解釈するほかありません。

**どうやら、ローマ時代に「パンドラの甕」が「パンドラの箱」に変化した**ようです。その理由は2つあって、1つは、「甕」は古典ギリシア語で「ピトス」といいますが、他方の「箱」はローマの公用語であるラテン語で「ピクシス」と呼ばれます。ピトスとピクシス。音が、似ています。その音の類似から、ピトスの神話がピクシスの神話に置き換わったのではないか、と考えるものです。

もう1つは、**別の神話と混同された可能性**です。別の神話とは、愛の神エロスと、人間の王女プシュケの話です。両者は結婚しますが、エロスは妻に神としての正体を隠していました。ある時プシュケはその秘密を知り、そのためにエロスはプシュケの元を離れます。プシュケはエロスの母神であるアプロディテから様々な難題を課されるのですが、その最後の試練が「冥界の女王ペルセポネの持つ『美の箱』を持ち帰ること」でした。プシュケはその不可能にも思える試練を乗り越えますが、ペルセポネの美を少しでも分けてほしいという女心から、箱を開いてしまいます。箱の中には、「眠り」が入っていて、プシュケは眠ってしまいました。そこにエロスが助けに来て、母神とゼウスの許しを得て、2人はめでたく結ばれたという話です。

さて、この話に「箱」と「人間の乙女」がでてきます。プシュケが箱を持ってそれを開けようとしている姿が絵画などに描かれると、それはパンドラが災いの箱を開ける場面のようにも見えたのです。そこで両者の神話の混同が起こり、「パンドラの箱」という表現となった、という考えが2つ目です。

**どちらかが正しいのではなく、この場合は両方の可能性がある**、というふうにゆるく考えておくのがよさそうです。

第2章

# 北欧神話

北欧の地で語り継がれた「北欧神話」。その見所はやっぱり、「ファンタジーの原点」とも呼ばれる独創的な世界です。例えば、ゲームや漫画に登場する妖精の「エルフ」や小人の「ドワーフ」といった種族は、北欧神話が起源。他にも、最高神「オーディン」や雷神「トール」、狼の怪物「フェンリル」、世界樹「ユグドラシル」などなど、ファンタジー好きなら何度も聞いたことのある単語ばかりのはず。第２章では、そんな北欧神話の始まりから終わりまでの物語を、『指輪物語』や『進撃の巨人』といった名作との関連性に着目しつつ一気に紹介します！

2-1

# 北欧神話の始まりは「神々vs.巨人」

## 神々に討たれた巨人ユミルの身体が、世界の礎になった！

北欧神話で終始見られるのが、「神々vs.巨人」の構図です。この対立構造を軸にして北欧神話は始まり、そして終わりを迎えるんです。その始まりはこんなお話。

原初の世界には巨大な深淵ギンヌンガガプだけがありました。やがて、深淵の南側に灼熱の国ムスペルヘイムが、北側に極寒の国ニヴルヘイムが誕生します。するとあるとき、ニヴルヘイムから来た氷が深淵に転がり落ち、そこにムスペルヘイムから火花が飛んできます。氷と火が衝突して雫が滴ると、なんと原初の巨人「ユミル」が生まれました。**不思議すぎる！**

また、別の雫から牝牛アウズフムラが生まれ、巨人ユミルはこの牝牛の乳を飲んですくすくと育ちます。そんなあるとき、ユミルの脇汗から男女の巨人が生まれ、ユミルの両足から6つの頭を持つ怪物が生まれます。**どういう生まれ方!?** そして彼らは巨人族の祖となります。

一方、牝牛アウズフムラが塩の氷を舐めていると、その氷から原初の神「ブリ」が現れます。ブリの息子がとある女巨人と結婚し、「オーディン」「ヴィリ」「ヴェー」という3柱の神が誕生しました。そしてオーディンの子孫が北欧神話の主要な神々として活躍していくことになります。

それぞれ繁栄していく神々と巨人ですが、互いに馬が合わず、オーディンら3兄弟はある日、巨人の親玉のユミルをなんと殺してしまいます。するとユミルの身体から血が溢れて洪水となり、巨人族は1組の夫婦を除いて滅亡。このとき生き残った夫婦の子孫である**「霜の巨人」たちは、後の神話で事あるごとに神々と喧嘩沙汰に。血なまぐさい始まり方のせいで、因縁が後世まで続いてしまうんです。**

さて、オーディンはユミルの身体を引き裂いた部位から、天地や海、山、人間の国などを創造します。こうして北欧神話の舞台が整ったというワケ。**なかなかの超展開！**

アウズフムラの乳を飲むユミル／デンマーク国立博物館所蔵

関連知識

## 世界の始まりに、牝牛アウズフムラの乳を飲むユミル

氷と火の衝突によって生まれたユミルは、牝牛アウズフムラの乳を飲んで育ちます。牛が舐めている氷から出てきているのが原初の神ブリです。全ての始まりに１匹の牛がいる、という異質感が北欧神話のユニークで面白いところですね。もしかすると、生命を育むのは牛の乳であるというイメージが、古代の人々に強く根付いていたのかも？

読み解きのカギ

## 『進撃の巨人』と北欧神話

世界的な大ヒットを記録した人気漫画『進撃の巨人』。壁に囲まれて暮らす人類が、壁の外からやってきて人を喰う巨人たちに必死に抵抗しながら、世界の謎に迫っていく……という物語ですが、北欧神話を知っていると、点と点がつながることが多いんです。例えば、物語の核心に触れる「始祖ユミル」の存在など、北欧神話と関連のある要素が作中のところどころに登場します。「巨人が悪役の物語」が、古代から現代にまで、まさに“2000年の時”を超えて受け継がれていると考えると、非常に興味深いですね！

『進撃の巨人』
諫山創／講談社

2-2

# 最高神「オーディン」は知識オタク

## 知識のためならなんでもしちゃう戦争と魔術の神

　巨人ユミルの身体で世界を創造したオーディンは、最高神として君臨します。『FINAL FANTASY』シリーズに登場する召喚獣のオーディンは、馬に乗って必殺技の「斬鉄剣」で敵を一刀両断にしますが……その元ネタとなった北欧神話のオーディンは、姿も性格も全く異なるんです。

　オーディンは「戦争を司る神」として人々に信仰されました。オーディンが持つ槍「グングニル」は最強格の神器であり、「穂先を向けた軍勢に必ず勝利できる」というもの。**強すぎる！**　しかしオーディンは、魔術や謀略を巧みに用いたり、人々に戦術を授けたりと、「軍師」「魔術師」イメージの強い神なんです。その姿も、長い髭を持つ隻眼《せきがん》の老人として主に描かれ、**ザ・魔術師といった感じ。**

　オーディンの最大の特徴は、とにかく知識に貪欲な性格であること。実は、オーディンが隻眼になったのも、彼の知識欲が原因です。世界を支える大樹である世界樹P50ユグドラシルの根本にある「ミーミルの泉」の水を1口でも飲めば、知恵と知識が得られるとされていました。当然、オーディンは泉にGO。そこで、**泉を管理している巨人ミーミルに交換条件として「片目」を差し出すように言われ、なんとオーディンはこれを快諾したんです。** **コワすぎる！**

　他にもオーディンは、死後の世界にあるという神秘文字である「ルーン文字」の秘密を知るために、世界樹ユグドラシルの枝で9日間首を吊り、死に近づくことでなんとかルーン文字を手に入れたり、「飲めば学者や詩人になれる」という「詩の蜜酒」を持つ巨人の元を訪ねて、「奴隷たちの代わりに自分が畑仕事をするから飲ませてくれ」と申し出たり……と見境がありません。**行動力がヤバい。**

　そんなオーディンは普段、玉座から世界を見渡しています。しかも、2羽のカラスが世界中を飛び回り、その日の出来事を報告してくれるそう。**どんだけ情報好きなの？**

## 関連知識

### オーディンが「ルーン文字」を手に入れた

北欧神話の中でオーディンがとんでもない苦行の末に手に入れたルーン文字は、３世紀頃から一部の北欧の人々によって実際に使われていたとされています。槍の穂や墓石、書簡などに刻まれたほか、占いや魔術にも使用されていたそうです。

## 読み解きのカギ

### 「ベルセルク」は神秘の戦士！

作者の三浦建太郎の逝去後も、親友の森恒二の監修のもと連載が続く大人気漫画『ベルセルク』。「ベルセルク」とは、「最高神オーディンに仕え、神秘的な力を宿した戦士たち」を指す北欧神話の言葉です。英語の「Berserker（狂戦士）」の語源でもあり、作中で主人公ガッツが狂戦士のごとき戦いぶりを見せることから、まさに相応しいタイトルと言えますね。

『ベルセルク』三浦建太郎（原作）、スタジオ我画（作画）、森恒二（監修）／白泉社

## 深掘りコラム

### タロット「吊された男」のデザインにも！

占いや魔術に用いられるタロットカードの絵柄の１つ「吊された男《ハングドマン》」には、逆さ吊りにされた男が描かれています。その中でも特に「ウェイト板タロット」と呼ばれるデザインの「吊された男」は、北欧神話のオーディンがモチーフだとされているんです。ルーン文字を得るために世界樹ユグドラシルに自らを吊った神の姿は、「忍耐」や「試練」を象徴する絵柄としてまさにぴったりですね。

2-3

# 世界樹ユグドラシルと「9つの世界」

## 北欧神話の世界は、1本の巨大な樹に支えられている

北欧神話の舞台となる世界は、非常にユニークです。なんと、**超巨大な世界樹ユグドラシルが宇宙の中心に聳え立っていて、様々な種族の暮らす「9つの世界」をこの1本の樹が支えている**、というんです。神々も巨人も人間も、ユグドラシルが支える9つの世界のどこかで暮らしているというワケ。**めちゃくちゃファンタジック！**

そんな9つの世界は、主に以下のラインナップ（諸説あり）。❶アース神族の国アースガルズ、❷ヴァン神族の国ヴァナヘイム、❸人間の国ミズガルズ、❹巨人の国ヨトゥンヘイム、❺光の妖精の国アールヴヘイム、❻闇の妖精の国スヴァルトアールヴヘイム（あるいは小人の国ニザヴェッリル）、❼灼熱の国ムスペルヘイム、❽極寒の国ニヴルヘイム、❾冥界ヘルヘイム。とはいえ、これらの国がユグドラシルのどこに位置しているのかは、原典に記述が少なくかなり曖昧なんです。**知りたい……！**

場所が確かなのは、ユグドラシルの上層にあるアースガルズ、中層のミズガルズ、下層のヘルヘイムです。アースガルズは、オーディンなど主要な神の一族「アース神族」が暮らし、神々の黄金の館が建ち並び、輝いているそう。そんなアースガルズからは、中層の地上にある人間の国ミズガルズに向かって虹の橋ビフレストが架かっています。しかも、神々はたまにミズガルズに降りてきて、人間を巻き込んだ事件を起こすんです。**めっちゃ迷惑。**このミズガルズの下層には、冥界ヘルヘイムがあるとされています。

そんなユグドラシルには、これまたファンタジックな動物たちが棲んでいます。樹の根元に棲み根を齧っている大蛇ニーズホッグは、ユグドラシルの頂上にいる巨大な鷲といつも喧嘩中。なぜかというと、ラタトスクというリスが幹を行き来して、2匹の言葉を誇張して互いに伝え、喧嘩を煽っているんです。**何がしたいの……？**

深掘りコラム

## 北欧神話の９つの世界

❶アース神族の国「アースガルズ」
❷ヴァン神族の国「ヴァナヘイム」
❸人間の国「ミズガルズ」
❹巨人の国「ヨトゥンヘイム」
❺光の妖精の国「アールヴヘイム」
❻闇の妖精の国「スヴァルトアールヴヘイム」（あるいは小人の国「ニザヴェッリル」）
❼灼熱の国「ムスペルヘイム」
❽極寒の国「ニヴルヘイム」
❾冥界「ヘルヘイム」
※❽ニヴルヘイムと❾ヘルヘイムが同一視されたり、小人の国ニザヴェッリルが含まれたり、９つの世界のラインナップには諸説あるのが現状です。書籍によって異なるので、誰か統一してくれると嬉しい……！

関連知識

## 世界樹ユグドラシルは世界そのもの

北欧神の世界は、ユグドラシルという１本の巨大な世界樹によって支えられています。ちなみに、ユグドラシルは「トネリコの樹」だと語られています。

深掘りコラム

## リメイクされた超名作ゲームにも北欧神話が！

2024年にリメイク版の第２弾『リバース』が発売された、超名作ゲーム『FINAL FANTASY VII』。作中には、北欧神話由来の単語が多く登場します。例えば、最初の舞台である都市ミッドガルは人間の国ミズガルズが由来。また、主人公クラウドの故郷の村ニブルヘイムは、北欧神話の極寒の国ニヴルヘイムが由来です。原作とどんな違った物語を見せるのか……リメイク版の完結が楽しみです！

2-4

# 北欧神話の種族「エルフ」と「ドワーフ」

## 「現代ファンタジーの原点」と言われる理由はココにあり！

現代で「ファンタジー」と呼ばれるゲームや漫画の多くに、妖精の「エルフ」や小人の「ドワーフ」といった種族が登場しますよね。近年では、長寿種であるエルフの女性が主人公の漫画『葬送のフリーレン』も大人気。実はこれらの種族の起源は、北欧神話なんです。まさに、現代ファンタジーの原点というワケ！　**スゴい！**

**エルフは、北欧神話を語る古ノルド語では「アールヴ」と呼ばれ、非常に長寿、あるいは不死とされる妖精の種族です。**そして意外にも、身長が小さく性格が悪いのだそう。現代の「知的な森の番人」のイメージとは異なりますね。

さらにエルフは2種類いるとされ、光の妖精リョースアールヴがアールヴヘイムに住み、闇の妖精デックアールヴがスヴァルトアールヴヘイムに住むとされています。光のリョースアールヴの容姿は太陽よりも美しいのですが、神々の中で最も美しい容姿を持つとされる豊穣神フレイが彼らの国を統べているのだそう。一方の闇のデックアールヴは、様々な作品にも登場する「ダークエルフ」のこと。残念ながらどんな種族なのか説明はほとんどありません……。**気になる！**

さて続いて、小人のドワーフですが、古ノルド語では「ドヴェルグ」と呼ばれていました。ドヴェルグはなんと、巨人ユミル↓P46の死体から生まれたそう。最初はウジ虫でしたが、神々によって小人の姿と知性を与えられ、大地の下にある小人の国ニザヴェッリルで暮らすように。

そんな**ドヴェルグは鍛冶技術に優れていて、彼らが作った強すぎる武器や道具が多く登場します。**オーディンが持つ、必勝の槍グングニル↓P48もその1つ。他にも、雷神トールの戦槌ミョルニルや、狼の怪物フェンリル↓P58を拘束した紐グレイプニルなどを製作したドヴェルグは、まさに匠。このイメージは現代作品にも続いていますね。

## 関連知識

### 小人のドヴェルグ

『巫女の予言』という北欧神話の詩が収録された19世紀の書籍には、2人のドヴェルグの挿絵が描かれました。このドヴェルグは背丈が低く髭をたくわえた姿で、現代のドワーフのイメージにかなり近いものになっていますね。ちなみに現代ファンタジー作品では、エルフがドワーフの容姿を「醜い」と罵る……といった場面がよく見られます。このような「エルフとドワーフは仲が悪い」という定番の設定もまた、『指輪物語』（右下のコラム参照）が起源と考えられているんです。

『巫女の予言』(1895) 挿絵

## 読み解きのカギ

### 長寿が故の成長物語

3人の仲間と共に魔王を倒したエルフの女性「フリーレン」の“世界を救った後”を描く人気漫画『葬送のフリーレン』。エルフは他の種族よりも圧倒的に長寿であるため、フリーレンは老人となったかつての仲間の死を看取ることになり、仲間との冒険の痕跡を辿るため再び旅を始める……という物語。人間と異なる価値観を持つフリーレンが、各地で人助けをしながら成長していく姿は、めちゃくちゃ涙腺に響きます。ファンタジー世界の種族の違いが上手く落とし込まれた奥深い物語を、ぜひ堪能してください。

## 読み解きのカギ

### ファンタジーの原点!?

イギリスの作家J・R・R・トールキンの超大作ファンタジー小説『指輪物語』。読んだことはなくても、これを原作とした実写映画『ロード・オブ・ザ・リング』シリーズを観たことのある人はきっと多いはず。トールキンは北欧神話や各地の伝承を元に、『指輪物語』の壮大で緻密な世界設定を作り上げました。美しい妖精エルフや、鍛冶師のドワーフのイメージは、これによって広まったと言っても過言ではありません。まさに「現代ファンタジーの始まり」となった作品。原作は難解な文章も多く（特に序盤！）、読むのにかなり苦労するかもしれませんが……ぜひ一度、手に取ってみてほしいです！

『新版　指輪物語（1）旅の仲間（上）』J・R・R・トールキン（著）、瀬田貞二・田中明子（訳）／評論社

2-5

# 最強の雷神トールと戦槌ミョルニル

## 暴力的だけど頼れるアニキ（女装もするよ）！

北欧神話の全ての神々の中で「最強」と謳われるのが、雷神トールです。英語読みで「ソー」とも呼ばれますね（映画『アベンジャーズ』シリーズファンにはこっちの方が馴染みがあるかも）。

トールは「雷」「農耕」「天候」などを司る神。今でこそ最高神の座はオーディンに譲っていますが、かつて北欧にあったウプサラの神殿には、オーディンと豊穣神フレイを両サイドに配置したトールの像があったとされています。元々はトールが最高神だったというワケ。

伝承によると、火焔が噴き出たような恐ろしい目つきに赤い髭をたくわえた容姿をしているそう。**性格はかなり乱暴で怒りっぽく、北欧神話では、神々と敵対する巨人を事あるごとに脅し、ときには問答無用で倒してしまうほど……。**ちなみに乱暴な性格になってしまったのは、心臓が砥石でできた巨人フルングニルを倒したときに、欠けた砥石が頭の中に入ってしまったからともされます。**痛そう。**

そんなトールの象徴といえば、やっぱり手に握る戦槌「ミョルニル」です。雷神トールが振れば一撃で全て破壊してしまうまさに最強の神器ですが、実は「柄が短い」という地味すぎる弱点があります。これはドヴェルグがミョルニルを作っていたとき、悪神ロキP56が鍛冶の邪魔をしたからなんだそう。しかもミョルニルの柄は常に焼けているため、それを握るために、トールは鉄の手袋「ヤールングレイプル」や力を増大させる腰帯「メギンギョルズ」を常に装備しています。**意外と扱いづらい神器。**

さて、北欧神話の最後を飾る最終戦争ラグナロクP68で、トールは巨大な蛇ヨルムンガンドP58を相手に激戦を繰り広げます。負けるはずない……と思いきや、なんと相打ちに。最強の神でさえもやがて最期を迎えるという無常さが、北欧神話の特徴の1つと言えるんです。

## 深掘りコラム

### ミョルニル奪還のため女装する神！

あるとき、大切なミョルニルが巨人の王スリュムに盗まれてしまう事件が起きます。犯人のスリュムはなんと「ミョルニルを返す代わりに、女神フレイヤを嫁にもらう」という条件を付きつけます。やり方が汚い！　困った神々はフレイヤの代わりにトールに花嫁衣装を着させてスリュムの王宮に送り込み、ミョルニルを奪還する計画を立てます。女装したトールはロキと共に見事に王宮に潜入し、ミョルニルを取り戻して、そのまま巨人族を１人残らず打ち倒しました。トールの女装がスゴかったのか、巨人の目が節穴だったのか……真相はわかりません。実は世界中の神話において「英雄の女装」➡P119は定番だったりします。

『巨人たちの日々：北欧物語集』(1902) 挿絵

## 関連知識

### ミョルニルを掲げる雷神トール

トールが巨人と戦う様子を描いた絵画の一部。彼のシンボルであるミョルニルは、最終戦争ラグナロクの後、息子の「モージ」と「マグニ」に受け継がれました。

トールと巨人の戦い／スウェーデン国立美術館蔵

## 読み解きのカギ

### マイティ・ソーが大活躍！

大人気映画『アベンジャーズ』シリーズにも登場する、雷神トールが元ネタのスーパーヒーロー、マイティ・ソー。彼は、最強のハンマー「ムジョルニア(ミョルニル)」を手に敵を打倒していきます。オーディンやロキも登場するため、北欧神話を知ると楽しさ倍増かも!?

2-6

# 善でも悪でもある謎の神「ロキ」

## 神話を引っかき回す、悪戯好きな〝トリックスター〟

「神々vs.巨人」の構図が軸の北欧神話に、「神でも巨人でもある者」が登場します。それは悪神「ロキ」。神々に味方したり、裏切ったり、また味方したり……と物語を引っかき回す異質な存在です。**ロキのような存在をトリックスターと呼び、神話によく登場し二面性を持つのが特徴です。**

ロキは、神々に敵対する霜↓P46の巨人の血を引いていましたが、最高神オーディンの義兄弟となり、神々の仲間となります（この理由についてはよくわかっていません）。神の一員となったロキは、オーディンやトールと旅をしました。

そんなロキがある日、ヤバすぎる悪戯をします。トールの愛する妻であるシヴの自慢の金髪を、ばっさりと刈ってしまったんです。**ダメ、ぜったい！** 当然トールは大激怒。ロキは、償いに金髪のかつらを用意することになり、ドヴェルグに頼んでかつらを作らせました。ちなみにこのときロキは口八丁で、ついでに槍グングニルや、魔法の帆船スキーズブラズニルも作らせました。**ちゃっかりしてます。**

しかもその帰り道に出会ったドヴェルグの兄弟に「お前らにこれより勝る物を作れるワケないだろ？」と煽り、戦槌ミョルニルを作らせました。「もし作れたら俺の頭をやろう」と約束していたんですが、「頭をやると言ったが、首をやるとは言っていない」という謎すぎる屁理屈で約束を無視。そのままミョルニルを奪って帰ってしまいました。**なんだこいつ。** ちなみに、かつらを渡したことで、ロキはトールに許されました。**めでたし……なのか？**

北欧神話の終盤、ロキは盲目の神ホズを騙して、光の神バルドルを殺させます。世界から光が失われ、最終戦争ラグナロク↓P68が到来。ロキは怪物や巨人たちを率いて神々と敵対し、ついに神々の見張り役ヘイムダッルと相打ちになったのでした。謎多きロキは、なぜ神々の仲間となり、そして最後に裏切ったのか。真相は闇の中です。

## 読み解きのカギ

### 少年姿のロキが探偵に!?

漫画『魔探偵ロキ』シリーズには、北欧神話の要素が多く含まれています。作中で、最高神オーディンによって人間界に落とされ、魔力を失い少年の姿になってしまった邪神ロキ。彼は神界に戻る条件である「人間の心に巣くう魔を落とす」という命令をこなすため、探偵業を営んで事件を解決していく……という物語。大蛇ミドガルズオルム（ヨルムンガンド）や、雷神トール、門番ヘイムダルといった北欧神話の怪物や神々が数多く登場し、事件の中でも神話用語がふんだんに使われます。再び神に戻るためのロキの活躍をぜひご覧あれ！

『魔探偵ロキ RAGNAROK～新世界の神々～』1巻　木下さくら著／マッグガーデン刊

## 関連知識

自分が工夫した魚網を持ったロキ／18 世紀のアイスランドの写本『SÁM 66』より

### 悪神ロキの二面性

北欧神話のロキが悪神として描かれるようになったのは、一説では、キリスト教における「悪魔」の影響があるともされています。確かに、「神の味方であり敵でもある」というロキの二面性は、キリスト教の「悪魔たちは元々は天使だった」とする聖書の伝承に似ている……ような気がして面白いです。

## 読み解きのカギ

### ロキが主人公のスピンオフドラマ

マーベル作品『マイティ・ソー』に登場する神ロキを主人公に据えた作品が、ドラマ『ロキ』です。作中のロキは、「変異体」と呼ばれる正史のロキとは異なる存在です。シリーズ中では、ヴィランとして兄弟のソーに敵対したり、後にソーに協力したりするロキ。敵であり味方でもある謎多き存在が主役として活躍するのは、めちゃくちゃ心躍りますね。

2-7

# 最凶の大蛇「ヨルムンガンド」

## 捨てられた恨みを糧に巨大化し、兄フェンリルと共に神々を襲う

世界中の神話に「蛇」や「竜」の怪物が登場します。彼らは恐ろしい力を持っていますが、最終的には神や英雄に倒されるのがだいたいのオチ。しかし、**北欧神話の大蛇「ヨルムンガンド」は少し違っていて、最強の雷神トールと相打ちするという結末を迎えるんです。めっちゃ珍しい。**

大蛇ヨルムンガンドの両親は、悪神ロキP56と女巨人アングルボザ。2人の間には、狼の怪物フェンリル、蛇の怪物ヨルムンガンド、半身の腐った女神ヘルという、恐ろしい3兄妹が生まれました。なんと彼らは「後に、神々の脅威となるだろう」という予言を受けてしまい、フェンリルは魔法の紐グレイプニルで拘束され、ヨルムンガンドは海の底に捨てられ、ヘルは冥界に落とされて冥界の支配者となります。**辛すぎる幼少期……。**

捨てられたヨルムンガンドは海の底で生き延びました。そして人知れず成長していき、なんと地上を囲む海を1周して自分の尾をくわえるほどのサイズになったのでした。**デカすぎる！** ちなみにこの「自らの尾をくわえる蛇」のシンボルは「ウロボロス」と呼ばれ、永遠や循環を象徴するとして、多くの神話や宗教に登場します。

さて、最終戦争ラグナロクP68が起きると、ロキは自らの子であるフェンリルやヨルムンガンドを連れて、神々に襲いかかります。フェンリルは最高神オーディンと戦い、彼を丸のみにして倒しますが、オーディンの息子ヴィーザルに殺されることに。一方のヨルムンガンドは、最強の雷神トールと激闘を繰り広げます。あらゆるものを粉砕するミョルニルの打撃を何度も耐えるという超耐久を見せますが、やがて致命傷を負ってしまいます。しかし、死に際に毒の息を吹きかけ、トールと相打ちになりました。

自分たち兄妹を蔑ろにした神々への強い復讐心が——相打ちという珍しい結末を導いたのかもしれませんね。

## 関連知識

### 大きすぎる怪物ヨルムンガンド

ヨルムンガンドは地上の大陸を囲む海を１周して自分の尾をくわえるほど巨大だとされます。そんな大きな怪物とどうやって戦ったの……？　ちなみに「自らの尾をくわえる蛇」のシンボルである「ウロボロス」は、他にもキリスト教や、ヒンドゥー教や、アステカ神話などで見られ、「永遠」や「循環（死と再生）」のシンボルだとされています。

ヨルムンガンド／17世紀の写本『AM 738 4to』より

ウロボロス

## 読み解きのカギ

### 『ヨルムンガンド』の名前のワケ

漫画『ヨルムンガンド』は、武器商人の女性ココと元少年兵のヨナが、仲間たちと共に世界各地を巡り“平和のために武器を売る”という物語。漫画の冒頭には「五つの陸を食らい尽くし／三つの海を飲み干しても／空だけはどうすることもできない。翼も手も足もないこの身では。我は世界蛇。我が名はヨルムンガンド。」という言葉が書かれていますが、実はこれがめちゃくちゃ重要なんです！　……ですが、その詳細は物語の核心に迫るものなので、詳しくはぜひ本編を！

『ヨルムンガンド』高橋慶太郎／小学館

2-8

# 英雄を導く戦乙女「ヴァルキュリア」

## オーディンの宮殿「ヴァルハラ」に導かれた英雄は戦い続ける

ゲームや漫画が好きな方は、「ヴァルキュリア」という言葉を何度も聞いたことがあるかと思います。ドイツ語では「ワルキューレ」。そう、人気漫画『終末のワルキューレ』でもお馴染みですね。実は、ヴァルキュリアとは、北欧神話の最高神オーディンに仕える戦乙女のことなんです。

ヴァルキュリアの主な役割は、勇敢な英雄の魂を選別して導くこと。**ヴァルキュリアは、戦いにおいて強い力を持つ英雄に死の運命を定め、その勇敢な魂をアースガルズにあるオーディンの宮殿「ヴァルハラ」に導きます。**英雄のスカウト的な存在と言えるかも。

選ばれた英雄たちは「エインヘリヤル」と呼ばれました。エインヘリヤルは、いつか起きると予言されている最終戦争ラグナロクの到来に備えて、毎日訓練を繰り返します。朝が訪れると武装して殺し合いを行い、日が暮れると傷が癒えて、死者も復活。全員揃ってヴァルハラの広間に集まり、そこでヴァルキュリアたちの給仕を受けながら宴を始めるとされています。**ファンタジー感全開！** また、ヴァルハラの宴には主神オーディンの肉や、食べても復活する豚「セーフリームニル」の肉や、牝山羊「ヘイズルーン」の乳から取れる美酒が振舞われるんだとか。**食べたい。**

オーディンはラグナロクに備えて、勇敢な英雄たちを集めて育てているというワケ。用意周到です。実際に、この神話を信じていた古代ゲルマン人の戦士にとって「ヴァルハラに迎え入れられること」は名誉であり、勇敢に戦って戦場で死ぬことこそが戦士の理想だったと言います。

ちなみにヴァルキュリアには、名の知れた者もいます。例えば、ワーグナーの楽劇『ニーベルングの指環』のヒロインであるブリュンヒルデ、運命の3女神の3女スクルドP62、死者を蘇生させる力を持つヒルドなど。性格も様々で、英雄との恋物語が描かれることが多いのも特徴です。

「ワルキューレの騎行」(『エッダとサガにみるノルウェー人の神話』より)

関連知識

## ヴァルキュリアは北欧神話のヒロイン?

英雄の死後に現れ、魂を宮殿に導く美しき戦乙女ヴァルキュリアは、多くの絵画や劇の題材になりました。特に19世紀ドイツの楽劇王リヒャルト・ワーグナーの楽劇『ニーベルングの指環』で描かれた「ヴァルキュリアと英雄の悲恋」は人々の心をつかみ、ヴァルキュリアの存在が広く知られるようになったといいます。ヴァルキュリアこそが、北欧神話のヒロインと言えるかも?

読み解きのカギ

## ヴァイキング世界と北欧神話!

11世紀頃の北ヨーロッパが舞台の漫画『ヴィンランド・サガ』。主人公の少年トルフィンは、父を殺した男に復讐するためにヴァイキングとして生きていくことになり……というハードな物語。作中のヴァイキングは史実通り、暴力に生きて暴力に死ぬ戦士たちであり、死後にヴァルハラに迎えられることを理想としています。暴力の世界にのまれたトルフィンが導く人生の意味とは——これ、本当に必見です。ちなみに「サガ」とは、北欧の神話や英雄譚を描いた物語といった意味です。

『ヴィンランド・サガ』幸村誠／講談社

読み解きのカギ

## 主人公はヴァルキュリア

ヴァルキュリアをモチーフにした作品と言えば、やはり1999年に発売されたゲーム『ヴァルキリープロファイル』から始まる「ヴァルキリープロファイル」シリーズが有名ですね。主人公レナス・ヴァルキュリアは、来たるべきラグナロクに備えて死者の魂を選別して仲間にし、戦士として育成していく……という内容。北欧神話を元にした独特な世界観はもちろん、個性的なキャラクターたちが織りなす重厚な物語がめちゃくちゃ魅力的です。

戦乙女ヴァルキュリア

2-9

# 運命を司る3女神「ノルニル」

## 過去・現在・未来は3姉妹によって決められている！

過去から未来に至るまで、人の運命の全てが定められているとしたらどう思いますか？　個人的には少し哀しいですが、北欧神話では運命を司る「ノルニル」という3女神が、人の運命を全て定めているといいます。

ノルニルは、過去を司る長女ウルズ、現在を司る次女ヴェルザンディ、そして未来を司る末っ子スクルドの3人。**彼女たちが定めた運命には、たとえ神であっても逆らうことはできないともされ、死の宣告を受けたら生き続けることは不可能だそう。ノルニルが最強なのでは？**

そんなノルニルは、世界樹ユグドラシルの根本にある「ウルズの泉」に住んでいます。そして、ユグドラシルに泉の水や泥をかけて枯れないように世話しています。実は、ユグドラシルP50は大蛇ニーズホッグに根を齧《かじ》られていたり、他にも4匹の牡鹿に枝葉や芽を齧られたりしているので、彼女たちの世話がないとやがて枯れてしまうんです。

しかし、ノルニルは元からウルズの泉にいたワケではなく、『ファーヴニルの言葉』では、ノルンたちは様々な生まれで、アースの族、アールヴの族、ドヴァリン（小人）の族、とされています。彼女たちは元々は力強い巨人族であり、神々の黄金時代を終わらせ、人間の幸福のためにやって来ました。そして新しく赤子が生まれた家を訪ね、その子の寿命や運命を決めるようになったそう。

ちなみに3女のスクルドはヴァルキュリアP60でもあるとされ、スクルドは「グズ」と「ロタ」というヴァルキュリアと共に戦死者を選ぶのだとされています。**副業もしていて、忙しそうです。**

また、ギリシア神話にも「運命の3女神」は登場し、彼女たちは「モイライ」と呼ばれています。ノルニルとモイライは、インド・ヨーロッパ語族の同一起源であると考えられています。

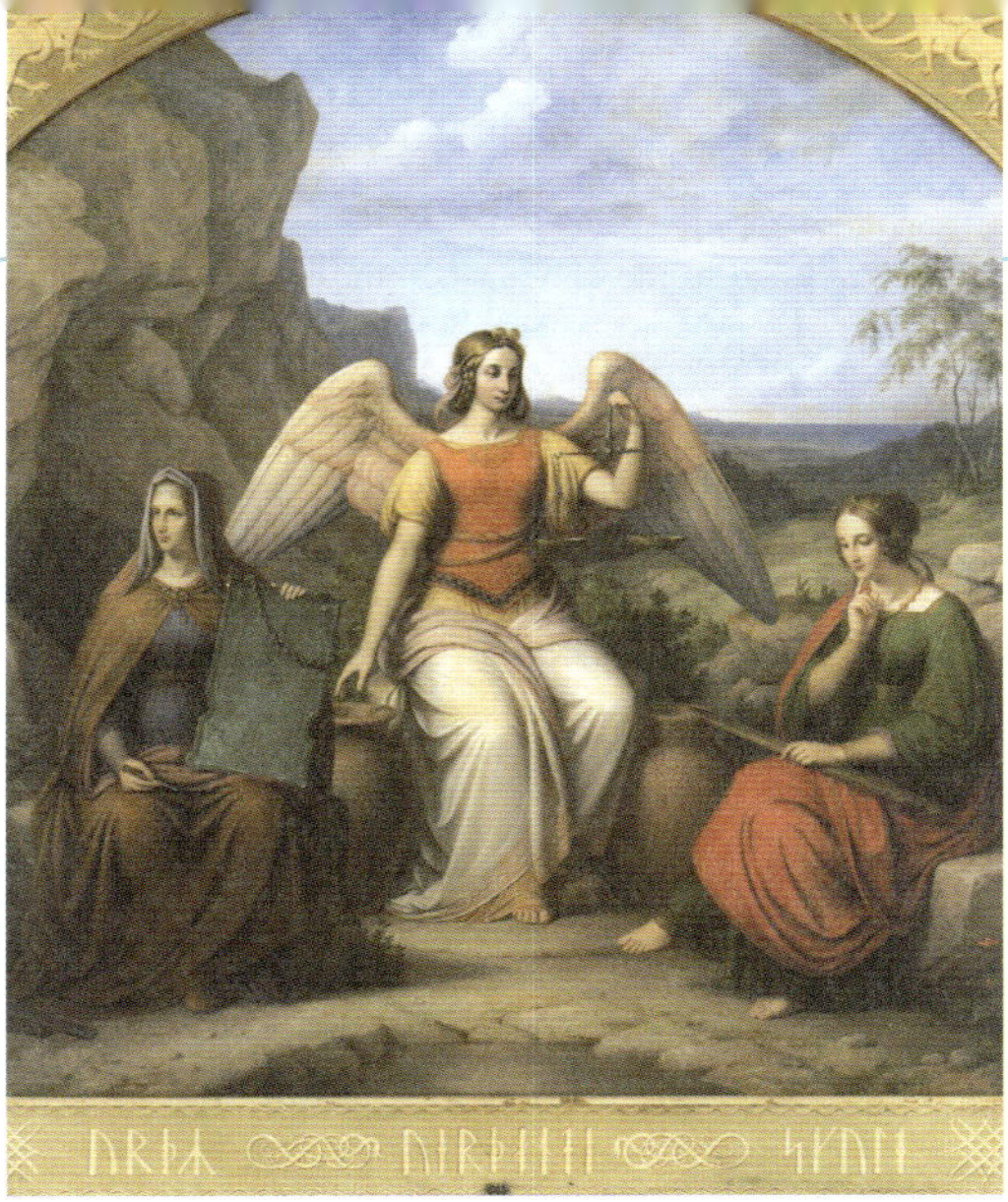

## 関連知識

### 運命の女神たち

ノルニル３姉妹が描かれた19世紀の絵画。左の長女ウルズは過去を象徴する書物を持ち、中央の次女ヴェルザンディは現在を象徴する天秤を持ち、右のスクルドは未来を象徴する閉じられた巻物を持っています。ちなみにノルニルは複数形で、単数形ではノルンと呼ばれます。

ノルニル3姉妹／デンマーク国立博物館

## 読み解きのカギ

『ああっ女神さまっ』藤島康介／講談社

### 運命の女神と住むことに!?

人気ラブコメ漫画『ああっ女神さまっ』には、主要な登場人物として北欧神話のノルニル３姉妹が登場します。主人公の森里螢一は、とあるきっかけで３姉妹の次女・女神ベルダンディーと１つ屋根の下で暮らすことに。すると姉のウルドや、妹のスクルドも押しかけてきて……という物語。北欧神話の運命の女神と普通の青年の恋はどうなってしまうのか!?　時に世界滅亡の危機さえ訪れるドタバタな日常がめちゃくちゃ面白いんです！

## 読み解きのカギ

『STEINS;GATE』／ニトロプラス

### “厨二病”の超名作SF

原作ゲーム、アニメ共に大人気のSF作品『STEINS;GATE《シュタインズ・ゲート》』。主人公の岡部倫太郎は、記憶を過去の自分に届けるタイムリープマシンを完成させてしまったことから、大きな陰謀に巻き込まれることになり……という物語。作中で、厨二病の岡部が考案する“カッコいい作戦名”は主に北欧神話から取られています。特に、全てを救うための最終作戦は「オペレーション・スクルド」と名付けられました。これは未来を司る女神スクルドから取られていて、作戦の内容に超ぴったりで熱い！

# 英雄シグルドと悪竜ファーヴニル

## 最強の英雄が名剣を手に「竜殺し」を行う、超定番の物語！

ファンタジー作品で超定番の展開と言えば、「英雄が名剣を手に巨大な竜を倒す」というアレ。実は、そんな「竜殺し」のモチーフの歴史は古く、世界中の神話や伝承に見られるんです。もちろん北欧神話にもあります。

北欧神話の竜殺しの物語の主人公は、大英雄シグルド。シグルドの伝説を語る『ヴォルスンガ・サガ』によれば、彼の父は英雄シグムンドであり、シグムンドは最高神オーディンのひ孫だったそう。最高神の血を引く英雄という点で、ギリシア神話のヘラクレスにそっくり。↓P32

そんなシグルドを育ててくれたのは、知恵者のドヴェルグ「レギン」でした。レギンはあるときこう語ります。「自分の兄が神々の財宝を手にし、『ファーヴニル』という悪しき竜になってその財宝を守っている。お前にファーヴニルを倒してほしい」と。するとレギンは、シグルドの亡き父シグムンドの剣の破片から、魔剣「グラム」を鋳造し、息子シグルドに託します。父の形見です。しかもグラムはあらゆる物を斬り裂く力を持っていました。**好き！**

早速シグルドは巣に向かい、「穴を掘って隠れ、ファーヴニルが上を通ったタイミングで突き刺す」というややズルめの方法で竜殺しを成し遂げます。しかし、レギンは感謝すらせず、竜の血を啜るばかり。**めっちゃ不気味です。**

レギンはシグルドに「竜の心臓を焼いて食べさせてくれ」と願います。シグルドは渋々従いますが、料理中に誤って竜の血を口にしたことで、なんと周囲の鳥の声が聞こえるようになります。竜の血には不思議な力があったんです。しかも鳥たちは「レギンがシグルドを殺そうとしている！」とさえずっています。そう、レギンは竜の血肉が持つ力や財宝を欲して、シグルドを利用したというワケ！

**養父の真の目的に気づいたシグルドは、形見のグラムでレギンを斬り殺したのでした。判断がはやい！**

## 関連知識

出典：『ジークフリートと神々の黄昏』(1911) 挿絵

### 剣を刺すシグルド

北欧神話の「英雄シグルドが悪竜ファーヴニルを討伐する物語」は、19世紀のワーグナーの楽劇『ニーベルングの指環』に取り込まれると、「ゲルマン神話の英雄ジークフリート（シグルドのドイツ語読み）が竜に変身した巨人ファフナー（ファーヴニルのドイツ語読み）を倒す物語」にアレンジされました。左の絵はその竜殺しの場面。『ニーベルングの指環』で活躍するジークフリートの性格やエピソードは、シグルドのものとは結構違っているんです。

## 読み解きのカギ

### 哲学的で重厚なストーリー

1998年発売のRPG『ゼノギアス』。作中に、神話や宗教、科学や哲学などの単語や概念が大量に登場するのが特徴の1つで、1文では言い表せない複雑で重厚なストーリーが展開される名作です。北欧神話由来で例を挙げると、潜砂艦ユグドラシルの副艦長を務めるのが、英雄シグルドの名を冠する「シグルド・ハーコート」です。ぜひプレイしてほしいです！

## 深掘りコラム

### 竜殺しは世界中に存在する！

英雄が竜を倒す「竜殺し（ドラゴンスレイヤー）」のエピソードは、世界中の神話に登場します。例えば、イギリスの叙事詩『ベーオウルフ』の主人公ベーオウルフや、キリスト教の聖ゲオルギウス、ゾロアスター教の大英雄スラエータオナ、あるいは日本神話の英雄神スサノオなどなど。現代作品でもよく見られることから、まさにファンタジー＆神話の定番ですね。竜殺しは、英雄が試練を乗り越えて成長する一種の「通過儀礼」とも言えるのかもしれません。

2-11

# 破滅をもたらす剣「ティルフィング」

## 北欧神話に語られるチート武器たちがスゴすぎる！

北欧神話にも、最強すぎる武器が数多く登場します！オーディンの槍グングニルP48は「穂先を向けた軍勢に勝利できる能力」がありますし、トールの戦槌ミョルニルP54は「あらゆるものを粉砕する力」を持っています。他にも、自動で敵を倒してくれる「勝利の剣」や、決して癒えない傷を与える剣「ダインスレイヴ」など様々。その中でも特に恐ろしいのが、所有者に勝利と破滅をもたらす魔剣「ティルフィング」です。**これがホントにヤバい。**

ティルフィングは、オーディンの血を引くスヴァフルラーメ王が、捕えた2人のドヴェルグを助ける代わりに鋳造させた剣でした。**ドヴェルグは依頼通り「決して錆びず」「狙った敵は外さない」剣に仕上げましたが、仕返しとして「誰かを殺さなければ鞘に収められず」「3回願いを叶えたら所有者は死ぬ」という破滅の呪いも追加しました。**こうして代償付きのチート剣ができたんです。

王はティルフィングを手に多くの勝利を挙げますが、あるときアルングリムという男と一騎打ちをした際、彼にティルフィングを奪われ殺されてしまいました。そう、勝利と引き換えに破滅の呪いを受けたんです……。新たな王となったアルングリムは12の子をもうけますが、みな狂戦士だったそう。アルングリムは失意のうちに亡くなり、ティルフィングは長男のアンガンチュルに継承されます。

しかし、戦いに明け暮れるアンガンチュルも呪いからは逃れられず、ある王女に求婚した際に、戦士と決闘することになり死亡。魔剣は後に娘のヘルヴォル、さらに孫のヘイズレク、ひ孫のアンガンチュル（※別人です）へと受け継がれていきましたが、彼らにも勝利と破滅をもたらしていきました。とんでもなく強力な呪いです。

以降のティルフィングの行方は語られていませんが、今も誰かの手に渡り、破滅を振りまいているのかも……？

## 関連知識

出典:「ティルフィングを手に入れるスウァフルラーメ」(1906) 挿絵

### ティルフィングを作らせる王

「ドヴァリン」と「ドゥリン」という2人のドヴェルグによって鋳造された魔剣ティルフィング。その所有者となったのは主に6人で、彼らのほとんどに破滅の最期をもたらしました。紛れもない魔剣ですね。それにしてもドヴェルグの鍛冶技術どうなってるの?

## 深掘りコラム

### 北欧神話のチート武器(道具)たち

❶**グングニル**:投げれば的を外さず、自動で手元に戻ってきて、穂先を向けた軍勢に勝利できるオーディンの槍。
❷**ミョルニル**:あらゆる物を粉砕し、投げれば手元に返ってきて、大きさを自在に変えることができるが、柄が短く、常に焼けているトールの戦槌。握るには、力を2倍にする帯「メギンギョルズ」と、熱に強い鉄製の手袋「ヤールングレイプル」が必要。
❸**勝利の剣**:あらゆる物を斬り裂き、太陽のように輝き、所有者が「賢く正しい者」であれば自動で敵を倒す、豊穣神フレイの剣。
❹**炎の剣**:最終戦争ラグナロクで世界を焼き尽くす炎の巨人スルトが持つ、太陽のように燃え盛る剣。
❺**ティルフィング**:決して錆びず、狙った敵は外さないが、所有者に死の呪いをもたらす。
❻**ダインスレイヴ**:狙いを外すことはなく、決して癒えない傷を与えるが、血を吸うまで鞘に収められない魔剣。
❼**グラム**:あらゆる物を斬り裂く、英雄シグルドの剣。
❽**フルンティング**:勇気のある者が振るえば決して負けない、鋼鉄の剣。
❾**レーヴァテイン**:巨人スルトの妻シンモラによって封印される魔剣。ロキが冥界の門の下でルーンを彫って作ったとされる。
❿**グレイプニル**:魔狼フェンリルを拘束する、魔法の紐。

## 読み解きのカギ

### アニメ『魔法少女リリカルなのは』と炎の魔剣

超人気アニメ『魔法少女リリカルなのは』。異世界の少年を助けた高町なのはは、魔法少女に変身して宝石「ジュエルシード」を探索することに。続編シリーズに登場する守護騎士の女性シグナムは、炎の魔剣「レヴァンティン」を持っています。しかし実は、元ネタとなった北欧神話の魔剣レーヴァテインに炎の要素はありません。日本では90年代以降、ファンタジー書籍の影響でレーヴァテインを炎の剣とする流れが広まっていったんです。面白い!

2 - 12

# 最終戦争ラグナロクと神話の終わり

## 神々は次々と倒れ、世界は燃やし尽くされるが……

北欧神話にも、ついに終わりが訪れます。予言されていた最終戦争ラグナロクが起こり、巨人や怪物たちが神々に襲いかかり、大戦争が始まってしまうんです。

ことのきっかけは、悪神ロキが光の神バルドルの死を誘発し、世界が暗闇に覆われてしまったこと。大蛇ヨルムンガンドや魔狼フェンリル、ロキの率いる巨人族が一斉に侵攻を開始します。一方、神々の住むアースガルズでは、虹の橋ビフレストを見張る神ヘイムダッルが角笛ギャラルホルンを吹き、神々に異常を知らせました。すると、神々も怪物も巨人も平原ヴィーグリーズに集い、大衝突。そこにはヴァルハラで鍛錬を積んだ英雄エインヘリヤルたちの姿もありました。**まさに天下分け目の決戦です！**

ラグナロクが始まると、早速、最高神オーディンは魔狼フェンリルに敗北してしまいますが、代わりに息子のヴィーザルがフェンリルを討ちます。続いて、雷神トールは大蛇ヨルムンガンドと相打ちに。豊穣神フレイは炎の巨人スルトと戦いますが、勝利の剣を持っていなかったため敗北。軍神テュールは冥界の番犬ガルムと戦って相打ち。神ヘイムダッルも悪神ロキと戦って相打ち……と、敵も味方も次々と戦場に倒れていきます。最終的には、炎の巨人スルトが世界を焼き尽くし、世界は海の底に沈んでしまいます。**まさかの共倒れエンド。**

こうして終わり……かと思いきや、実は1組の人間の男女「リーヴ」「リーヴスラシル」がひっそりと生き残っていました。さらに、オーディンの息子ヴィーザルや、雷神トールの息子たち「モージ」と「マグニ」も生存。ラグナロクのきっかけとなった光の神バルドルや盲目の神ホズも復活を果たします。**彼ら次世代の神と人とによって世界は再生されていく——と希望を残した形で、北欧神話は終わりを迎えるのでした。めでたしめでたし。**

## 読み解きのカギ

### 北欧神話世界とアツい親子愛！

世界中で人気のゲーム「ゴッド・オブ・ウォー」シリーズ。ギリシア神話が舞台の初期三部作の後、2018 年からの新シリーズでは北欧神話が舞台に！　新シリーズ2作目『ゴッド・オブ・ウォー ラグナロク』では、最終戦争ラグナロクが迫る世界で、主人公のクレイトスと息子アトレウスが運命に立ち向かう、という物語。この親子愛と絆がガチで最高すぎる！　もちろんオーディンやトール、フレイなどの神々も登場するので北欧神話好きにオススメです！

## 関連知識

### フェンリルにのまれるオーディン

ラグナロクが始まって早々、最高神オーディンは魔狼フェンリルにのみ込まれて、あっけなく敗北してしまいます。最強の槍グングニルを持っているのに……なんで？　するとオーディンの息子ヴィーザルがフェンリルの下顎を靴で踏みつけ、上顎をつかんで引き裂くことで、父の仇を討ちました。とんでもない怪力です。

オーディンとフェンリル（『エッダとサガにみるノルウェー人の神話』より）

## 読み解きのカギ

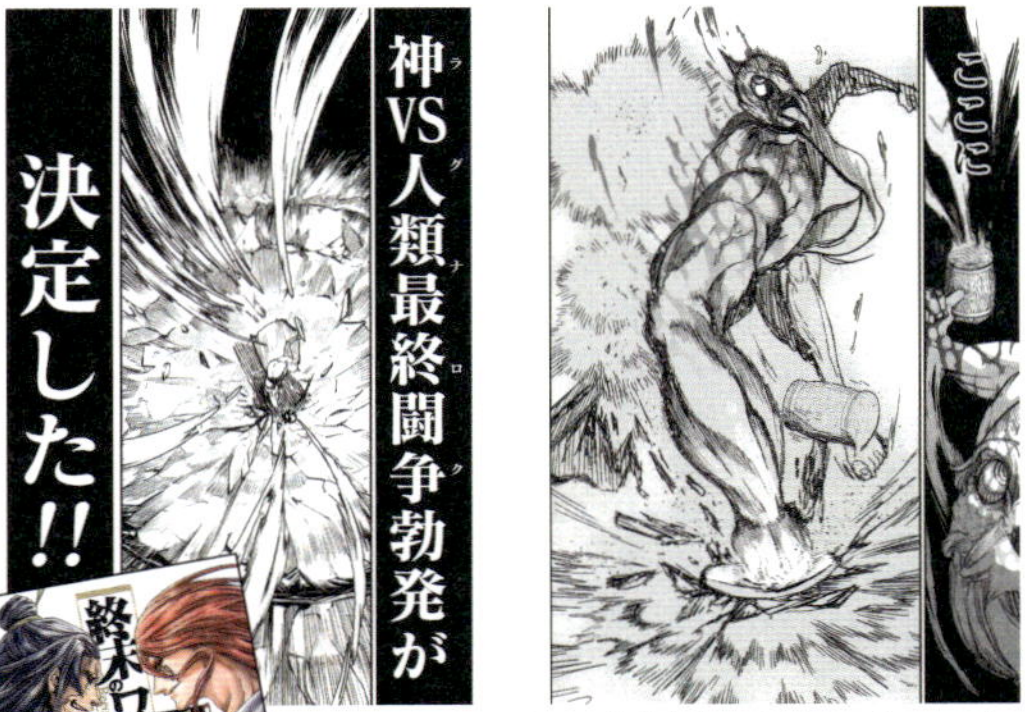

### 北欧の神も闘いに！

ギリシア神話の章でも紹介した人気漫画『終末のワルキューレ』。作中で、人類の存亡を懸けて行われる神々と人類の闘いは「神VS人類最終闘争《ラグナロク》」と呼ばれています。その設定にぴったりのネーミングですね！　北欧神話からは、オーディンやトール、ロキやブリュンヒルデなどの面々がメインキャラクターとして登場していて、めちゃくちゃ激アツです！

## 進撃の巨人と北欧神話①

諫山創の漫画『進撃の巨人』（講談社、2010年〜2021年）は、北欧神話を題材に取った作品です。いくつかキーワードがあるのですが、ここでは「**ユミル**」と「**ユグドラシル**」について見ていきましょう。

まずはこの漫画のあらましですが、人類は高い「壁」の中で暮らしており、壁の外には巨人たちが徘徊していることになっています。巨人たちは食べることをしなくても生きることができ、負傷してもすぐに再生し、唯一の弱点である「うなじ」を攻撃されない限り死ぬことはありません。人間を食べる習性がありますが、これは生きるためではなく、消化器官がないので、食べ過ぎれば吐き出し、また食べます。このような巨人の脅威に対して、壁の中で暮らしていれば安全と思われていましたが、ある時壁よりも高い巨人、「超大型巨人」が現れ、「鎧の巨人」とともに壁を壊して外の巨人を壁の中に入れてしまいます。この時から、人類は再び巨人の脅威にさらされることになりました。主人公らはそのような重苦しい世界の中で、多くの友人を失いながら、生きていかなければならない、という世界観です。

本編でも触れられた通り、「ユミル」は北欧神話の原初の巨人で、オーディンをはじめとする新しい世代の神々に殺されて、その身体から世界が形作られました。一方、漫画の「ユミル」は、巨人たちの始祖とされる少女です。大地の悪魔と契約して巨人化の力を手に入れました。神話の巨人とは性別が異なっていますが、「**原初の巨人**」というキーワードで結ばれています。また、神話のユミルは殺されて世界の様々な構成要素になりましたが、漫画では人類を守る「壁」は巨人の身体によって作られていることになっています。つまり漫画でも、**「世界」の一部が巨人によってできているわけです。このことに関して、アース神族の城壁が巨人の手によって作られたとされる神話も思い起こされます。**

少女ユミルはフリッツ王の奴隷でした。フリッツとの間に3人の娘をもうけています。そのユミルが、巨人化という最大の力を得てなおフリッツ王に従うのはなぜか、という問いが発せられますが、その答えは、作品をまだ読んでいない人のために取っておくことにしましょう。この漫画作品の核心にせまるところだと思います。

また、重要なキーワードとして「**ユグドラシル**」も挙げられます。これは北欧神話の世界樹ですが、漫画でも、巨人たちの「道」と呼ばれる場所に、光を放つ大樹が描かれています。世界樹ユグドラシルを意識しているものと思われます。

第 3 章

# インド神話

古代インドから脈々と伝えられてきた「インド神話」。その伝統を受け継いだヒンドゥー教は、現在インドを中心に多くの人々に篤く信仰されています。そんなインド神話の最大の魅力は、なんと言ってもその「スケールの大きさ」です。個性的な神々や恐ろしい魔神、そして最強の英雄たちが織りなす物語は、まさに超展開の連続。これがホントに面白いんです。第３章では、インド神話の代表的な神々の活躍とインドの大叙事詩『マハーバーラタ』と『ラーマーヤナ』について、話題となったインド映画『RRR』などと絡めて紹介します！

3-1

# インドラはかつて最高神だった

## 悪竜ヴリトラを打ち倒すほど強かったのにどうして……？

インド神話には、後の時代に少し不遇な扱いを受けた、元・最高神がいます。それはインドラ。現代のインドで主に信仰されている宗教は「ヒンドゥー教」ですが、その前身となった古代の「バラモン教」の時代は、インドラがインド神話の最高神として信仰されていたんです。

かつてのインドラの人気はめちゃくちゃスゴく、バラモン教の聖典『リグ・ヴェーダ』の4分の1はインドラへの讃歌が占めていたほど。**敬われまくり！** また、インドラの名は、現在のイラクなどにあたる「メソポタミア地方」でも知られていたそう。**超絶人気の神様です。**

そんなインドラは天候を操る英雄神であり、「マルト神群」と呼ばれる暴風神の軍勢を率いて敵と戦いました。**『リグ・ヴェーダ』には、水を堰き止めて干ばつを起こしていた悪竜「ヴリトラ」をインドラが討伐したという英雄譚が描かれています。** インドラは神器ヴァジュラを使って見事にヴリトラを倒しました。そしてヴリトラが倒されたこのとき、太陽や天界が出現したとも言われています。つまりこの物語は、一種の創世神話でもあるんです。**超カッコいいっす（この時点では）。**

ところが、時代が進みヒンドゥー教が隆盛すると、インドラは最高神の座をブラフマー↓P74、ヴィシュヌ↓P76、シヴァ↓P78の3大神に譲ることになってしまいます。しかも「インドラが魔神に敗北したところに3大神が颯爽と現れて事件を解決する」という、3大神の活躍を際立たせるようなエピソードも多いのです。あのヴリトラ討伐のお話も、叙事詩『マハーバーラタ』↓P90では「ヴリトラを倒せたのはヴィシュヌがめっちゃ協力してくれたから」という風に描かれ、その功績までも薄れてしまいました。その結果、ヒンドゥー教でのインドラは、「かな～り勝率の悪い軍神」になってしまったんです。**元・最高神なのに、不憫……！**

出典：LACMA (www.lacma.org)

関連知識

## インドラは白象に乗る

インドラは白象アイラーヴァタに騎乗した姿でよく描かれます。インドラは神の飲料「ソーマ」を飲んで戦意を上げ、ヴァジュラを振るって敵を打ち倒すんだそう。ザ・英雄神といった感じですね。ちなみにインドラは数多くの異名を持ち、「ヴァジュラパーニ（金剛杵を持つ者）」や「ヴリトラハン（ヴリトラを殺す者）」などと呼ばれます。カッコ良すぎない？

読み解きのカギ

## インド神話的世界に転生!?

インド神話がモチーフのアニメと言えばやっぱり『天空戦記シュラト』。主人公の高校生シュラトはある日、調和神ヴィシュヌの導きによって神々の住む異世界に転生することになり、雷帝インドラを倒して世界を救う壮大な戦いに身を投じていく……という物語。シュラトと親友ガイの友情と対立の結末は……必見です！ヴィシュヌやインドラだけでなく、仏教（密教）の八部衆や明王がモチーフのキャラクターもたくさん登場するので、独特なインド神話と仏教の世界観を楽しみたい方に超オススメです。

読み解きのカギ

## 『NARUTO』にインド神話や仏教が！

落ちこぼれ忍者の主人公・うずまきナルトの成長や忍者たちの戦いを描いた超人気漫画『NARUTO』には、インド神話や仏教の要素が多く盛り込まれています。例えば、作中に「大筒木インドラ」と「大筒木アシュラ」という対立する兄弟が登場しますが、彼らの元ネタもインド神話と仏教。インド神話のインドラは後に仏教に取り込まれて「帝釈天」と呼ばれるんですが、帝釈天は阿修羅（インド神話の魔神アスラ）と戦う……という説話があるんです。めちゃくちゃぴったり！

3-2

# 3大神① 創造神ブラフマーと苦行

## 苦行を乗り越えた者なら、敵でも最強能力あげちゃいます！

インドラに代わって、ヒンドゥー教で最高神となったのは、創造神ブラフマー、維持神ヴィシュヌ、破壊神シヴァの3大神。現代でも非常に篤く信仰される、超偉大な神々です。「彼らは本来同一の存在であり宇宙の原理そのものだ」と考える「三神一体（トリムールティ）」という思想もあるほどで、インド神話では、この3大神が良いトコで登場するのが鉄板なんです。

その1柱が、宇宙を創造した神ブラフマーです。**実はブラフマーは、インド哲学で宇宙の根本原理とされる「ブラフマン（梵）」というやや捉えづらい概念が神格化された存在なんです。まさに宇宙を司る神というワケ！**

そんなブラフマーには重要な役割があり、それは「苦行を乗り越えた者に褒美として力を与える」こと。インド神話では、何か願いを叶えるためには苦行をするのが定番。そんな苦行を為した者の元をブラフマーは訪れ、「無敵の力」や「不死の能力」を授けるんです。**ありがとと！**

ところが実は1つ問題があり……苦行さえ為せば、たとえ敵対勢力であっても力を授けてしまうんです。そんなブラフマーの公平すぎる性格のせいで、善の神々と敵対する悪の魔神が無敵になってしまい、インドラ率いる軍勢がピンチに……ということも日常茶飯事。ブラフマーに力を与えられた魔神は数多くいて、苦行を為して世界中を征服する望みを叶えた3兄弟「トリプラースラ」、兄弟が殺された復讐心で苦行を為して無敵になった「ヒラニヤカシプ」、苦行によって神に負けない能力を得た羅刹王「ラーヴァナ」P92などなど。**さすがにやりすぎでは……？**

しかし「こうして悪の手に落ちた世界に、英雄が現れて平和をとり戻す！」という熱い展開も多く見られます。ブラフマーは敵も強くしちゃう神様ですが、そのおかげで英雄の大活躍が見られると考えると、**許せちゃうかも？**

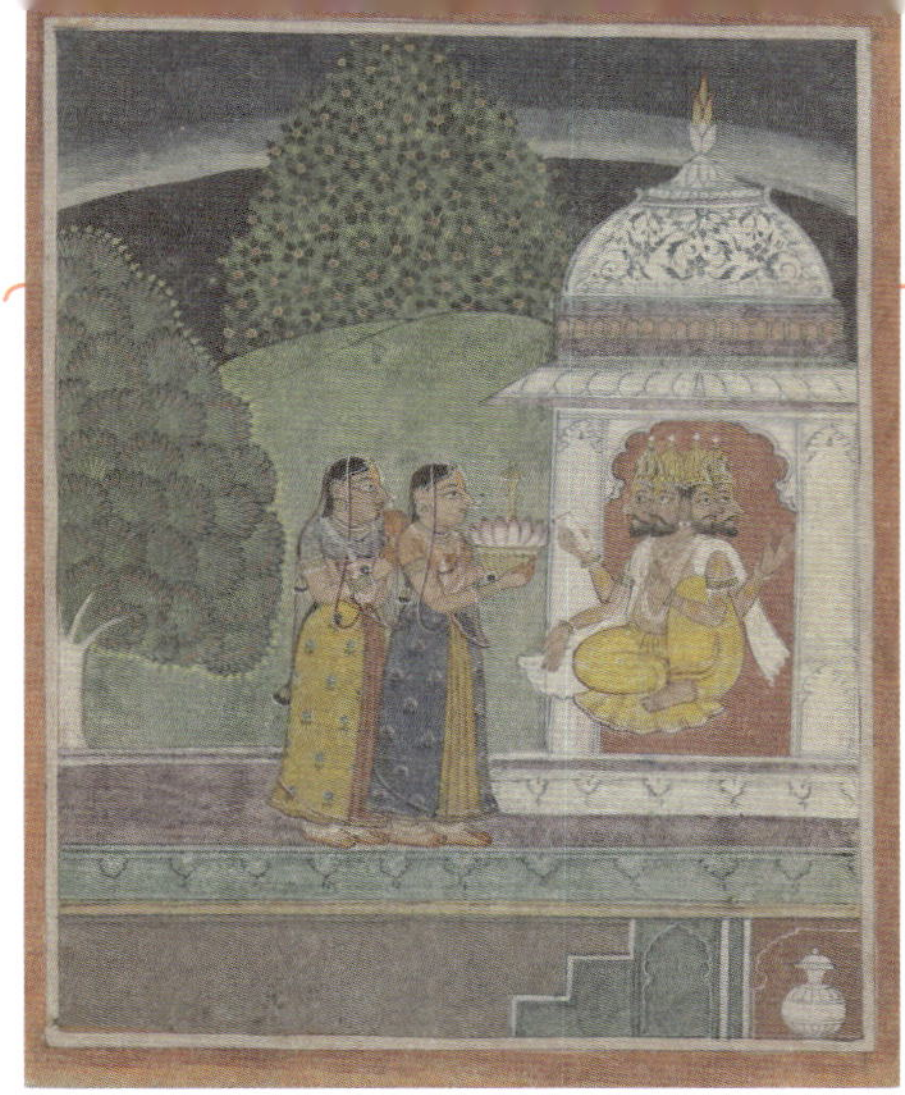

カンバヴァティ・ラギニとブラフマー神の出会い／アムステルダム国立美術館

関連知識

## ４つの頭を持つ創造神ブラフマー

創造神ブラフマーは、美しい妻サラスヴァティーがどこにいても見つめることができるように５つの頭を持っていましたが、シヴァと喧嘩した際に１つ切り落とされて４つになってしまいました。痛そう！　残った４つの頭は東西南北を向いているそうです。ちなみにブラフマーは神話において英雄的な活躍をすることが少ないからか、３大神の中でヴィシュヌやシヴァと比べると人気はちょっと控えめです。

読み解きのカギ

## ヨーガの使い手はブラフマー？

人気格闘ゲームシリーズ『ストリートファイター』に登場するインド出身のキャラクター「ダルシム」。ヨーガの使い手であるダルシムは、インド神話の炎の神アグニの力を借りて炎を操ります。実はヨーガとは本来、宇宙の根本原理ブラフマンとの合一を目指すものでした。ダルシムの姿も、どこかブラフマーっぽい……かも？

読み解きのカギ

## 神々の力を使った超バトル！

大迫力のインド映画『ブラフマーストラ』。主人公の青年シヴァは、古代から継承される神々の力「ブラフマーストラ」が目覚めれば世界が崩壊することを知り、戦いの運命に導かれる……という物語。神々の武器であるアストラを使った戦いが壮大すぎてめちゃくちゃ面白いです！　ちなみにインド神話において、ブラフマーストラとはブラフマーが持つ投擲武器、あるいはブラフマーの加護を受けた究極奥義のこと。多くの英雄がこのブラフマーストラを体得して戦いに臨みました。ちなみに海が蒸発し大地が荒野と化す「ブラフマシラーストラ」というさらに上位の技もあります。強さのインフレがヤバすぎる！

ブラフマーストラ DVD 発売中　発売・販売：ツイン
© Star India Private Limited.

3-3

# 3大神② 維持神ヴィシュヌと10の化身

## なんかもう全部ヴィシュヌさんに頼れば良いんじゃない？

3大神の2柱目は、「世界の秩序を維持する役割」を持つ維持神ヴィシュヌ。平和を守る正義の神様です！ ヴィシュヌは青色の肌で描かれることが多く、額にU字形のマークがあるのが特徴です。独特な模様にも思えますが、ヴィシュヌを祀る寺院でも見られる重要なシンボルなんです。

そんなヴィシュヌは、インド神話の中でまさに維持神らしい活躍をします。**善の神々がいつも通り魔神アスラに敗北して困り果てているときには、だいたいヴィシュヌが現れて、アドバイスをくれたり自ら解決に動いてくれたりするんです。** **困ったらヴィシュヌさんに頼ろう！**

また、事件解決のために天界から地上に降りる際には、ヴィシュヌは動物や人の姿に化身します。世を忍ぶ仮の姿！ この化身した姿は「アヴァターラ」と呼ばれ、主に10種類あるとされています。例を挙げると、「人類を洪水から救う魚」や「海底に沈んだ大地をすくい上げ、その時ヴィシュヌを襲おうとしていたアスラを倒した猪」、「叙事詩『ラーマーヤナ』で羅刹王ラーヴァナを倒す大英雄ラーマ→P92」や「叙事詩『マハーバーラタ』で主人公アルジュナの手助けをする大英雄クリシュナ→P90」など。とにかく化身しては、何度も世界を救うヴィシュヌさん、大忙しです。現代のファンタジー作品でも「神が化身した英雄」という設定をしばしば見かけますね。**その原点かも？**

ちなみに10番目に数えられるヴィシュヌのアヴァターラは「カルキ」。カルキは遥か未来の「世界の終末」に現れ、世にはびこる悪を滅ぼして善人を救済してくれるんだそう。そして世界は徳と正義に満たされ、黄金時代を迎えるといいます。**紛うことなき救世主！**

このように悪を打倒して世界を救うヴィシュヌは、現代のヒンドゥー教でも非常に篤く信仰されています。正義を担う維持神……**やっぱりカッコ良すぎますね。**

## 関連知識

### ヴィシュヌの10化身

中心にいるのが維持神ヴィシュヌ。その周囲に描かれるのが、左上から反時計回りに1～10番目の化身（アヴァターラ）。ちなみに9番目は諸説あり、この絵ではブッダが描かれています。

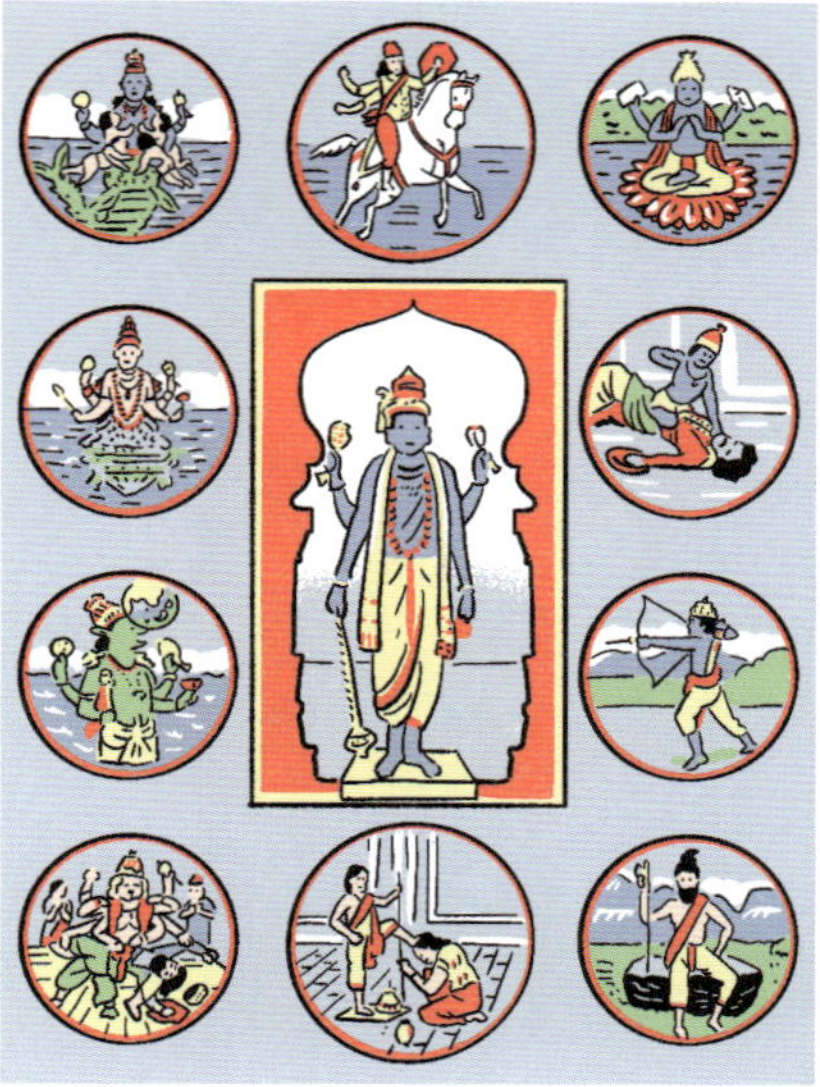

**① マツヤ**
人類を洪水から救う巨大な魚。

**② クールマ**
「乳海攪拌」➡P82で山を支える巨大な亀。

**③ ヴァラーハ**
魔神ヒラニヤークシャを倒す猪。

**④ ナラシンハ**
不死の魔神ヒラニヤカシプを倒す獅子の獣人。

**⑤ ヴァーマナ**➡P81
三界を3歩で踏破する小人。

**⑥ パラシュラーマ**
数多の英雄の師となった聖者。

**⑦ ラーマ**
叙事詩『ラーマーヤナ』➡P92の主人公。

**⑧ クリシュナ**
叙事詩『マハーバーラタ』➡P90の英雄。

**⑨-⑴ブッダ**➡P202
仏教の開祖。

**⑨-⑵バララーマ**
クリシュナの兄。竜王アナンタの化身とも。

**⑩ カルキ**
世界の終末に現れ、全悪を滅ぼす救世主。

## 読み解きのカギ

### 『アバター』の青い肌にも理由が！

ジェームズ・キャメロン監督の超大作SF映画『アバター』。戦争で下半身不随となった元海兵隊員の男は、新たな肉体「アバター」を遠隔操作して、宇宙の彼方にある惑星パンドラで希少な鉱物を採掘することになり……という物語。2024年8月現在、1作目が映画の歴代興行収入1位、2作目が3位に入っているという化け物映画です。実はこの「アバター」という言葉、ヴィシュヌの化身「アヴァターラ」が語源。現代では「インターネット上で使われるユーザーの分身」を指す単語としてよく使われますが、その歴史はめちゃくちゃ古く、まさかのインド神話由来なんです。映画『アバター』の主人公が新たな姿を得て新天地で生きる姿は、まるでヴィシュヌのよう。青い肌を持つのもヴィシュヌとの共通点ですね。

3 - 4

# 3大神③ 破壊神シヴァと世界の終わり

## 世界を破壊するほどの激しいダンスを踊る神!?

3大神の最後は、破壊神シヴァ。肌は青く、額には鋭い閃光で欲望を焼き尽くす第3の目があるのが特徴です。そんなシヴァもヴィシュヌ同様、篤く信仰されています。それもそのはず。シヴァは神話の中で大活躍するんです。

例えば、「乳海攪拌」P82というお話の中では、シヴァは竜王が吐いた猛毒を全てのみ込むことで、たくさんの神々を毒から守りました。ちなみにこの毒の影響で、シヴァの肌は青くなったそう。**とにかく無事で良かった……。**他にも、魔神アスラの3兄弟トリプラースラが全世界を支配した際にも大活躍。神々に3兄弟の討伐を頼まれたシヴァは、全ての神々から力を貰い受けて最強の神となり、3兄弟が住む3つの都をたった1本の矢で射抜き、都ごと3兄弟を滅ぼしたんです。**さすがに強すぎる!**

そんなシヴァが「破壊神」と呼ばれる理由は、ただ勇ましいからというワケではなく、実はシヴァが世界を滅亡させる役割を担う神だからです。**シヴァは世界の終末に舞踊神ナタラージャとして「ターンダヴァ」というダンスを踊って大地を踏みならし、世界を破壊へと導くんです。世界をぶっ壊すほど激しすぎるダンス!**

「でも……なんで?」と思われたかも。実は、インド神話では「世界は破壊と創造を繰り返す」と考えられています。ブラフマーが世界を創造し、ヴィシュヌが秩序を維持し、シヴァが最後に破壊する。このサイクルが何度も繰り返されるというワケ。時の流れと共に万物が朽ちていく一方で、新たに生まれる命もあります。古くなった世界を一度破壊し、再び創造しなおすことで、活力を取り戻すという意味があるのではと考えられますね。

ちなみにシヴァにはパールヴァティーP86、ドゥルガーP88、カーリーP88などの妻がいて、彼女たちのお話もめっちゃ面白いので、後の項目で紹介しましょう!

## 関連知識

### シヴァの激しすぎるダンス

世界を破壊する際、シヴァは舞踏神ナタラージャとして「ターンダヴァ」を踊ります。その姿は、片足を上げた独特で神々しいポーズで表されます。実は『終末のワルキューレ』のアニメ版のオープニングやゲーム『真・女神転生V』でも、シヴァはこの片足を上げたポーズを取っています。まさにシヴァを象徴するポーズというワケ！

## 読み解きのカギ

### 霊力のぶっ飛び具合もインド神話！

『SHAMAN KING』武井宏之／講談社

人気漫画『SHAMAN KING』は、霊の力を借りることができるシャーマンの少年・麻倉葉が、No.1のシャーマンを決める戦いを勝ち抜いて「シャーマンキング」を目指す物語。続編ではインド神話の破壊神シヴァが現れ、インド神話らしいぶっ飛んだ霊力を持っていました。あまりに強く、シヴァを見つめ続けると死に至るとされています。ヤバくない？ 『シャーマンキング』にはインド神話だけでなく、世界中の神話の要素が登場するので、元ネタを知るともっと楽しめます。

## 深掘りコラム

### FFのシヴァはインド神話のシヴァなの？

『FINAL FANTASY』シリーズでお馴染みの召喚獣「シヴァ」。氷を操る美女で、「シヴァと言えばFF！」という方も多いかも。しかし、インド神話のシヴァは男神。また特に氷にまつわるエピソードがあるワケでもありません。そのためFFのシヴァの元ネタはインド神話のシヴァではなく、『旧約聖書』に登場する聡明で美しい女性「シバの女王」だとされることもありますが、その説も実は微妙です。というのも、FFのシヴァは英語で「Shiva」ですがこれはインド神話のシヴァの英語と同じであり、シバの女王は「Sheba」なんです。もしかすると英語の「shiver（震える）」が元ネタで、だから氷属性なのかも？ と考えることもできますが、いずれにせよFFの有名召喚獣のシヴァは、意外にも元ネタが曖昧。ご存知の方はいませんか？

3-5

# 魔神アスラにも善なる者がいる

## 最強の魔神たちは世界を支配するけど、やっぱり上手くいかない

これまでに紹介したインドラや3大神は、人々に祀られ恩恵を与える善の神々であり、「デーヴァ」と呼ばれます。そんなデーヴァに敵対するのが、魔神アスラです。インド神話の物語の多くでは、アスラは悪役として登場し、ブラフマーに与えられた能力でデーヴァから天界を奪い、苦しめられたデーヴァが最後に逆転し平和を取り戻す……というのが定番の流れ。**もはや様式美です。**

P74

デーヴァから天界を奪い取ることに成功したアスラは多くいます。例えば、ブラフマーの項目で紹介したトリプラースラやヒラニヤカシプに加えて、アスラと水牛の間に生まれ苦行によって神に負けない能力を得た「マヒシャ」、苦行によってほぼ不死身の能力を得た「ターラカ」など。**あれ、だいたいブラフマーさんのせい……?**

ちなみに、「アスラ」という言葉は、元々は「デーヴァとは異なる神々」を指していたそう。しかし時代が進むにつれて、デーヴァに敵対する種族として、悪役を担うようになったんです。**ちょっとかわいそう。**

そんな経緯があるためか、**実はアスラの中には、善なる心を持つ者もいます。**その最たる例が「バリ」。バリはアスラの王だったヴィローチャナの子で、インドラに倒された父の仇を取るために祭式を行いました。これは苦行とは異なり、バリはブラフマーの加護なしに無敵の力を得ます。すると瞬く間に全世界を支配。しかもバリの治世は非常に優れていたため、バリは人々から慕われ、「マハーバリ(偉大なバリ)」とまで呼ばれました。**まるで主人公。**

しかし、デーヴァにとって、世界がアスラに支配されるのは大問題。またもやヴィシュヌが立ち上がり、小人のヴァーマナに化身します。そして、バリとの交渉の末に世界の支配権の奪還に成功したんです。マハーバリの頃の方が良かった……と思った人もいたかも?

## 関連知識

### 善なる魔神バリ（左）と巨大化したヴァーマナ（右）

全世界を平和に統治していたバリの元に、ヴィシュヌが小人ヴァーマナに化身して訪れます。ヴァーマナは「3歩で歩けるだけの土地を私にくれませんか？」とバリに要求。これをバリが快諾した途端、なんとヴァーマナは超巨大化して2歩で地上と天を踏みました。ちょっとズルくない？　降参したバリは頭を差し出し、ヴァーマナは3歩目をその頭に乗せました。その後バリはヴィシュヌに「いつか次代の神々の王となるだろう」と予言され、地下世界に住むことになりました。そんなバリは現在でも信仰されていて、バリが地上に戻って来るのを祝う祭「オナム祭」が開かれているんだとか。長きにわたって親しまれる優しい魔神です。

ヴァーマナの化身／アムステルダム国立美術館館蔵

## 読み解きのカギ

### 『真・女神転生』と「アスラおう」

人気ゲーム『真・女神転生』シリーズは、世界中の神話の神々がこれでもかと登場するのが特徴の1つ。そんな『真・女神転生』に何度も登場しているのが「アスラおう」です。これはアスラの王だった魔神ヴィローチャナのことであり、ヴィローチャナはゾロアスター教の最高神「アフラ・マズダー」➡P230や密教における「大日如来」➡P210の起源ともされています。『真・女神転生Ⅴ』では、アスラおうは大日如来に関連して「有翼日輪の紋章」と呼ばれるアイテムを巡るクエストに登場しますね。

大日如来坐像／出典：ColBase（https://colbase.nich.go.jp/）

3-6

# 「乳海攪拌《にゅうかいかくはん》」が壮大すぎる件

## みんなで協力して海をかき混ぜて、不死の甘露をゲットだ！

常に敵対しているデーヴァとアスラですが、彼らが揃って協力するお話があります。それが、インド神話屈指の人気エピソードである「乳海攪拌」。このお話は、魔神アスラにいつも通り敗北したデーヴァが、アスラに対抗する力を求めて、ヴィシュヌに相談するところから始まります。ここでヴィシュヌがしたのはこんなアドバイス。「飲めば不死になれる甘露のアムリタを手に入れるとよい。そのために、デーヴァとアスラで協力して海を攪拌するのだ」と。……なんで？　とはならず、すぐに行動を開始。アスラもまた不死の甘露が欲しかったので、両陣営は「一旦停戦して協力しよう！」と無事に合意しました。

**ここから大スケールの超展開が続きます。**まず、攪拌の軸にするためのマンダラ山を、竜王アナンタが海まで運びます。このマンダラ山を、ヴィシュヌが亀に化身して背中で支えます。すると今度は、竜王ヴァースキが山に巻き付いて攪拌のためのロープになりました。こうして準備が整うと、デーヴァとアスラはヴァースキの両端を順番に引っ張って山をぐるぐると回し、協力して海を攪拌していったんです。彼らの攪拌の勢いは凄まじく、摩擦で軸のマンダラ山で大火事が起きてしまいましたが、インドラが山に水をかけて鎮火します。**すると山から流れ出た汁によって、海は白く濁り「乳海」に変化します。**また、ロープ役のヴァースキが苦しみのあまり猛毒「ハーラーハラ」を吐き出しますが、シヴァが毒を飲み込んで事なきを得ます。

そして1000年の攪拌の後、乳海から太陽や月などが生まれ、最後にアムリタを持った神が現れました。すると長いこと協力していたはずの両陣営が奪い合いを始めます。しかし最終的にはデーヴァがアムリタを手にし、これを飲んだ神々は不死になり、アスラたちに勝利したのでした。タダ働きのアスラ……**可哀想すぎない？**

関連知識

## 海を攪拌するデーヴァとアスラたち

乳海攪拌の様子のイメージ。デーヴァ（左）とアスラ（右）がヴァースキの両端を持って海をかき混ぜています。攪拌方法、やっぱり斬新すぎない？

深掘りコラム

## 世界の神話の不老不死の食べ物（飲み物）

世界中の神話にアムリタのように不死をもたらす食物が登場します。ここではそれらをまとめて紹介しましょう。

| | |
|---|---|
| ①生命の実 | 『旧約聖書』のエデンの園の中央にある「生命の樹」に生える果実。生命の樹に至る道は「智天使（ケルビム）」によって守護されている。 |
| ②生命の水 | メソポタミア神話の蘇生水。「スハルジク」という袋に入っており、冥界で死んでしまった女神「イシュタル」を蘇生させた。 |
| ③アンブロシア&ネクタル | ギリシア神話の神々の食べ物アンブロシアと神の酒ネクタル。アンブロシアは時に軟膏としても用いられた。 |
| ④ヘスペリデスの園の黄金の林檎 | ギリシア神話の女神ヘラが管轄する果樹園に実る果実。百頭の守護竜「ラドン」によって守られている。 |
| ⑤女神イズンの黄金の林檎 | 北欧神話の女神「イズン」が管理する黄金の林檎。イズンが攫われた際には、林檎を失った神々が一時的に年老いてしまった。 |
| ⑥仙桃 | 中国神話の女神「西王母」が管轄する桃。『西遊記』では孫悟空が仙桃を食して不老不死になり、神々を相手に戦った。 |

3-7

# 最強の神鳥ガルダが母を救う

## 神々を打ち倒してアムリタを手に入れる親孝行物語！

乳海攪拌P82の後、アムリタはデーヴァのものとなり、天界に置かれました。しかし、アムリタは誰もが欲しがる不死の甘露。当然、アムリタを巡って大事件が発生します。

このお話の主人公は、神鳥ガルダ。巨大な身体を持ち、炎のように輝く羽根を広げる鳥の姿で主に描かれますが、鳥の頭を持つマッチョな青年の姿として描かれることもありますね。**カッコいい。**

ある日、ガルダの母ヴィナターは、その姉のカドゥルーと「負けた方が奴隷になる」というヤバすぎる賭けをします。しかも姉のカドゥルーは1000匹のナーガ（蛇）を生んだずる賢い女性でした。彼女の策略によってヴィナターは負けてしまい、姉の奴隷として500年を過ごします。**可哀想すぎる。**そんなときヴィナターの生んだ卵が孵化し、ガルダが生まれます。親思いのガルダは、母の境遇に耐えかねて、ナーガたちに母の解放条件を聞きました。

条件は「不死の甘露アムリタを持ってくること」。それを聞いたガルダは翼を広げて天界へと飛び立ち、なんと神々に戦いを仕掛けました。**そんな無謀な……と思いきや、ガルダの強さは圧倒的で、神々の軍勢をたった1人で退けます。そして、見事アムリタを手に入れたんです。**

帰宅途中、空を飛ぶガルダの前に維持神ヴィシュヌP76が現れます。ヴィシュヌとの交渉の末にガルダはヴィシュヌの乗り物（ヴァーハナ）となりました。ガルダはその後、立ち塞がった神々の王インドラP72さえも打ち負かし、彼と友情を結びます。**熱い友情、好き！**

帰宅したガルダはナーガにアムリタを渡し、母の解放に成功します。こうして母と共に幸せに暮らしたのでした。

ちなみにアムリタは、ナーガたちが沐浴している間にインドラがこっそり回収しました。一件落着！　母のために神々にまで戦いを挑むなんて、**最高の孝行息子です。**

## 関連知識

### ガルダに乗る維持神ヴィシュヌ

天界から見事にアムリタを奪い取ったガルダに対して、ヴィシュヌはその勇気と力を称賛し、「願いを叶えよう」と告げました。するとガルダは「アムリタがなくとも不老不死になりたいです」と答えます。ヴィシュヌは願いを叶える代わりに、交換条件として、ガルダがヴィシュヌの乗り物（ヴァーハナ）となることを提示。ガルダはこれを承諾しました。インド神話の神々は、動物の乗り物（ヴァーハナ）を持っていることが多く、例えばシヴァは聖牛「ナンディン」、インドラは白象「アイラーヴァタ」に乗っています。図像に描かれた動物を見るだけでも、どの神様なのかが判別できるんです。

ガルダに乗ったヴィシュヌ／メトロポリタン美術館蔵

## 関連知識

### タイの国章に描かれたガルダ

タイ王国の国章には、翼を広げたガルダが描かれています。正しき心を持ち、神々を退けるほどの力を持つガルダは、知識や力、勇気、忠誠などの象徴として紋章に採用されているというワケ。他にも、インドネシア共和国の国章ガルダ・パンチャシラや、モンゴルの首都ウランバートルの紋章にもガルダが描かれていますね。

## 読み解きのカギ

### アニメ『ゼーガペイン』の神話要素

2006年に放送された名作SFロボットアニメ『ゼーガペイン』。序盤のネタバレ無しでのあらすじ紹介が非常に難しいこの作品には、神話由来の用語が数多く登場します。そのうちの1つ、「ゼーガペイン・ガルダ」という機体は隠密行動や索敵に長けており、神話のガルダが持つ「身体を小さくする」「粉塵で敵の目を眩ます」という能力と符合しているかも。2024年8月には後日譚の映画『ゼーガペインSTA』が公開されました。

3-8

# シヴァの妻①パールヴァティーとの〝政略結婚〟

## 息子ガネーシャが象の頭になったヤバいワケ！

破壊神シヴァ→P78の家族は個性的な神ばかりで、そのエピソードも面白いものだらけ。まずは、シヴァの妻の1人「パールヴァティー」と息子たちからご紹介。

パールヴァティーは、シヴァの最初の妻「サティー」が転生した美しい女神でした。神々はそんなパールヴァティーとシヴァを結婚させ、子を生ませようと目論みます。実はこのころ魔神アスラの「ターラカ」が天界に攻め入ろうとしており、「ターラカを倒すのはシヴァの息子だ」という予言があったため、神々はシヴァに子を作ってほしかったというワケなんです。**まさかの政略結婚？**

シヴァは当初、この〝縁談〟に全く興味を示しませんでした。ところがその後、パールヴァティーが苦行をして深い愛を示したり、シヴァが変装して近づきパールヴァティーの本音を確かめたり……と紆余曲折の結果、2人は結ばれることになりました。**めでたい！** こうして2人が生んだ息子の軍神「スカンダ」が予言通りターラカを倒したのでした。**さすが破壊神の息子です。**

また、2人の間にはもう1人息子がいて、それがスカンダの兄にあたる「ガネーシャ」です。「象の頭を持つ、商売繁盛や学問の神」として日本でもお馴染み。街のカレー店などで、よくガネーシャ像を見かけますね。

そんなガネーシャの頭は、元々は普通の人間のものでした。一説では、パールヴァティーの垢から生まれたガネーシャは、浴室の見張りをしていた際、何も知らないシヴァに「誰だこいつ」と首を切り落とされてしまったんです。これにパールヴァティーは激怒したため、焦ったシヴァは飛んでいった首を探すことに。ところが、ガネーシャの首は見つからず、最終的にシヴァは「象の頭を息子の首に取り付ける」という謎の妥協案によって、妻からの怒りを回避することに成功したのでした。**……それでOKなの？**

## 関連知識

### 妻に囲まれたガネーシャ

ガネーシャには「シッディ」と「ブッディ」という２人の妻がいるとされています。現代でも篤く信仰されているガネーシャは、ふくよかな体格で微笑みをたたえた姿で描かれることが多く、「富をもたらす神」としていかにもご利益がありそうな雰囲気が特徴ですね。

ガネーシャと妻たち／メトロポリタン美術館蔵

## 読み解きのカギ

### 『夢をかなえるゾウ』のガネーシャ

超ロングセラーとなった自己啓発小説『夢をかなえるゾウ』で、何事も長続きしない主人公に「人生を変える秘訣」を教える神様こそまさにガネーシャです。関西弁で話すぐうたらな神様という、インド神話とは全く異なる性格のガネーシャがいかにして主人公を成功へと導いていくのか……これ必見です。

『夢をかなえるゾウ』水野敬也／文響社

## 読み解きのカギ

### 謎のヒロインの正体は……？

インド神話や中国神話など、アジア各地の神話要素を多く含む名作漫画『3×3《サザン》EYES《アイズ》』。高校生の藤井八雲は、「三只眼吽《さんじやんうん》迦羅《から》」という３つ目の妖怪であると称する少女のパイによって、不老不死の力を得てしまい……という物語。このヒロインのパイの別名が「パールバティー」なんですが……詳細はネタバレになってしまうので、読んで確かめてみてください！

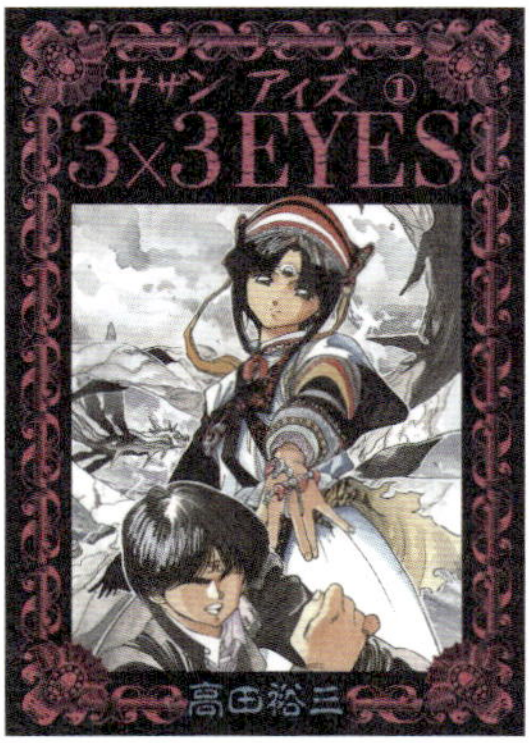


『3×3EYES』高田裕三／講談社

3-9

# シヴァの妻② ドゥルガーとカーリーが恐ろしい

## 魔神アスラたちを殲滅する、強くて恐ろしい女神たち!

シヴァの妻は他にもいます。それは、戦いの女神である「ドゥルガー」と「カーリー」。**彼女たちは、パールヴァティー**(→P86)**と同一視されることもあり、パールヴァティーの恐ろしい側面とも考えられています。**

まずは、ドゥルガーのお話から。魔神アスラのマヒシャ(→P80)に、例の如く敗北してしまった神々は、シヴァとヴィシュヌに助けを請いました。するとシヴァとヴィシュヌはなんと激怒し、その怒りから1柱の美しい女神が生まれます。それがドゥルガーでした。**まさに怒りの権化!**

ドゥルガーはシヴァの三叉槍トリシューラやインドラの金剛杵ヴァジュラ、水神ヴァルナの縄、冥界神ヤマの杖など様々な武器を授けられ、マヒシャを倒すべく出陣します。**ちょっと武器多すぎない?** そんなドゥルガーはマヒシャの変身能力に少々手こずったものの、最終的には一騎討ちでマヒシャを見事に倒したのでした。**すっごい。**

さて続いてはカーリーのお話です。マヒシャ亡き後、今度は「スンバ」と「ニスンバ」という兄弟のアスラが神々を圧倒しました。いつもの流れです。そんな兄弟はあろうことかドゥルガーの美しさを耳にし早速求婚しますが、ドゥルガーは拒否します。それでも兄弟が彼女に付きまとうと、ついにドゥルガーの怒りがMAXになり、恐ろしい形相の女神「カーリー」が誕生しました。

カーリーはたった1人でアスラの軍勢を相手取ると、スンバ・ニスンバ兄弟の配下のアスラたちをばったばったと打ち倒していきます。そしてついに総大将である兄弟を倒すと、カーリーは敵を殲滅した喜びのあまり躍り狂い、その踊りの衝撃で世界が滅亡しかけてしまいます。**テンション上がりすぎて恐い!** しかし、夫のシヴァがカーリーの足の下敷きになって衝撃を和らげたことで、事なきを得ました。**愛は世界を救う……ってコト?**

関連知識

## 歓喜に踊り狂うカーリー

このカーリーは、魔神の生首を掲げて、首に魔神の生首ネックレスを掛けています。恐すぎる！　世界を救うために下敷きとなったシヴァを踏みながら、ペロッと舌を出すカーリー。実はこれ、シヴァのおかげで我に返り、恥ずかしくて舌を出しているらしいです。

女神カーリー／メトロポリタン美術館蔵

関連知識

## 武器を持って戦うドゥルガー

ドゥルガーは10本の腕に神々から授かった武器を持ち、虎やライオンに乗る姿で描かれます。水牛の姿をした魔神マヒシャを打ち倒した功績から、「マヒシャスラマルディニー（水牛の悪魔を殺す女神）」というダイレクトな異名も持っています。

女神ドゥルガー／メトロポリタン美術館蔵

読み解きのカギ

## ドゥルガーとカーリーの関係は!?

ドゥルガーとカーリーは人気ゲーム『Fate/Grand Order』にも参戦しています。ドゥルガーのレベルを上げていくとカーリー（右イラスト）になったり、パールヴァティーに対しての特別なボイスがあったりと、神話で彼女たちが同一視されていることがキャラクター設定に反映されています。こういうトコが神話好きにはめっちゃ嬉しい！

3 - 10

# 叙事詩『マハーバーラタ』が壮大すぎる

## 王位継承権を巡る王子たちの熱～い物語！

インド神話の叙事詩といえば、まずは『マハーバーラタ』。『イリアス』や『オデュッセイア』P40と共に世界3大叙事詩に数えられる壮大な英雄譚です。原文は聖書の4倍もあるとされ、全て紹介するのはまず不可能！

そんな『マハーバーラタ』の物語を超ざっくりとまとめると、**クル王国の王位継承権を巡って、「パーンダヴァ五王子」と「カウラヴァ百王子」が争い、大戦争を行う物語**だと言えます。パーンダヴァ五王子は、クル国王パーンドゥの5人の子。ただし厳密に言えば、国王の2人の妃が正義の神ダルマや風神ヴァーユなど、神々との間にもうけた子らです。こちらが主人公側。そして対するカウラヴァ百王子は国王パーンドゥの兄「ドリタラーシュトラ」の100人の子。**多すぎ！**　彼らがライバル側です。

国王パーンドゥの死後、五王子と百王子は、同じ師の下で武芸を学びました。しかし、百王子の長男ドゥルヨーダナの策略によって、五王子は国を追放されてしまいます。正体を隠したまま放浪生活と定住を繰り返す中で、あるとき、特に武芸に秀でていた3男のアルジュナは破壊神シヴァに武勇を認められます。そして神々から神器を授かり、天界で修行を積みました。こうして強くなった英雄アルジュナは兄弟や親友のクリシュナと共に、百王子との全面対決「クルクシェートラの戦い」に臨んだんです。

アルジュナは戦いの最中、血族同士で争うことに苦悩しますが、親友クリシュナの説得によって戦意を取り戻します。実はクリシュナは維持神ヴィシュヌの化身であり、アルジュナは神の導きを受けていたというワケ。そしてアルジュナは、最大のライバルであった英雄カルナに勝利。パーンダヴァ五王子陣営に軍配が上がりました。その後、王子たちは子孫に国を任せてヒマラヤに登り、この世を去ったといいます。**原文はもっと壮大で面白いのでぜひ！**

## 関連知識

### 親友同士の２人の問答

『マハーバーラタ』の主人公であるパーンダヴァ五王子の３男アルジュナ。彼は最終決戦の中で戦いを躊躇いますが、親友のクリシュナは「人間の生き死には避けられないものだから嘆くことはない」などとこの世の真理について語り、アルジュナを鼓舞します。このとき２人が行った様々な問答は、『バガヴァッド・ギーター』と呼ばれ、ヒンドゥー教の聖典として読まれています。物語の一幕が元になった聖典……めっちゃ面白いです！

## 読み解きのカギ

### 古代叙事詩の"リファイン映画"！

壮大すぎるストーリーとド迫力のアクションシーンで話題となったインド映画『バーフバリ』。２人の王子が王位継承権を巡って争ったり、クリシュナを崇める国が登場したりと、『マハーバーラタ』の要素がベースの１つになっています。古代の叙事詩をリファインした現代の神話、と言えるかも？　圧巻の映像に魅了されること間違いなし！

バーフバリ 伝説誕生<完全版> Blu-ray発売中　発売・販売：ツイン 

## 読み解きのカギ

RRR Blu-ray＆DVDレンタル中、デジタル配信中 

### 最高の映像と熱さに震えろ！

2022年の大ヒットインド映画『RRR』でもインド神話の要素が色濃く見られました。主人公のラーマとビームは、それぞれ『ラーマーヤナ』の主人公ラーマと『マハーバーラタ』のパーンダヴァ五王子の次男ビーマから取られています。また作中に、聖典『バガヴァット・ギーター』の一節を説くシーンもあり、元ネタを知るとより楽しめるはず。ナートゥ・ナートゥ！　沖田先生→P96の『RRR』解説もぜひご覧ください！

3 - 11

# 叙事詩『ラーマーヤナ』の王道展開

## 仲間と共に、攫われた姫を取り戻す英雄譚！

『マハーバーラタ』P90に並んでインド2大叙事詩に数えられるのが、叙事詩『ラーマーヤナ』です。実は『ラーマーヤナ』は、「攫われた姫を救いに行く」という王道の英雄譚なんです。ギリシア神話の「トロイ戦争」P38もそんな物語でしたね。**王道ってやっぱり最高！**

『ラーマーヤナ』の主人公は、古代インドの伝説的な王ラーマ。あるときラーマの妻シーターが、無敵の羅刹王ラーヴァナに誘拐されてしまいます。妻を救うため、ラーマは弟ラクシュマナと冒険に出る……というのが大筋。

そんなラーマは、実は維持神ヴィシュヌの化身でした。**羅刹王ラーヴァナを倒すべく、ヴィシュヌが地上に降り立った存在がラーマというワケ。**これは、ラーヴァナが「神々や魔神に殺されない」という能力を創造神ブラフマーから授かっていたため、「人間に化身した状態なら殺せるだろ！」と考えたのが理由です。**柔軟な発想！**

ラーマは旅の途中、国を追放された猿族の王「スグリーヴァ」を助け、彼の王位を復権させます。この一件をきっかけに、猿族の戦士「ハヌマーン」が、ラーマの旅の仲間に加わります。ハヌマーンは風神ヴァーユの子であり、飛行能力や怪力でラーマたちをしっかりサポート。人助けによって強力な仲間が増えるのもまさに王道ＲＰＧです。

その後、紆余曲折を経てついに迎えたラーヴァナとの最終決戦。ラーマはラーヴァナとの激闘の末に、最強の矢「ブラフマーストラ」を放ってラーヴァナに見事勝利。妻シーターを救い、無事に帰国したのでした。**強い！**

ところが帰国後、攫われていたシーターの貞潔を疑う声が国民から上がり、苦しんだラーマは彼女を追放してしまいます。一説ではその後、シーターは自身の貞潔を大地に訴え、それを認めた大地の女神がシーターと共に大地の中に消えていったそう。**なんとも哀しい終わり方……。**

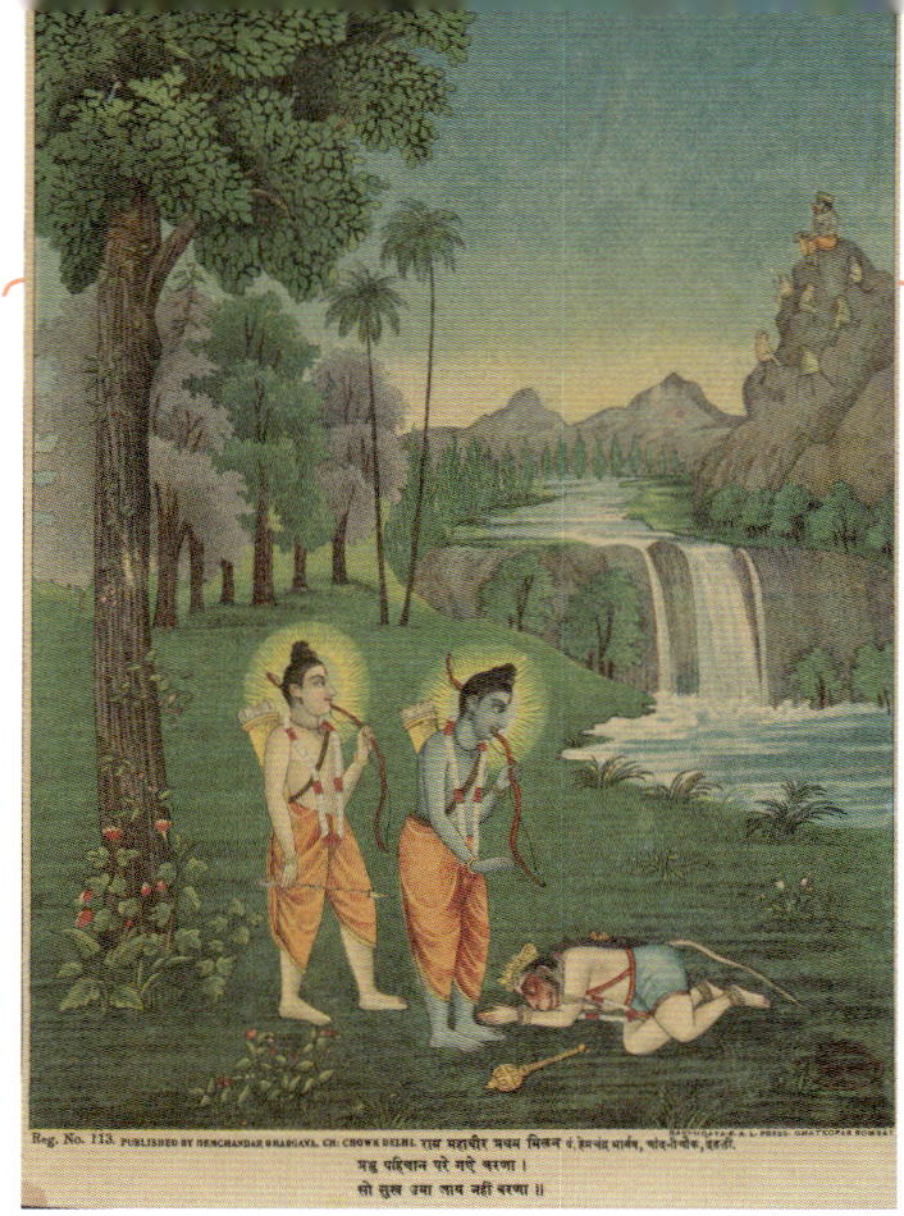


## 関連知識

### インド神話の名コンビ

『ラーマーヤナ』の主人公のラーマ（中央）と弟ラクシュマナ（左）、そして猿族の戦士ハヌマーン（右）が描かれています。ラーマは聖者ヴィシュヴァーミトラから数多の神器を授かっており、ハヌマーンもその能力でシーターの捜索と奪還に尽力しました。インド神話屈指の英雄コンビと言っても良いでしょう！

ラーマ、ラクシュマナ、ハヌマーン／メトロポリタン美術館蔵

## 読み解きのカギ

### 孫悟空のモデルはハヌマーン！

『西遊記　ビギナーズ・クラシックス　中国の古典』武田雅哉（編）／角川ソフィア文庫

「孫悟空」を主人公とする中国の古典小説『西遊記』。日本では何度もドラマ化されていますね。一説では、『西遊記』の孫悟空は、インド神話のハヌマーンがモデルだとされています。中国神話最強格の神仙・孫悟空と、インド神話最強格の戦士・ハヌマーン。確かに近いものがありますね！　ちなみに『西遊記』の原文は全100回からなる超大長編で、翻訳本を読むのもかなり大変。しかし「ビギナーズ・クラシックス」シリーズの『西遊記』なら、全編が1冊に凝縮されていて、めっちゃ面白いのでオススメです！

## 読み解きのカギ

### 『天空の城ラピュタ』のヒロインのモデル!?

超人気ジブリ映画『天空の城ラピュタ』。作中のヒロイン「シータ」は、『ラーマーヤナ』のシーターとの共通項を見出すこともできます。『ラーマーヤナ』で羅刹王ラーヴァナは兵器としての機能を備えた空飛ぶ宮殿にいるんですが、これもラピュタと共通しています。さらに、作中でムスカ大佐が「旧約聖書にあるソドムとゴモラを滅ぼした天の火だよ。ラーマーヤナではインドラの矢とも伝えているがね」と語るシーンがあります。ソドムとゴモラとは『旧約聖書』で天罰によって滅ぼされた都市の名前。『ラーマーヤナ』との関連性は実際にはありませんが、ムスカ大佐の発言はやけに説得力があるように聞こえますね。

3 - 12

# 「インド神話の神」が「仏教の神」に！

## 最強の神々が、頼もしい守護者に生まれ変わる！

これまでに紹介してきた、インドラ、創造神ブラフマー、維持神ヴィシュヌ、破壊神シヴァなどなど……**インド神話に登場する多くの神々は、実は後に「仏教」に取り込まれ、名前や性格がアレンジされた仏教の神として日本に伝わりました。**例えば、インドラは仏教では「帝釈天」と呼ばれ、金剛杵を持ち世界の中心にそびえる須弥山《しゅみせん》の頂上にいるとされています。**元ネタと結構近い。**

そんなインド神話由来の神々は、仏教では主に「天部」と呼ばれるグループに属しています。「如来」や「菩薩」といった役割ごとに分けられたグループの1つが「天部」です。天部の神々は、仏法の守護や現世利益を司ります。つまり、仏道を修める人々を護ってくれたり、ご利益を授けてくれたりする神々というワケ。**ありがたい！** ちなみに「天」とはサンスクリット語の「デーヴァ」P80を漢訳したもの。意外とそのまんまのお名前なんです。

そんな天部の神々の最高位に位置するのは、先ほど紹介した帝釈天に加えて、創造神ブラフマーが仏教に取り込まれた「梵天」の二尊です。帝釈天と梵天は、仏教の開祖である「釈迦」P202の生前からその説法を聞いていたといいます。古株のお弟子さんです。そして、梵天が「その教えをどうか広めてくれ」と頼み込んだことで、釈迦は教えを説いて回ることを決意したそう。梵天がいなかったら、仏教も始まらなかった……？

また、インド神話で悪役だった魔神アスラは、仏教に取り込まれると、正義の心を持つ仏法守護者の「阿修羅」に生まれ変わりました。このようにかつての悪役が仏教で護法善神になるパターンは多く、例えば、インド神話のナーガ（蛇）は仏教では「竜王」として信仰されています。

ちなみに如来や菩薩にもインド神話由来の神がいるので、〝元ネタ〟を探してみると**めちゃくちゃ面白いかも？**

関連知識

## インドラが帝釈天に

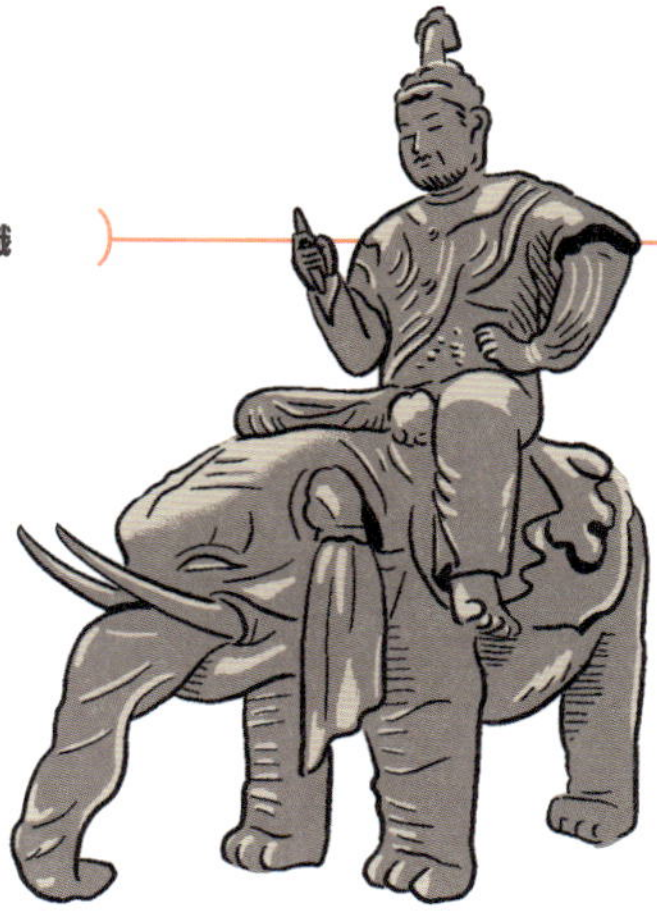

インド神話の元・最高神のインドラは、仏教に取り込まれ、天部の頂点に立つ神、帝釈天となりました。インドラが白象アイラーヴァタに乗っていたように、帝釈天もまた白象に乗っています。ヒンドゥー教の時代には若干影が薄くなっていたインドラですが、仏教に取り込まれて再び神々の頂点に返り咲いた、と言えるかも。

関連知識

## インド神話の神と仏教の神の対応表（ほんの一部）

| | |
|---|---|
| インドラ→P72＝帝釈天→P207 | 世界の中心にそびえる須弥山の頂上に住み、金剛杵（ヴァジュラ）を持つ武神。 |
| ブラフマー→P74＝梵天→P202 | 宇宙の根本原理「ブラフマン（梵）」を神格化した神で、「大梵天王」とも呼ばれる。 |
| ヴィシュヌ→P76＝那羅延天 | ヴィシュヌの異名の「ナーラーヤナ」を漢訳した「那羅延天」。怪力を持つとされている。 |
| シヴァ→P78＝大自在天 | 五大明王の１人「降三世明王」→P218に調伏されて護法善神になった。ちなみに、シヴァの異名である「マハーカーラ」は別の神「大黒天」になった。 |
| アスラ→P80＝阿修羅→P212 | 正義の心を持つ仏法守護者。阿修羅の娘と帝釈天の結婚を巡って、父 vs. 婿の激しい争いを繰り広げた。 |
| ガルダ→P84＝迦楼羅天 | 鳥頭人身の神。蛇や竜を好んで喰らうため、煩悩を喰らう霊鳥として信仰されている。 |
| パールヴァティー→P86＝烏摩妃 | 夫（大自在天）と共に五大明王の１人「降三世明王」に調伏されて護法善神になった。 |
| ガネーシャ→P86＝歓喜天 | 「聖天（しょうでん）」とも呼ばれる。人に障害をもたらす鬼神である一方、自分に帰依する者の障害を取り除いてご利益をもたらしてくれる神だともされている。 |
| スカンダ→P86＝韋駄天 | 足が速く、鬼に盗まれた仏舎利（釈迦の骨）を取り返した説話を持つ。「韋駄天走り」の由来。 |
| サラスヴァティー→P75＝弁財天→P222 | 梵天の妻で、七福神→P222の１人。金運をもたらす福神として信仰され、「弁才天」とも書かれる。 |

## インド映画『RRR』と神話の英雄たち

S・S・ラージャマウリ監督の最新作『RRR』(2022)は、2人の男性の主人公が、それぞれの目的のために桁外れな戦闘力でイギリス統治下のインドを変えていく話です。2人の力が合わさった時、物語はクライマックスに達し、悪の権化インド総督のイギリス人を倒します。この映画に出てくる2人の主人公の名は、本編でも触れられた通り、神話から取られています。「ラーマ」は言うまでもなく叙事詩『**ラーマーヤナ**』の主人公**ラーマ王子**の名です。

もう1人の主人公の名は「ビーム」ですが、これは叙事詩『マハーバーラタ』の**ビーマ**のことです。神話では力持ちで大食らいの性質を持つ英雄として描かれており、そのままビームにも受け継がれています。

2人の主人公の神話とのつながりはこれだけにとどまりません。ヒンドゥー教の教義では、神界には3人の最高神がいます。**創造神ブラフマー**、**維持神ヴィシュヌ**、**破壊神シヴァ**です。このうち、ヴィシュヌとシヴァが人々の信仰を二分しています。ところで神話のラーマはヴィシュヌ神が姿を変えて天界から地上に降下した化身、「アヴァターラ」です。**つまり映画のラーマの背景にはヴィシュヌがいるわけです。**

他方のビームの背景には、実はシヴァが隠されているのではないかと考えています。ビームは誘拐された同族の少女マッリを奪還するため、野獣たちを集めて、イギリス総督のパーティー会場でそれらの動物を解き放って戦います。ところでシヴァは、別名を「パシュパティ」といい、これは「家畜たちの主」という意味です。「パシュ」という語は「家畜」とともに「動物一般」をも指します。したがって、**動物たちを使役して戦うビームの背景には、パシュパティとしてのシヴァの姿が隠されているように思われる**のです。

『RRR』のテーマの1つは、「大地の奪還」です。誘拐された少女マッリは痛めつけられたインドの大地を象徴しています。また、映画後半でラーマが捕らえられると、彼は地下牢に入れられますが、これは大地の胎に入った、すなわち仮死状態になったことを表しています。それを助け出す、つまり再生させるのがビームなのです。**その時の合図が、あの「ナートゥ・ナートゥ」の踊りの始まりを表すリズムであるのも象徴的です。激しく地面を踏み鳴らすこの踊りは、大地の力を鼓舞するものと考えられるからです。**

このように『RRR』はいくつもの観点から神話との連続性を有しています。現代によみがえった神話として読み解くことができるでしょう。

第 4 章

# 日本神話

古くから日本に伝わり『古事記』や『日本書紀』にまとめられた「日本神話」。日本神話が世界の他の神話と比べて特別な点は、「神の時代に始まり、人の時代につながる歴史」が、1本の連続する物語として残されていることです。現在まで続いてきた天皇家の血筋は、なんと日本神話の物語の延長線上に存在するとされるんです。そして、その物語が面白い！ 第４章では、そんな日本神話の始まり、神々の活躍、初代天皇の日本建国、そして現代に受け継がれた三種の神器などについて、『シン・ゴジラ』や『もののけ姫』といった名作と共に時系列順に紹介します！

4 - 1

# 『古事記』と『日本書紀』って何？

## 日本神話を語る2つの文献。でも微妙に内容が違うんです！

古代日本の物語である日本神話は、2つの文献によって主に語られています。それは『古事記』と『日本書紀』。天地創造から始まり、数多の神々の活躍、そして天皇家の物語に至るまで、日本神話がまるっと描かれた書物なんです。しかし実は、『古事記』と『日本書紀』では、その内容や表記に微妙な違いがあります。

まず『古事記』は日本最古の文献とされ、成立は712年頃。第40代の天武天皇が、「稗田阿礼《ひえだのあれ》」という官人（おそらく男性、女性説もあった）に諸文献の訓読をさせて、太安万侶《おおのやすまろ》の主導のもと、編纂されたとされています。ただし、稗田阿礼が実際に何をしたかに関してはいまだ諸説あるようです。

一方、『日本書紀』の成立は『古事記』のやや後の720年とするのが一般的。681年に天武天皇の命を受け、その子であった「舎人親王《とねりしんのう》」が中心となって編纂を行い、第44代の「元正《げんしょう》天皇」の時に完成が伝えられたといいます。40年もかかった大がかりな編纂作業だったんですね。

つまり、この2書はどちらも、天武天皇の命によって「日本の歴史をまとめよう」という意図のもと、編纂が行われたんです。しかし実は、**『古事記』は天皇の正統性を国内に示す目的で編纂されましたが、『日本書紀』は中国や朝鮮半島に日本の正史を示す目的で編纂されました。**そのため編纂に使用した資料も異なり、内容にも微妙な違いが数多くあるんです。**ちょっとしたバージョン違い？**

明確な違いの1つは、神々の表記が異なること。例えば、嵐の神スサノオ（P104）は『古事記』では「須佐之男」と書かれますが、『日本書紀』では「素戔嗚」と書かれます。**ややこしい！** ちなみに、本書では基本的に、より成立の古い『古事記』をもとに、日本神話の物語を紹介していきます！

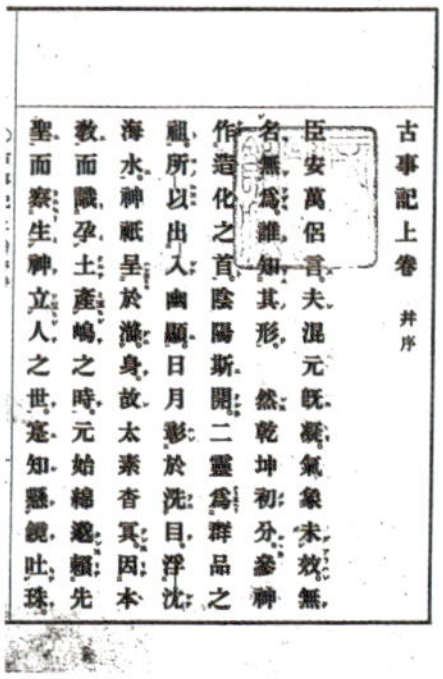
古事記上巻 并序
臣安萬侶言。夫混元既凝。氣象未效。無名無爲。誰知其形。然乾坤初分。參神作造化之首。陰陽斯開。二靈爲群品之祖。所以出入幽顯。日月彰於洗目。浮沈海水。神祇呈於滌身。故太素杳冥。因本教而識孕土產嶋之時。元始綿邈。頼先聖而察生神立人之世。寔知懸鏡吐珠。

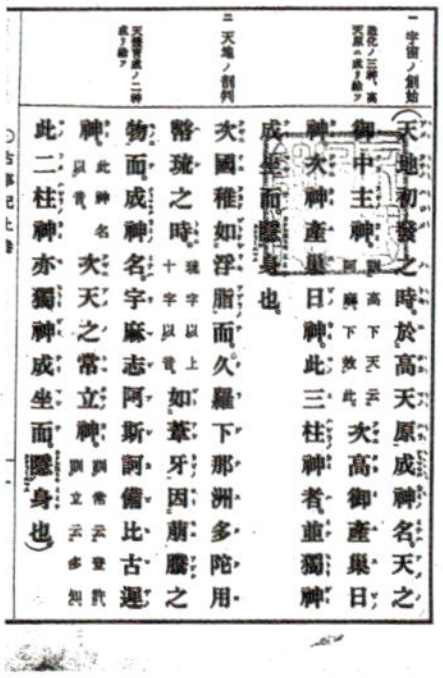
一 宇宙ノ創始
二 天地ノ創判
天地初發之時。於高天原成神名。天之御中主神。訓高下天云阿麻。下效此 次高御產巣日神。次神產巣日神。此三柱神者。並獨神成坐而隱身也。
次國稚如浮脂而。久羅下那洲多陀用幣琉之時。流字以上十字以音 如葦牙因萠騰之物而成神名。宇麻志阿斯訶備比古遲神。此神名以音 次天之常立神。訓常云登許、訓立云多知 此二柱神亦獨神成坐而隱身也。

『古事記：校定 上巻』／国会図書館蔵

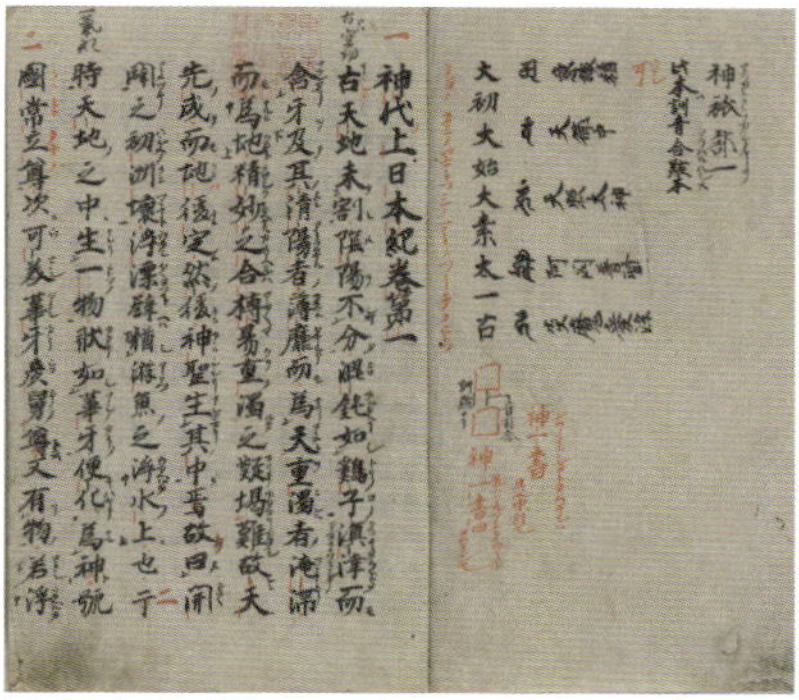
日本紀巻第一
神代上
古天地未剖陰陽不分渾沌如鶏子溟涬而含牙及其清陽者薄靡而爲天重濁者淹滞而爲地精妙之合搏易重濁之凝場難故天先成而地後定然後神聖生其中焉故曰開闢之初洲壊浮漂譬猶游魚之浮水上也于時天地之中生一物状如葦牙便化爲神號國常立尊次可美葦牙彦舅尊又有物若浮

玉屋本日本書紀／出典：ColBase（https://colbase.nich.go.jp/）

## 関連知識

### 『古事記』と『日本書紀』

『古事記』と『日本書紀』はあわせて『記紀』と呼ばれます。古代の神話はもちろんのこと、日本の初代天皇である「神武天皇」から続く歴代の天皇にまつわる伝承も多く収録されており、かつての天皇が行った事業や不思議な説話も見どころの１つです。表記や内容のほか、分量にも差があり、『古事記』は上巻・中巻・下巻の３巻構成（第33代の推古天皇まで）ですが、『日本書紀』はなんと全部で30巻構成（第41代の持統天皇まで）なんです。

## 読み解きのカギ

「日本誕生（東宝DVD名作セレクション）」／DVD発売中／発売・販売元：東宝　©1959 TOHO CO., LTD.

### 日本神話を描いた往年の名作

東宝の映画1000本目を記念して1959年に公開された映画『日本誕生』。主演の三船敏郎が演じるのは日本神話の英雄ヤマトタケル➜118と嵐の神スサノオ➜104。まさに『記紀』の内容をもとにした映画で、英雄ヤマトタケルの活躍を中心にしつつ、イザナギ➜100（イザナキ）とイザナミの夫妻による国生みや、スサノオの八岐大蛇《ヤマタノオロチ》退治など、神々の有名エピソードが途中で語られます。最近はこういうストレートな日本神話の物語が少ないので誰か作ってください！　ちなみに、この『日本誕生』で特撮によって撮影された八岐大蛇の姿が、後のゴジラシリーズに登場する３つ首の怪獣「キングギドラ」のモデルになったと言われることがあります。真偽は明らかではないんですが、あの有名怪獣の元ネタが、日本神話の大蛇なのだとしたら……なかなか面白いです。

4 - 2

# イザナキ・イザナミの国生みと神生み

## 日本神話は兄妹の〝共同作業〟によって幕を開ける！

では早速、日本神話の始まりの物語から。天地が創造されるよりも前、世界は混沌としていたそうです。『日本書紀』には「鶏卵のよう」と記されています。**超ドロドロ。**

そんな状態の世界に突然天地が生まれ、原初の神々「別天津神《ことあまつかみ》」が誕生します。すると、その後も神々がどんどん生まれていき、やがて**男神イザナキ（伊邪那岐）と女神イザナミ（伊邪那美）の兄妹が生まれます。２人は日本列島を作った超重要な神なんです。**

イザナキとイザナミは神々の命に従って、大地を固めることになりました。実はこのころの地上世界はまだ、〝海を漂うクラゲのような状態〟でした。そこで２人は「天沼矛《あめのぬぼこ》」を使って地上世界をかき混ぜ、「淤能碁呂島《おのごろじま》」を造ります。そして２人は島に住み、なんと兄妹で結婚。日本初の夫婦となり、子どもを作ることになりました。

そんな２人の間には、最初に「ヒルコ（蛭子）」という神が生まれましたが、身体が不自由だったが故に、海に流されてしまいます。**悲しい……。**その後、２人は神々の助言をもとに再挑戦。すると今度は、日本列島である「大八島国《おおやしまぐに》」が生まれます。国土を生む母イザナミ、スゴすぎます。これが日本誕生の物語「国生み」です。

続いて２人は様々な事物を司る神々を生む「神生み」を行います。風の神、山の神、家宅の神などを次々と生んでいくんですが……ここで大事件が発生。火の神ヒノカグツチ（火之迦具土神）を生んだ際に、イザナミは陰部に大火傷を負ってしまったんです。痛みに悶えるイザナミの排泄物からも数多の神々が誕生します。**さすが神々の母。**しかし、やがてイザナミは命を落としてしまいます。

イザナキは妻の枕元で嘆き悲しみます。そして愛する人を失った怒りから、ヒノカグツチを斬り殺しました。このとき流れた涙や血からも、神々が生まれていったそうです。

「イザナキとイザナミ」西川 祐信／メトロポリタン美術館蔵

読み解きのカギ

## イザナキとイザナミの国生み

日本最初の夫婦であるイザナキとイザナミは天沼矛でドロドロの海（大地）をかき混ぜて島を作り、最初の住まいを設けました。謂わば、初めての共同作業です。ちなみに重要な役割を持つ神々が兄妹で夫婦になるというのは、ギリシア神話やインド神話、エジプト神話など世界中の神話でも見られる展開です。神話って、普遍性があるんですねぇ……！

読み解きのカギ

## 日本の神々をペルソナに！

「神や悪魔の姿の自分」を操るペルソナ能力に目覚めた少年少女の物語「ペルソナ」シリーズのナンバリング第4作『ペルソナ4』。『4』は日本神話がテーマであり、主人公のペルソナはなんとイザナギ。もちろん、仲間たちのペルソナも日本神話の神がモチーフで、『記紀』を知っているとより楽しむことができます！

読み解きのカギ

## 『エヴァ』のヤシマ作戦

2021年についに完結を迎えた『新世紀エヴァンゲリオン』シリーズ。作中の名シーンにも数えられるのが、日本の電力を総動員して使徒を陽電子砲で撃ち抜く「ヤシマ作戦」です。このヤシマ作戦というネーミングは、日本神話で日本列島を指す「大八島国」と、那須与一が扇の的を射抜いたとされる「屋島の戦い」のダブルミーニングだと言われています。カッコ良すぎる！

4-3

# イザナキの冥界下りで夫婦決別

## 「絶対に私の姿を見ないでください」って言ったのにね！

愛する妻を失ったイザナキは、死者たちが暮らす「黄泉《よみ》の国」に赴くことを決心します。その目的は、妻イザナミを地上に連れ帰り、生き返らせること……。妻を深く愛するが故の行動とはいえ、ちょっとイヤな予感がします。

イザナキは黄泉の国に着くと、門越しのイザナミに向かって「一緒に来てくれ」と伝えます。しかし、イザナミは「私もそうしたい。ですが、黄泉の物を食べてしまったので、もう帰れません」と答えます。これは、冥界の物を食べるとその住人になる「黄泉戸喫《よもつへぐい》」というルールです。

それでも帰ってきてほしいと懇願するイザナキの声を聞いて、イザナミは黄泉の神々に相談しに行くことにします。イザナミはこう言いました。「私が戻って来るまで、絶対に門を開けず、私の姿を見ないでください」と。イザナキは待ち続けましたが……イザナミはいつまで経っても帰って来ません。イザナキはついに我慢できなくなり、黄泉の国の御殿に入ってしまった時、そこにいたのは、身体中に蛆が湧いた恐ろしい姿の妻でした。するとイザナミは、そんな〝恥ずかしい姿〟を見られたことに激怒。なんと夫を殺そうと軍勢を差し向けました。**なんでそうなるの？**

イザナキは死に物狂いで逃走し、現世と黄泉の国との境界である「黄泉比良坂《よもつひらさか》」まで逃げおおせ、その入口を大岩で塞ぎました。するとイザナミは岩越しに決別を告げながら、「お前の国の人間を１日に１０００人殺す！」と宣言し、対するイザナキは「なら私は１日に１５００人産ませよう！」と宣言。これによって地上で人類が繁栄することになったそう。**これが日本初の〝離婚宣言〟ってこと!?**

地上に戻ったイザナキは黄泉の穢れを祓うため、川で禊ぎを行います。その際**左の目から「アマテラス（天照大御神）」、右の目から「ツクヨミ（月読命）」、そして鼻から「スサノオ（須佐之男）」の３柱の神が誕生**したのでした。

関連知識

## 島根県の「黄泉比良坂」

現世と黄泉の境界線にあるのが「黄泉比良坂」。イザナキは「千引の岩」と呼ばれる岩でその穴を塞ぎ、イザナミと決別しました。島根県松江市には、この黄泉比良坂とされる場所があり、大きな岩が置かれています。ちなみに、このイザナキの「冥界下り」の物語はギリシア神話で紹介したオルペウス➡P26の冥界下りと似ている点が多くあります。夫が妻を生き返らせようとしたり、見るなのタブーを破ったり……。これは、かつてギリシアから日本にまで冥界下りの物語が伝播した、と考えられるそう。世界規模の伝言ゲーム……逆に精度良すぎない？

読み解きのカギ

## 2人をつなぐ水の女神

新海誠監督の大ヒット映画『君の名は。』。実は作中に、日本神話の要素が多く垣間見えます。その1つは、巫女をしているヒロインの「三葉」の名前が、火傷で苦しむイザナミの尿から生まれた水の女神ミツハノメノカミ（弥都波能売神）が由来だと考えられること。ミツハノメノカミは、瀧の女神である謎多き女神「瀬織津姫《せおりつひめ》」とも同一視されることがあります。そして主人公の名前は「瀧」であり、2人が入れ替わるというのは、同一と語られる女神が背後に存在しているから……なのかもしれません！

『小説　君の名は。』新海誠／KADOKAWA

読み解きのカギ

## 漫画『鬼滅の刃』とヒノカグツチ

社会現象を巻き起こした漫画『鬼滅の刃』。実は他のタイトル案には「鬼狩りカグツチ」や「炭のカグツチ」があったそう。作中で「カグツチ」という単語は登場していませんが、主人公の竈門炭治《かまどたんじ》郎《ろう》という名前から想起される「火」の要素や、彼が受け継いだ「ヒノカミ神楽」などからも、ヒノカグツチが炭治郎のモチーフの1つと言えるでしょう。さらに炭治郎が用いる「日の呼吸」が「水の呼吸」や「雷の呼吸」の原型になったように、カグツチからは多くの自然神が生まれています。日本神話を知ることでより深く考察できるかもしれませんね！

4-4

# 息子スサノオは天界で大暴れ

## 姉の神殿にウンチをまき散らすスサノオ、やりたい放題！

イザナキの禊ぎによって生まれた3姉弟、アマテラス、ツクヨミ、スサノオ。彼らは「三貴子《みはしらのうずのみこ》」と呼ばれ、アマテラスは天上世界である高天原《たかまのはら》を、ツクヨミは夜の世界を、そしてスサノオは海の世界を治めるように、父イザナキから命じられました。**いきなりの大役です。**

アマテラスとツクヨミは命に従って統治しますが、末っ子のスサノオだけは「死んだ母（イザナミ）に会いに黄泉に行きたい」と泣いてばかり。これに父イザナキは激怒し、スサノオを追放してしまいます。**厳しい！**

これをきっかけにスサノオは黄泉に行くことにしますが、その前に「姉に一言挨拶をしておこう」と思い、まずはアマテラスのいる高天原を目指します。嵐の神であるスサノオが高天原に向かうと、彼の周囲に雷が轟き、大地が揺らいだのだそう。するとアマテラスは「弟が高天原を奪いに来た！」と勘違いをし、なんと男装をして完全武装の勇ましい姿で迎え撃とうとします。**すっごい誤解！**

スサノオは身の潔白を証明するため、「誓約《うけい》」という占いの儀式を行うことにしました。誓約では、まずアマテラスがスサノオの剣をかみ砕き、3柱の女神を生みます。次にスサノオがアマテラスの勾玉をかみ砕き、5柱の男神を生みます。**どういうことなの……？**という疑問はまさにその通りで、実は2人は占いのルールをしっかりと決めてはいませんでした。するとスサノオが「私の剣から優しい女神が生まれたのだから、やましい気持ちなどない！」と勝手に勝利宣言します。**こうして弁明は大成功（？）。**

しかし、**気分が良くなったスサノオは高天原で大暴れ。畑を荒らしたり、姉の神殿にウンチをまき散らしたり、馬の皮を剥いで家屋に投げ入れて女神を殺してしまったり。さすがにヤバすぎます……。**この暴れっぷりを恐れたアマテラスは「天岩屋戸《あめのいわやと》」に身を隠してしまったのでした。

## 関連知識

### 勇ましく男装するアマテラス

小林永濯の『神話図』には、アマテラス（中央）が髪を結って男装し、高天原でスサノオ（下）を迎え撃つ様子が描かれています。このときアマテラスは、背に1000本の矢が入る筒を、脇腹に500本の矢が入る筒を持ち、強弓を手にしていたそう。勇ましい！　高天原を守るためにたとえ弟であろうと躊躇はしない姿勢に、「戦いの女神」の一面が垣間見えて、めちゃくちゃカッコいいです。

『神話図』小林永濯／板橋区立美術館蔵

## 読み解きのカギ

### 『火の鳥』と日本神話

手塚治虫の名作漫画『火の鳥』の第1章『黎明編』には、スサノオや猿田彦、イザ・ナギやニニギなど、日本神話を元にした人物が多数登場しますね。また、ヤマタイ国の女王ヒミコがまるでアマテラスのように洞窟に閉じこもったり、彼女の弟のスサノオが国を追われてしまったり、日本神話をベースとした展開も多数見られます。漫画の途中に手塚治虫の「日本神話解説」が挟まるのも、めちゃくちゃ面白い！　ちなみにヒミコを「日巫女」つまり「太陽の巫女」だと考えれば、太陽の女神アマテラスに対応すると考えられるので、神話の姉弟関係も作品に組み込まれていると言えますね。スゴすぎる！

『火の鳥1　黎明編』手塚治虫／角川文庫

4-5

# アマテラスは天岩屋戸に閉じこもる

## 彼女を外に出すための秘策は……まさかの大騒ぎだった！

弟スサノオの大暴れを恐れたアマテラスは、岩の洞窟「天岩屋戸」に身を隠してしまいました。太陽の女神であるアマテラスが姿を消したことで、世界は闇に覆われ、魑《ち》魅《み》魍魎《もうりょう》が跋扈するようになってしまいます。**突然の危機。**

神々はこの状況をどうにかすべく、河原に集まって会議を開きます。するとの知恵の神オモイカネ（思金神）が、アマテラスを天岩屋戸から出す策を提案。神々はこれに賛同し、実行することになりました。**即断即決！**

まず、後に三種の神器に数えられる「八咫鏡《やたのかがみ》」と「八尺瓊勾玉《やさかにのまがたま》」が作られます。そして、占いの神フトダマ（布刀玉命）が鏡と勾玉を捧げながら、祝詞《のりと》の神アメノコヤネ（天児屋命）が岩屋戸の前で祝詞を唱えます。さらに、芸能の女神アメノウズメ（天宇受賣命）が踊り出しました。**ダンスショー開幕？** しかも、アメノウズメの踊りは激しさを増していき、服がはだけてもなお彼女は踊り続けたそう。そんなアメノウズメを神々は囃し立て、岩屋戸の前は大騒ぎになりました。

当然、中に隠れていたアマテラスは外の騒がしさが気になってしまい、岩屋戸を少しだけ開けて理由を問います。するとアメノウズメは「あなたよりも貴い神様が来たことが嬉しくて、みんなで遊んでいるのですよ」と答えました。**まさかの理由に驚くアマテラスの前に、フトダマとアメノコヤネが八咫鏡を掲げると、アマテラスは鏡に映った自分をその「貴い神」だと勘違いしてしまいます。**「もっとよく見てみたい」とアマテラスが身を乗り出した瞬間、控えていた怪力の神タヂカラオ（天之手力男神）が岩屋戸をこじ開け、アマテラスを引っ張り出します。**策は大成功！**

こうして世界は再び光を取り戻し、岩屋戸にはしめ縄が巻かれて立入禁止に。大騒ぎで問題を解決するという、日本神話のゆるさと面白さが詰まったエピソードですね。

岩戸神楽ノ起顕／国際日本文化研究センター所蔵



関連知識

## 天岩屋戸から出るアマテラス

浮世絵師、歌川国貞の『岩戸神楽ノ起顕』。中央上部に、天岩屋戸から現れたアマテラスの神々しい姿が描かれています。ちなみに天岩屋戸の舞台となったとされる場所は日本にいくつかあり、宮崎県高千穂町や三重県志摩市などがよく知られています。なんと長野県の戸隠神社などには、タヂカラオが投げ飛ばした岩が落下してきたという伝承が残されていて、いずれにせよタヂカラオがものすごい怪力だということがわかりますね。

読み解きのカギ

## アマテラスが狼の姿に!?

日本の神話や昔話を題材にした名作ゲーム『大神』。英雄イザナギが100年前に封印したはずの怪物ヤマタノオロチが復活してしまい、かつてイザナギを助けた白い狼の像に大神アマテラスが宿り、闇に覆われた世界を救うために冒険をする……という物語。旅の先々で世界を浄化し、光をもたらすアマテラスはまさに太陽神です。アマテラスは「三種の神器」などをモチーフとした剣や鏡、勾玉を使って妖怪たちと戦うんですが、これがカッコ良くて可愛いんです。神話好きだけじゃなく、犬（狼）好きにもたまらないはず！

ヤマタノオロチ／国際日本文化研究センター所蔵

4-6

# 酒に酔わせてヤマタノオロチ討伐

## 地上に降りたスサノオは、大蛇退治の英雄神に大成長！

アマテラスが岩屋戸から出てきたことで、世界に光が戻りました。しかし思い返せば、一連の出来事のきっかけは弟スサノオの大暴れです。罰としてスサノオは、天界から地上に追放されてしまいました。**まあしょうがないです。**

スサノオは現在の島根県にあたる「出雲国」に降り立ちます。スサノオが地上を歩いていると、アシナヅチ（足名椎命）とテナヅチ（手名椎命）という老夫婦から、8つの頭と尾を持つ大蛇「ヤマタノオロチ（八岐大蛇）」のことを耳にします。老夫婦には8人の娘がいたんですが、すでに7人がヤマタノオロチに食べられていて、残った娘はクシナダヒメ（櫛名田比売）1人だけでした。**恐すぎる！**

話すうちに、スサノオはクシナダヒメを愛しく感じます。そして「オロチは私が討伐するから、娘を妻にくれないか」と老夫婦に願い、自分がアマテラスの弟であることを明かします。**突然すぎる求婚。**天から来た神の願いを断るはずもなく、老夫婦は快諾し、スサノオは討伐を開始します。

スサノオは老夫婦に「八塩折之酒《やしおおりのさけ》」を造らせ、8つの酒桶に入れさせます。そして、櫛に変えたクシナダヒメを髪に刺して待っていると、オロチが現れて、8つの頭を8つの酒桶に入れて飲み始めました。**まさに大酒飲みの蟒蛇《うわばみ》？　オロチが泥酔したのを見ると、スサノオは自身の剣「天羽々《あめのはば》斬《きり》」でオロチを斬り殺します。騙し討ちで見事勝利！**　約束通りスサノオはクシナダヒメを妻にもらいました。

ちなみにスサノオがオロチの尾を斬ったとき、天羽々斬が何かに当たって刃がこぼれてしまいました。取り出してみるとそれは、三種の神器の1つとなる神剣「天叢雲剣《あめのむらくものつるぎ》」。大蛇討伐で手に入れた神剣……**好き！**　その後、スサノオは天叢雲剣を姉アマテラスに献上。こうしてスサノオは「天界で大暴れした神」から「怪物を討った英雄神」へと大成長を遂げたのでした。

日本略史 素戔嗚尊／島根県立古代出雲歴史博物館



## 関連知識

### 『日本略史 素戔嗚尊』に描かれたスサノオ

日本神話の名場面の１つ「スサノオのヤマタノオロチ退治」。絵画の題材としても人気が高く、浮世絵師の月岡芳年は大迫力の戦いを描きました。ちなみに、ヤマタノオロチは「水神の化身」としての側面を持っており、これを討ったスサノオは「治水の神」としても信仰されています。

## 読み解きのカギ

### 『シン・ゴジラ』のヤシオリ作戦

大ヒットを記録した映画『シン・ゴジラ』。謎の巨大生物が東京湾から上陸し、街が破壊されていく中、政府は未曽有の危機の対処に追われ始める……という物語。作中で、ゴジラを凍結させるために血液凝固剤を大量に打つ「ヤシオリ作戦」が行われました。作中でも説明があるように、これはゴジラの凍結をヤマタノオロチの泥酔になぞらえて、八塩折之酒から取られた名前です。また、凝固剤を注入する車両部隊の名前は「アメノハバキリ」。日本の最強怪物の討伐に、日本神話の名称を持ってくるセンスがめちゃくちゃカッコいいです！　現代における神話の再演とも言えるかも？

「シン・ゴジラ〈2枚組〉」／Blu-ray&DVD発売中／発売・販売元：東宝　©2016 TOHO CO.,LTD.

# オオクニヌシの国譲り

## 地上の支配権を懸けて、天津神と国津神が大衝突!?

スサノオの英雄譚の後、地上世界である「葦原中国《あしはらのなかつくに》」を舞台とする物語が続きます。葦原中国では、スサノオの6世の孫にあたる神「オオクニヌシ（大国主）」らによって国土が整備される「国造り」が行われました。これによって葦原中国は豊かな国となり、地上に生まれた神々「国津神」によって繁栄していました。**ものすごい功績です。**

そんな地上世界で起きた事件が、「国譲り」という物語。あるとき、**天を支配するアマテラスは「地上を支配するのは私の子らの方がふさわしいのでは？」**と考え、**葦原中国を統べるオオクニヌシから支配権を奪おうと画策。高天原に住む神々「天津神」を地上に派遣します。**

こうして天津神vs.国津神の争いが勃発……かと思いきや、使者の多くはオオクニヌシに懐柔されて、地上の生活を満喫。天に帰って来ないため、痺れを切らしたアマテラスは、勇猛な雷神「タケミカヅチ（建御雷）」を派遣します。地上に降りたタケミカヅチは、神剣「布都御魂《ふつのみたま》」を波頭に突き刺し、剣の上に胡坐をかきます。そんな堂々たる姿で「支配権を譲れ」と迫ったんです。オオクニヌシは息子のコトシロヌシ（事代主命）に返答を委ねたところ「別にあげても良いんじゃない？」と回答。**なんかリアル！**

そこにオオクニヌシのもう1人の息子である軍神「タケミナカタ（建御名方）」が来ると、彼はタケミカヅチに力比べを申し出ました。こっちはやる気満々です。しかし、雷神タケミカヅチは自分の手を剣の刃や氷の柱に変え、タケミナカタの手をつかんで勢いよく投げ飛ばしました。タケミナカタは敗北し、天津神に従うことを誓います。

頼みの綱だった息子が敗れたことで、オオクニヌシは葦原中国の支配権を譲渡することを認めました。これが「国譲り」の物語。「葦原中国平定」とも呼ばれますね。それにしても1人で任務を遂行するタケミカヅチ、**強すぎます。**

関連知識

## 地上世界平定のMVP

雷神タケミカヅチは力自慢のタケミナカタを圧倒し、このときの力比べが相撲の元になったともいわれています。タケミカヅチは茨城県の鹿島神宮に祀られ、神剣「布都御魂」は奈良県の石上神宮に祀られています。雷神にして軍神、そして剣の神でもあるタケミカヅチ……カッコよすぎる！

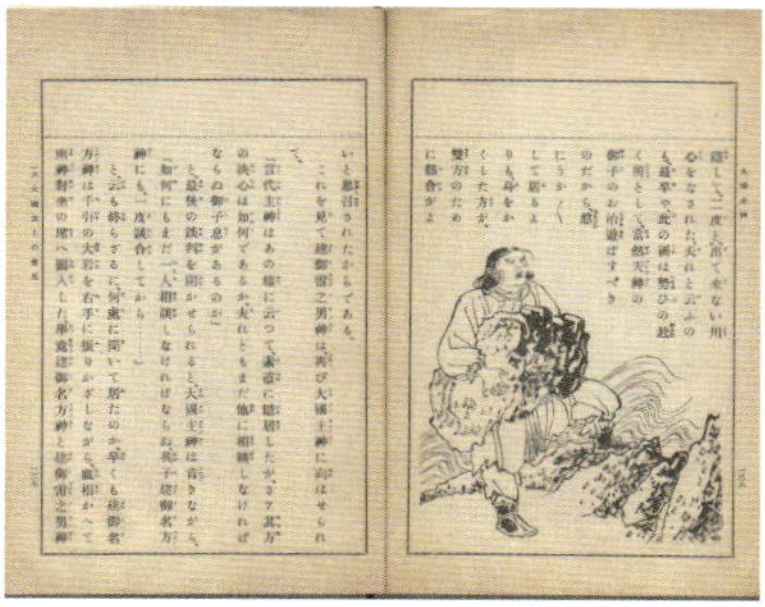

『千引石を持ち上げるタケミナカタ』／国立国会図書館蔵

関連知識

## 千引の石を持つタケミナカタ

タケミナカタは1000人がかりでようやく引ける石である「千引の石」を1人で持ち上げるほどの力持ち。力比べでタケミカヅチに敗北してしまったものの、平安時代頃には軍神として広く信仰されていたそう。現在でも、長野県の諏訪大社に祀られており、その地方では英雄神として語り継がれています。

読み解きのカギ

## 人類の敵と戦う少女たち

「ゆゆゆ」の愛称でお馴染みのアニメ『結城《ゆうき》友奈《ゆうな》は勇者である』。「勇者部」に所属する少女たちが世界を守るために強大な敵と戦うことになり……という物語で、敵を封印する際に祝詞を唱えるなど、日本神話や神道の要素が多く取り入れられています。人類を巻き込んだ「天の神」と「地の神」の対立構造はまさに国譲りに似ていて、シリーズ中にはなんとオオクニヌシの力やタケミナカタの力を使って戦う少女も登場します。その可愛らしいビジュアルからは想像できない、驚きの展開の連続なのでぜひ！

読み解きのカギ

## 少年少女の名は日本神話から？

文明崩壊後を生きる少年少女の冒険と、謎に満ちた世界を描いたSF漫画『天国大魔境』。作中には日本神話の用語が時折登場し、キャラクター名の多くは日本神話の神々から取られています。中には、コトシロヌシやタケミナカタ、タケミカヅチが由来となったキャラクターもいるため、神話と関連する点を探しながら読むと、より面白いかも！

『天国大魔境』石黒正数／講談社

4-8

# ニニギノミコトの天孫降臨

## 醜い姉と美人な妹のうち、妹だけを妻に選んでしまう！

国譲りのすぐ後のこと。タケミカヅチは高天原に帰還し、成果を報告しました。アマテラスは大喜びし、息子のアメノオシホミミ（天之忍穂耳命）に葦原中国の統治を任せます。しかし、アメノオシホミミが準備をしている最中、彼に子どもが生まれます。その神の名は「ニニギノミコト（邇邇藝命）」。そしてなんとこのニニギが、父に代わって地上の統治をすることになったのです。**いきなりの大出世！**

ニニギは導きの神「サルタヒコ（猿田彦命）」によって道案内され、現在の宮崎県にあたる日向の国、その高千穂峰に降り立ちます。この際、ニニギはアマテラスから授かった八咫鏡・八尺瓊勾玉・天叢雲剣の「三種の神器」を携えていました。ちなみに、ニニギはアマテラスの孫であることから「天孫」と称され、この出来事は「天孫降臨」と呼ばれています。**なかなかに神々しい雰囲気。**

こうして降臨したニニギの元に、山の神「オオヤマツミ（大山津見神）」の2人の娘である「イワナガヒメ（石長比売）」と「コノハナサクヤヒメ（木花開耶姫）」が嫁ぐことになりました。ところが、**姉のイワナガヒメは醜かったため、ニニギは結婚を拒否。美しい妹とだけ結婚します。正直な性格です……。**これに怒った父オオヤマツミは「コノハナサクヤヒメ（花）を選んだニニギの命は、花のように儚いものになるだろう」と語りました。これによってニニギとその子孫である天皇家に寿命が生じてしまいました。ちなみに、イワナガヒメ（石）を選んでいたら、石のように不死だったそう。**先に教えてほしかった！**

その後、サクヤヒメは身籠りますが、ニニギは「たった一夜で身籠るのか？」と妻を疑います。するとサクヤヒメは「天津神の子なら何があっても出産できる」と言い、なんと燃える産屋で無事に出産。父がニニギであることを荒業で証明したのでした。**とんでもない覚悟です。**

## 関連知識

「天孫降臨」／神宮徴古館蔵

### 天孫降臨により神と人がつながった

アマテラスの命によって地上に降りたニニギ。彼の子孫に日本最初の天皇である神武天皇➡P116が現れ、そこから現代まで続く天皇家の血筋が始まります。つまりニニギの天孫降臨は、神の時代と人の時代を繋ぐ超重要な物語というワケです。ちなみに、ニニギが降りたとされる高千穂峰の山頂には、「天逆鉾《あめのさかほこ》」と呼ばれる鉾が突き立てられています。これは国生みの天沼矛➡P100と同一視され、一説ではニニギが天孫降臨の際に突き立てたとされたもの。現在見られる鉾はレプリカではあるものの、地中には本物の一部が埋まっているという伝承も。実在する神器……ロマンがすっごい！

## 読み解きのカギ

### 日本神話×お米作りをゲームで！

大ヒットを記録したインディーゲーム『天穂のサクナヒメ』。武神と豊穣神の子であるサクナヒメはぐうたらな生活をしていた罰として、鬼の住む島で戦いと米作り（自給自足）の生活をすることになり……という物語です。ゲーム内で本格的すぎる米作りが体験できるという異色の内容で、攻略の情報源として農林水産省のウェブサイトが参照されたことでも話題になりました。2024年にはアニメ放送も！　作中では日本神話の影響が随所に見られ、特に主人公のサクナヒメという名前の由来は女神コノハナサクヤヒメから来ていると考えられますね。豊穣神という点では、お稲荷様の名称で親しまれる「ウカノミタマ（宇迦之御魂神）」の要素も一部あると言えるかもしれません。神話の雰囲気に浸りながら米作りをしたい人はぜひプレイしてみてください！

『天穂のサクナヒメ』／マーベラス

4-9

# 山幸彦と海幸彦の兄弟喧嘩

## 釣り針探しの目的をすっかり忘れて、海中宮殿で愛しの人と生活！

ニニギとサクヤヒメの間には、3人の息子が生まれました。長男は「海幸彦」と呼ばれるホデリノミコト（火照命）、次男はホスセリノミコト（火須勢理命）、3男が「山幸彦」と呼ばれるホオリノミコト（火遠理命）です。

今回の物語の主役は、釣りが得意な海幸彦と、狩りが得意な山幸彦。あるとき彼らは、互いの道具を交換して食糧を調達することに。山幸彦は兄の釣り竿を持って意気揚々と海に向かうんですが、慣れない道具で釣れるはずもなく、なんと釣り針を海に落としてしまいます。**マズい……！**

山幸彦は謝罪しますが、海幸彦の怒りは収まりません。困り果てた山幸彦は「シオツチノオジ（塩土老翁）」という神に「海神オオワタツミ（大綿津見神）の海中宮殿に行くと良い」とアドバイスを受け、その通りにします。ところが、**辿り着いた宮殿で海神の娘「トヨタマビメ（豊玉姫）」と出会い、互いに一目惚れ。**当初の目的を忘れて彼女と共に、宮殿で数年暮らします。**恋は盲目！**

そんな折、山幸彦はようやく釣り針のことを思い出し、オオワタツミに協力を仰ぐと、魚たちの情報網によってあっさりと釣り針が見つかります。目的を果たした山幸彦は地上に帰還。海幸彦と仲直り……かと思いきや、海神から授かった「塩盈珠《しおみつたま》」と「塩乾珠《しおふるたま》」という宝珠の力で兄を懲らしめ、海幸彦に服従を誓わせます。**結局は力で解決！**

すると、宮殿に残したトヨタマビメが地上にやってきて、身籠もっていた山幸彦の子を出産しようとします。そしてトヨタマビメは「産屋を絶対に覗かないでください」と忠告。なんかデジャヴです。しかし、山幸彦は妻の様子が気になり、中を覗いてしまいます。するとそこには巨大な和邇《わに》（鰐または鮫）がいて、本来の姿を見られたトヨタマビメは恥ずかしく思い、海に帰ってしまいました。**見るなの**P26**タブーは、やっぱり誰も守れないんです……。**

### 関連知識

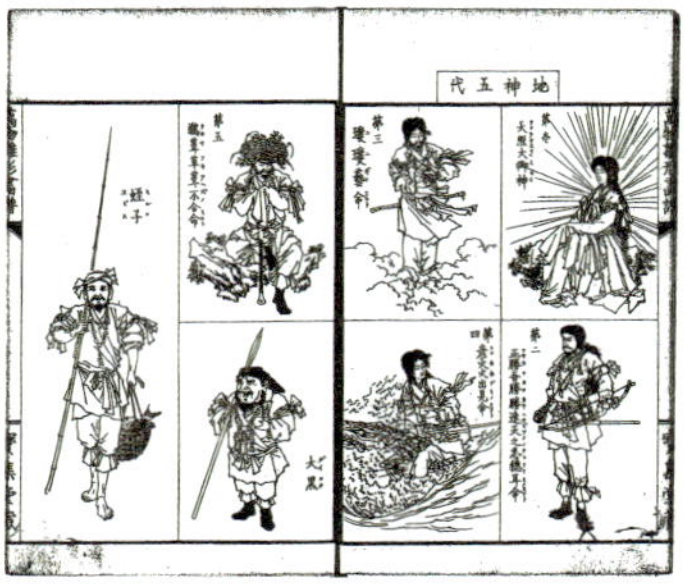
万物雛形画譜／国立国会図書館蔵

## 『山幸彦』は浦島太郎の原型!?

海神の宮殿で数年を過ごした、山幸彦ことホオリノミコト。彼はあの浦島太郎の元ネタだとされることがあります。宮殿は浦島太郎に登場する「竜宮」にあたり、妻のトヨタマビメが「乙姫」にあたるというワケです。山幸彦が地上に帰る際に授かった２つの宝珠も、浦島太郎で「玉手箱」に変わったと考えると……確かに共通点がかなり多いですね。

### 関連知識

## トヨタマビメの正体の「和邇」とは？

トヨタマビメの正体は『古事記』では「和邇」と表記されています。爬虫類の鰐、または魚類の鮫のことを指しているという説があります。山幸彦は、出産の痛みでのたうちまわる和邇の姿の妻を見てしまったのかも？　ちなみに、山幸彦の建てる産屋が完成しないうちにトヨタマビメが産気づいてしまったため、彼女がこのとき産んだ神は、「産屋が葺き終わらないうちに生まれた神」という意味の「ウガヤフキアエズ（鵜葺草葺不合命）」という名前で呼ばれました。なんとも言い難いネーミングセンス。そしてウガヤフキアエズはその後、養育のために宮殿から遣わされたトヨタマビメの妹「タマヨリビメ（玉依姫）」と結婚することになったのでした。

「玉乃井」花園謡曲番続／アムステルダム国立美術館蔵

### 読み解きのカギ

## 東方シリーズにも日本神話の姉妹が！

高難易度の弾幕ゲームシリーズを中心とした作品群『東方 project』には、日本神話や仏教、民俗学が元ネタのキャラクターが数多く登場します。そんな『東方 project』の１つ、漫画および小説の『東方儚月抄《ぼうげつしょう》』には「綿月豊姫《わたつきのとよひめ》」と「綿月依姫《よりひめ》」という姉妹が登場し、姉の豊姫はトヨタマビメ、妹の依姫はタマヨリビメが名前の由来だと思われます。しかも依姫は「日本の神霊を降ろして力を行使する」というものすごい能力。日本の神話・伝承好きには、どの作品もめちゃくちゃオススメです！

4 - 10

# 神武天皇がついに日本建国

## 兄との別れを乗り越え、日本を建てた初代天皇の英雄譚！

山幸彦とトヨタマビメの子ウガヤフキアエズは、タマヨリビメP115と結婚し、4人の子どもをもうけました。その末っ子が、後に日本の初代天皇となる「カムヤマトイワレビコ（神倭伊波礼毘古命）」。そう、「神武天皇」です。

4兄弟は天下を治めるべく、現在の宮崎県にあたる日向の国から東の方角へと旅に出る「東征」を開始します。長い年月をかけて様々な地に寄りながら、九州四国間の海を北上し、瀬戸内海を東へ。現在の大阪府にあたる浪速の国に寄港すると、待ち構えていた生駒山の豪族ナガスネビコ（那賀須泥毘古）との戦いが突然始まります。

4兄弟は戦闘集団を連れていましたが、この戦いで長男のイツセ（五瀬命）が重傷を負い、浪速から海路で南下する途中で息を引き取ってしまいます。さらにこの後、次男のイナイ（稲氷命）と3男のミケヌ（御毛沼命）は、荒波を前にして剣を抜き海に入り、一説では異界に至ったとされています。こうして3人の兄がいなくなり、カムヤマトイワレビコは1人で東征を続けることに。**悲しい……。**

彼は紀伊半島を迂回し、熊野の地に上陸。そこで神の化身である大熊の悪しき気に意識を失い、倒れてしまいます。そんなピンチに、熊野の豪族「タカクラジ（高倉下）」が駆け付け、雷神タケミカヅチの布都御魂を掲げてカムヤマトイワレビコを目覚めさせます。タカクラジは夢の中で、タケミカヅチから「この剣をカムヤマトイワレビコに差し出すのだ」と頼まれていたんです。**神のご加護！**

さらに一行は導きの神「八《や》咫烏《たのからす》」の先導で、紀伊半島の豪族を帰順させながら北上。ついにナガスネビコと再戦を果たし、見事に討ち取ります。そして**カムヤマトイワレビコは、奈良県橿原《かしはら》に「橿原の宮」を置いて即位し、「神武天皇」として日本建国を宣言したのでした。**後にこの日が2月11日だと推定され、「建国記念の日」に定められました。

『大日本名将鑑』より「神武天皇」／東京都立図書館蔵

関連知識

## 神武天皇とナガスネビコの戦い

『日本書紀』においては、ナガスネビコは「ニギハヤヒ（饒速日命）」という天津神を主君として奉じていました。ナガスネビコはカムヤマトイワレビコが自分と同じ“神の子”であることを知り、恐れを抱きます。しかし、その事実を知ってなお改心しなかったナガスネビコは、自身が奉じるニギハヤヒによって殺されるという最期を迎えます。



深掘りコラム

## 八咫烏とサッカー日本代表

八咫烏は一般的に３本足の姿で知られますが、実は記紀にはそのような記述はありません。３本足の烏とは、中国の古典に由来する伝説の生き物「三足烏《さんぞくう》」なのですが、これが日本に伝わる過程で八咫烏と混同されたのではないか、と言われます。不思議な話ですね。サッカー日本代表のエンブレムの元である旗章はこの３本足の烏。日本の建国神話に登場する神の使い・八咫烏をイメージしてデザインされたらしいのですが、JFA は八咫烏の表象の過程をふまえて、旗章の由来を八咫烏だけでなく中国由来のシンボルでもあるとしています（『日本サッカー協会百年史』参考）。

JAPAN JFA

©JFA

読み解きのカギ

## アシタカはナガスネビコ？

超名作ジブリ映画『もののけ姫』の主人公のアシタカには、ナガスネビコと共通点が見られます。アシタカは大和朝廷に敗れた「エミシ」という一族であり、初代天皇に敗れたナガスネビコと似ていますね。また、アシタカの名は「脚が高い」と読むこともでき、これは日本神話でナガスネビコは「臑が長い」からそのような名で呼ばれたことにも通じています。作中の時代背景も合わせて、東征の要素が組み込まれたのかもしれません。

4 - 11

# ヤマトタケルのヤバすぎ英雄譚

## 西へ東へ旅をした英雄は、故郷の土を踏めずに……

神武天皇の即位から、天皇の時代が始まりました。そして時代が下り、第12代の景行《けいこう》天皇の子として生まれたのが「ヤマトタケル（倭建命）」です。これは彼の物語。

ヤマトタケルの本来の名は「オウス（小碓命）」で、兄に「オオウス（大碓命）」がいました。あるとき景行天皇は、巷で噂の美人姉妹を招くようにオオウスに命じます。しかし、オオウスはその姉妹に一目惚れ。なんと彼女らを独り占めして、天皇には別の姉妹を差し出します。ここで登場したのが弟オウス。彼は命令を破った兄をためらいなく殺し、バラバラにして裏庭に捨てたんです。**コワすぎる！**

景行天皇はそんな危険なオウスを遠ざけるためにも、現在の熊本県あたりの肥後国に遠征させます。目的は、朝廷に反する「クマソタケル（熊曾建）」の兄弟を征伐すること。**するとオウスはクマソ兄弟の宴になんと女装して潜入し、騙し討ちで討伐。殺す直前のクマソの弟から「大和国の強者である貴方に『ヤマトタケル』の名を献上しよう」と称されます。**こうして新たな名前を得て、堂々と帰還します。……が、すぐに、「次は東方の豪族たちを帰順させよ」と命が下されました。**帰って来たばっかりなのに！**

この東征では、ヤマトタケルは三種の神器の1つ「天叢雲剣《あめのむらくものつるぎ》」を授けられていました。彼が草原で火攻めに遭った際には、天叢雲剣で草を薙ぎ払い、逆に迎え火をつけることで窮地を脱します。この伝承から、天叢雲剣は別名「草薙剣《くさなぎのつるぎ》」とも呼ばれるように。**カッコよすぎる……！**

そんな東征の最中、ヤマトタケルの妻オトタチバナヒメ（弟橘比売命）は荒れた海峡を鎮めるために、海神の生贄となりました。その後、ヤマトタケルは「ミヤズヒメ（美夜受比売）」を妻としますが、彼女に草薙剣を預けたまま伊吹山の神に無礼を働いてしまい、祟りを受けて下山。病によって故郷の大和国を目前に亡くなってしまうのでした。

ヤマトタケル／東京都立図書館蔵

## 関連知識

### ヤマトタケルと焼津の地名

ヤマタノオロチの尾から出てきた➡P120天叢雲剣はスサノオによってアマテラスに献上され、その天孫ニニギと共に地上に。その後、英雄ヤマトタケルの手に渡り、草薙剣の伝承へとつながりました。受け継がれてきた神剣、めちゃくちゃカッコいいです。ちなみに、ヤマトタケルが草原を焼き、迎え火によって窮地を脱したこの出来事は静岡県焼津で起きたとされ、焼津という地名の由来になったと伝えられています。

## 読み解きのカギ

### 少年の数奇な運命とは

諸星大二郎の名作漫画『暗黒神話』。主人公の少年「山《やま》門《と》武《たけし》」は、「きみのおとうさんは殺されたんだ」と話す男と共に父の足跡を辿って洞窟に入ったことをきっかけに、数奇な運命に翻弄されていく……という物語。実は、山門武は英雄ヤマトタケルの転生した姿であり、日本神話や仏教、古代史や宗教、オカルトや SF など、様々な分野の要素が組み合わせられた壮大すぎる物語が展開されていきます。これがめちゃくちゃ魅力的。連載からおよそ 40 年後の 2014 年頃には、100 ページ以上が加筆された『暗黒神話 完全版』が連載され、すでに単行本も出ているので、気になる方や懐かしいと思った方はぜひご一読を！

## 深掘りコラム

### 女装は英雄の条件!?

ヤマトタケルは女装してクマソ兄弟の宴に潜入しました。このように「英雄や神が女装する」という展開は、実は多くの神話に見られます。例えば、北欧神話の雷神トールが女装してミョルニルを奪い返した➡P55エピソード。他にも、ギリシア神話の英雄アキレウスは少年時代に「トロイ戦争に参加すると命を落とす」と予言されたため、徴兵を免れるために母に女装させられましたが、オデュッセウスに正体を暴かれて戦争に参加することに。女装は英雄になる条件なのかも……？

4 - 12

# 天皇に受け継がれる三種の神器

## 神話に語られる3つの神器は、今も祀られている

日本神話の物語に何度も登場した神器、「八咫鏡《やたのかがみ》」「八《や》尺瓊勾玉《さかにのまがたま》」そして「天叢雲剣《あめのむらくものつるぎ》（草薙剣）」。これらは「三種の神器」と呼ばれ、古代から現代に至るまで、歴代の天皇に継承されてきました。**つまり三種の神器を持つことが、正統な皇位継承者である証の1つというワケ。スゴすぎる！**

三種の神器は現在、それぞれ異なる場所に保管されています。少しややこしいんですが、三種の神器には「本体」の他に、神霊を宿す依り代である「形代《かたしろ》」がある場合があります。「分身」のようなもので、本体に準ずるものです。

まずは八咫鏡から。八咫鏡の本体は三重県の伊勢神宮の内宮にアマテラスの御神体として祀られています。かつてニニギと共に地上に降りてきた八咫鏡は、しばらく皇居に祀られましたが、第11代の垂仁天皇の時代に伊勢の祠《やしろ》に移され、これが伊勢神宮の起源になったと伝えられているんです。一方、八咫鏡の形代は、現在は東京に置かれている皇居の「賢所《かしこどころ》」という所に祀られています。

続いて八尺瓊勾玉。古くから大きな変遷もなく、本体がそのまま受け継がれ続け、現在では皇居の「剣璽《けんじ》の間」に安置されています。形代は存在していないそう。

最後に天叢雲剣。本体は愛知県の熱田神宮に御神体として保管されています。かつてヤマトタケルが妻ミヤズヒメに剣を預けた後、ミヤズヒメが熱田の地に剣を祀ったことが、熱田神宮の始まりだとされているんです。形代は勾玉と同じく、皇居の剣璽の間に祀られています。

ちなみに三種の神器は、なんと天皇でさえも実物を見ることはできないといいます。２０１９年に行われた新天皇の「即位礼正殿の儀」でも、儀式に使用された剣と勾玉は箱に入れられていました。神話の時代から受け継がれてきたとされる三種の神器……**一度でいいから見てみたい！**

## 関連知識

### 三種の神器の奇跡！

三種の神器は天皇でさえ実物を見ることができないため、図版などで見られるものは想像図。左の写真は、三種の神器があるとされる場所です。一説では、1185年に起きた「壇ノ浦の戦い」で、三種の神器は第81代の安徳天皇と共に海に一度沈み、鏡と勾玉だけが回収されたと言われています。しかし、このとき沈んだ剣は形代であったため、本体は全て残っているとされています。ちなみに2019年の即位礼正殿の儀の日、皇居では「雨を呼ぶ剣」である天叢雲剣の力がはたらくかのように朝から雨模様だったものの、儀式の開始と共に晴れ渡り虹が架かったことから、アマテラスのお力なのでは？　と話題になりました。「誰も見たことがない」というミステリアスさと、「奇跡を呼ぶ」という神秘さ、やっぱりめちゃくちゃロマンのある神器ですね！

（上）皇居　（中）熱田神宮　（下）伊勢神宮

## 読み解きのカギ

### 『ONE PIECE』の技に三種の神器が！

日本の漫画の金字塔と言えばやっぱり『ONE PIECE』。作中には世界中の神話の要素が多く組み込まれて、挙げていったらキリがない！　その中でも特に日本神話に関連しているキャラクターが、海軍大将の「黄《き》猿《ざる》」。ピカピカの実を食べた「光人間」の黄猿が使う技は、光の大剣を振るう「天叢雲剣」、光速で移動する「八咫鏡」、無数の光弾を放つ「八尺瓊勾玉」といったもので、三種の神器の名前がそのまま付けられています。さらに「天岩戸」や「天照」という技もあり、黄猿のピカピカ要素が太陽神アマテラスから取られていることが分かりますね。

八咫鏡

八尺瓊勾玉

天叢雲剣

## 遠く離れた場所でも、似ている神話が語られる不思議

日本神話は、意外にもギリシア神話と似ているところがあります。本文でも解説された「**イザナキの冥界降り**」について、もう少し詳しくみてみましょう。

原初の神イザナキは、死んだ妻のイザナミを取り戻そうと黄泉の国を訪れます。イザナミは、黄泉の国の神と相談をしたいから、しばらく待っていてほしい、**ただしその間、決して私の姿を見ないように**と言って御殿に入っていきます。イザナキは長い間待っていましたがついに待ちきれず、櫛の歯を1本折り取って、そこに火をつけて中を照らします。するとイザナミの身体は、蛆がたかり雷が発生しているという、醜く恐ろしい姿に変わり果てていました。イザナキは逃げ、イザナミはヨモツシコメ（黄泉の国の鬼の女たち）に追いかけさせます。イザナキは呪物を後ろに投げながら逃げます。最後にイザナミ本人が追いかけてきます。イザナキはヨモツヒラサカというこの世とあの世の境を大きな岩で塞ぎます。その岩を挟み、2人は決別の言葉を交わします。イザナミは、「私はあなたの国の人々を1日に1000人殺しましょう」と、イザナキは「それなら私は1日に1500の産屋を建てよう」と言って人類の死と増殖の運命が定まりました。

この冥界訪問の話は、ギリシアにそっくりなものがあります。楽人のオルペウスと妻エウリュディケの話です。エウリュディケは蛇にかまれてうら若い命を落としました。激しく嘆き悲しんだオルペウスは冥界に降り、冥府の王ハデスと王妃ペルセポネの前で、妻への思いを切々と歌に託して竪琴をつま弾くのです。これに心を動かされた冥府の王と王妃は、峻厳な冥府の掟を曲げて、特別にエウリュディケを連れ帰る許可を与えます。ただしこれには1つ条件があり、**冥界を出るまでは、後ろのエウリュディケを、振り返って見てはならない**のです。オルペウスは喜び勇んで地上を目指します。しかし、もう少しで地上というときになって、後ろにエウリュディケの気配を感じられないことが気になり、思わず振り返って見てしまいます。その瞬間、エウリュディケは儚く消え去ってしまいました。

つまり、イザナキもオルペウスも、死んだ妻を取り戻すために冥界に降ります。**どちらも、条件付きで妻を取り戻すことができそうになります。その条件とは「妻を見ること」の禁止です。**夫たちはこの禁止を守ることができず、1人で冥界から去っていきます。

ほかにも日本神話とギリシア神話には類似点が多く見つかります。これらの類似は偶然とは考えられません。結論としては、ギリシアの神話が、ユーラシア内陸の騎馬遊牧民によって西から東に伝えられ、朝鮮半島を経由して、日本に伝来したものとされています。

第5章

# エジプト神話

古代エジプトに伝わった「エジプト神話」。その中心的な神々は「ヘリオポリス9柱神」と呼ばれる大家族であり、彼らが世界を創造し、そして家族間での争いを経て「神々の王」が継承されるまでが主に語られます。また、動物の頭を持つ神が多く登場することは、エジプト神話の特徴の1つ。かなり可愛い見た目です。第5章では、そんなエジプト神話の物語と個性的な神々について、『ジョジョの奇妙な冒険』や『ENNEAD』などの関連作品に触れつつ紹介します！

5-1

# エジプト神話は大家族から始まった

## 創造神の自慰から生まれたり、兄妹夫婦から生まれたり

エジプト神話の主役となる創世の神々から紹介しましょう。「ヘリオポリス9柱神」と呼ばれる9柱の神々です。彼らは血のつながった大家族で、その系譜の始まりは、あらゆる存在の起源とされる原初の神ヌンでした。

まず、ヌンの意志から創造神アトゥムが生まれたとされています。かなり唐突ですが、ヌンは原初の混沌の象徴なので、とにかくそこからアトゥムが生まれたと納得すればOK。そしてこのアトゥムがユニークで、なんと自慰行為によって男女2柱の神を生みました。**スゴい。**アトゥムは両性具有とされることもありますね。

いずれにせよ、アトゥムから大気の神シューと湿気の女神テフヌトが生まれます。彼らは兄妹かつ夫婦であり、彼らの子もまた、大地の神ゲブと天空の女神ヌトという兄妹かつ夫婦の神でした。ちなみに、ゲブとヌトは生まれたときから抱き合っていましたが、父シューによって無理やり引き剝がされました。このときに天と地が分かれたんだそう。**なんだか不思議なエピソード！**

**特に重要なのは、このゲブとヌトの子どもたち。冥界の神オシリス、豊穣の女神イシス、戦争の神セト、葬祭の女神ネフティスの4兄妹です。**彼らこそが、エジプト神話の主役と言っても過言ではありません。彼らもまた兄妹かつ夫婦であり、オシリスとイシス、セトとネフティスが結ばれます。オシリスとイシスは、天空の神ホルスP130を後に生みますが、妹ネフティスはなんと兄オシリスと浮気し、冥界の神アヌビスP126をもうけてしまうんです。**兄妹間でかなりドロドロ……。**

一般的には、アトゥムからオシリスたち4兄妹までの9柱がヘリオポリス9柱神に数えられます。それでは、彼らの大家族（主に4兄妹）によって紡がれるエジプト神話の物語を紹介しましょう。**これ、めちゃくちゃ面白いです。**

## 関連知識

### 大家族「ヘリオポリス9柱神」

古代エジプトに存在した都市「ヘリオポリス（太陽の都）」で語り継がれた創世神話に登場するのが「ヘリオポリス9柱神」です。「エネアド」とも呼ばれますね。名前を色つきで示した神が一般的に9柱神に数えられる神々です。しかしこれには諸説あり、天空の神ホルスや知恵の神トート➡P135など、その他の神が含まれる場合もあります。主要な神々が大家族で構成されているという点では、ギリシア神話のオリュンポス➡P2012神にも共通していますね。

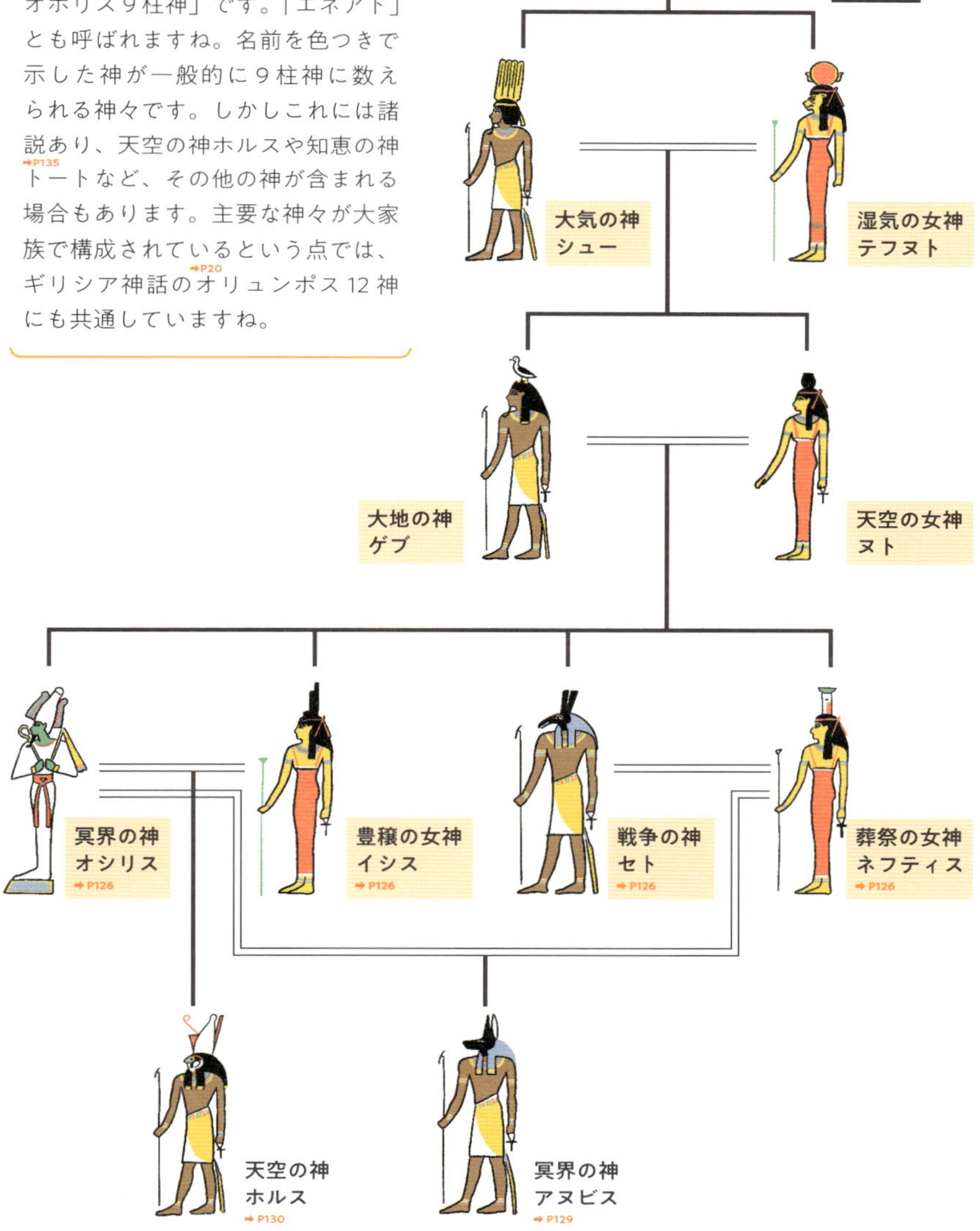

5-2

# オシリスの不倫とセトの兄殺し

## 愛憎渦巻く4兄妹……さすがにドロドロすぎる！

4兄妹のうち、長男オシリスと長女イシス、次男セトと次女ネフティスは夫婦でした。しかし、**オシリスに恋をしたネフティスが、なんと姉のイシスに化けてオシリスと一夜を共にします。**こうして生まれたのが冥界の神アヌビス。さらにネフティスは、夫セトに浮気がバレることを恐れて、生後間もないアヌビスを茂みに捨ててしまいます。**ヒドすぎる。**ところが、イシスが代わりにアヌビスを養育することになり、事なきを得ました。**イシス姉さん……！**

4兄妹のドロドロ関係は、もちろんこれだけではありません。特筆すべきなのは、兄オシリスと弟セトの仲の悪さです。あるとき、王であったオシリスは他の国々を征服しに行き、国を留守にします。ちなみにオシリスは武力ではなく、「音楽」「農耕を教える」「神々の祭祀を授ける」といった文化的な手段で征服を行ったんだとか。**平和的侵略。**

さて、兄が留守の隙に王位を奪おうと画策したのが、弟セト。しかし、姉イシスが代わりに政治の実権を握っていて、思うように動けませんでした。そこでセトは「オシリスの凱旋を狙って、殺害してしまおう」と72人の腹心と共に計画を立てることにします。**もう完全に悪役です。**

セトたちはまず、オシリスの身体がぴったり入るサイズの「棺」を用意します。そして兄が凱旋したとき、「この棺にぴったり入れた者に、棺を差し上げましょう」という怪しすぎるイベントを開催。居合わせた人々は誰1人としてうまく入れませんでしたが、ついにオシリスの番がきて、当然すっぽりと棺に収まってしまいました。

その瞬間、**セトは棺に蓋をしてオシリスを閉じ込め、なんとそのままナイル川に流してしまいます。**オシリスはここで亡くなってしまい、セトの兄殺し計画は大成功。晴れて王位を継承……かと思いきや、オシリスとセトの王位を巡る物語はこれで終わりではありませんでした。

## 関連知識

### 兄弟殺しの神話は世界中にある!?

弟セトが兄オシリスを殺害——こういった「兄弟殺し」の神話は世界各地に見られます。例えば、『旧約聖書』における人類最初の殺人事件とされる「カイン➡P172」と「アベル」の物語が有名ですね。他にも、ローマ神話の建国神話に登場するロムルス➡P42とレムスや、インド叙事詩『マハーバーラタ』の英雄アルジュナ➡P90とカルナの逸話、日本神話のヤマトタケル➡P118の兄殺しなどにも、兄弟殺しの構図を見出すことができます。ただ、エジプト神話の場合はさらにイシスとネフティスという姉妹まで関わってきて、もうドロドロ！

オシリス

## 読み解きのカギ

### 行方不明の兄を探して

「兄弟対決」は神話に限らず、古今東西の作品に登場する熱い要素ですよね。「兄殺しの物語」と端的に言ってしまうとかなり語弊がありますが、『機動武闘伝Gガンダム』はその類型に挙げることができる超名作アニメです。主人公ドモン・カッシュは、ガンダムに乗って世界の覇権を争う格闘大会「ガンダムファイト」にネオジャパン代表の選手として参加していました。ドモンの目的は、行方不明の兄キョウジ・カッシュを探すことで……という物語。信頼していた人物の裏切り、兄キョウジの驚愕の真実、そして迎える感動のフィナーレと、熱すぎる展開が怒濤のように押し寄せるのでぜひ！

セト（右）

5-3

# イシスの愛と執念によって復活

## 遺体のアソコが足りなかったせいで、冥界の王に君臨！

セトP126の謀略によって、棺ごと流されてしまったオシリス。夫の訃報を聞いた妻イシスは嘆き悲しみ、喪服を着て各地を放浪し始めます。その目的は、オシリスの遺体を探し求めることでした。**悲しすぎる旅……。**

実はオシリスの棺は、地中海の港町ビブロスに漂着していました。オシリスの神の気によって、棺は成長した植物に覆われ、大樹の中に隠れていたそう。しかも、その樹がなんと王宮の柱の材料として使われてしまっていました。イシスは放浪の末、ようやくそのことを突き止めます。**とてつもない愛と執念。**そして、イシスは養子アヌビスP126の協力を得て、王に身分を明かし、なんとか棺を柱ごと回収することに成功したんです。**どうやって運ぶの？**

その後、棺をエジプトに持ち帰ったイシスは、オシリスを蘇らせる準備のために、いったん棺を森の中に隠しました。しかし……執念深いセトによって隠し場所がバレてしまいます。セトは蘇生を阻止するため、遺体を14に分割してナイル川にばら撒きました。**めっちゃ徹底的です。**

するとイシスは今度は、オシリスの遺体の断片を探し始めました。**一途な愛……！**　妹ネフティスや知恵の神トートの力を借りながら、イシスはついにオシリスの14の断片のうち、13個を見つけ出します。しかし、残りの1個である男根だけは、ナイル川の魚に食べられてしまっていました。**一番大事なトコ！**　仕方なく、男根部分は新たに作り出したうえ、断片をつなぎ合わせて遺体を復元しました。そして、ようやく復活の儀式を行ったんです。

こうして蘇ったオシリスは神々の王……ではなく、冥界の王になりました。**実は、遺体の復元が不完全だったため、オシリスは現世に留まれず、冥界で暮らすことになったんです。**彼は以降、冥界の神として君臨することになりました。**アソコがなかった影響、結構大きかった……！**

関連知識

## 冥界の王オシリスと息子たち

冥界の神オシリス、冥界の神アヌビス、天空の神ホルスが描かれた壁画と小像です。ホルスはハヤブサの頭を、アヌビスはジャッカルの頭を持つ神として表現されていますね。ちなみに、エジプト神話の冥界には、恐ろしい領域「ドゥアト」とその先の楽園「アアル」があり、死者はドゥアトを越える厳しい旅路の末に、楽園アアルを目指します。オシリスはこの両方を支配する冥界の王。オシリスが王となる以前は、息子アヌビスが冥界を治めていたといいます。世にも珍しい逆世代交代！

（上・左）ホルス、（上・右）オシリス、（下）アヌビス／メトロポリタン美術館蔵

読み解きのカギ

## ロボット戦とエジプト神話

ハイスピードロボットアクションゲーム『ANUBIS ZONE OF THE ENDERS』はタイトルからもわかるようにエジプト神話がモチーフです。主人公機は「ジェフティ」という名前で、これは知恵の神トートの古代エジプト語での発音とされるもの。さらに、対するライバル機は冥界の神アヌビス。他のキャラクターの機体もネフティスなどエジプトの神の名前だったり、軍事要塞の名がアーマーン（幻獣アメミット）だったりと、エジプト神話だらけ。しかも、機体デザインやアクションもスタイリッシュで超カッコいいんです！
――ジェフティは存在する。アヌビスはそこにいる。

関連知識

## ツタンカーメンと死者の埋葬

古代エジプトでは「人間は死後、オシリスになることができる」と考えられていました。初期はオシリスになれるのは「ホルスの化身であるファラオ（王）」だけでしたが、その範囲は時代と共に広がり、やがて全ての死者がオシリスになれるとされたのだそう。世界一有名なファラオ「ツタンカーメン」のマスクは、オシリスに似せて作られています。また、マスクには、死者が楽園アアルに辿り着くための道案内が記された『死者の書』の呪文が刻まれているようです。古代エジプトの人々の「死後の世界への信仰」が垣間見えますね。

5-4

# 息子ホルスの王位継承戦は超展開

## ホルスとセトは王位を巡って、カバになって水中息止め対決！

オシリスの冥界復活後も、オシリスとイシスの息子ホルスは、父の仇セト↓P126への復讐心を募らせ、「叔父《セト》vs.甥《ホルス》」の王位継承争いが勃発したんです。**歴史でよく見る構図。**

王位継承者を決めるため、太陽神ラーの前で神々による裁判が行われました。裁判では、ラーの母ネイトや知恵の神トートがホルスを支持。しかし多くの神々は、ラーを毎夜守護する役割を担っているセトを支持します。

そんな中、ホルスの母イシスは正体を隠してセトに接触し、セトにとって不利な発言を引き出しました。納得いかないセトは、ホルスに勝負「カバに変身して息止め対決」を申し込みます。**それでいいの？** 2人が水中で我慢比べをする中、母イシスはホルスを助けようと銛《もり》でセトに重傷を負わせますが、セトは命乞いをしてなんとか逃走。すると、セトを逃がしたことにホルスは怒り、なんと母イシスを殺してしまうんです。しかし、イシスは知恵の神トートによって復活。**ついていくのが難しい超展開！**

この後、セトとホルスは和解を検討することに。一緒に宴をしたその夜、2人はなぜか同じベッドで寝ます。するとセトはホルスの股の間になんと射精！ しかし、これをホルスは手で受け止めます。その後、**ホルスはお返しに自らの精液をレタスに乗せて、セトにこっそり食べさせます。**衝撃的なやりとりですが、これは「相手に種を植える」のが目的でした。自らの種が相手の体内にあると、なぜか裁判が有利になるんです……。**ほんとになんで？** 結局、種を食べたセトが不利になり、勝負は続きます。

次の勝負は「船を造ってレース対決」。ホルスは木、セトは石の船を造り、セトの石の船は沈没。しかしセトは諦めず、直接対決へ。ホルスは銛をセトに投げ、負傷したセトは逃走。最終的に、決定権は先代の王であるオシリスに委ねられ、選ばれたホルスが王位を継承したのでした。

## 関連知識

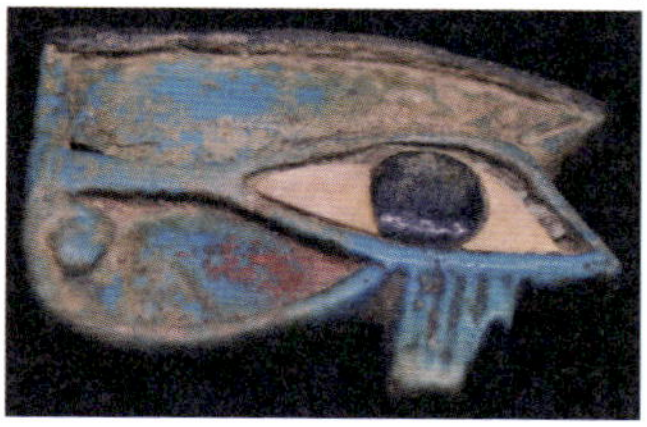
ホルスの目

### 「ホルスの目」は太陽と月を意味する

ホルスがハヤブサの頭を持つ天空の神であることから、空に浮かぶ「太陽」と「月」は、ホルスの「右目」と「左目」だと考えられてきました。めっちゃ面白い発想。古代エジプトではホルスの目は、魔除けや再生、祝福など様々な意味が込められたシンボルであり、装飾に用いられました。なお、後に両目は区別され、左目は蛇の女神「ウアジャトの目」、右目は太陽神「ラーの目」とも呼ばれるようになったそう。ちなみに、ホルスはセトとの争いの最中、左目を失ってしまい、知恵の神トートの手によって治療されました。一説ではこのとき、失われた左目はエジプト全土を巡り、知見を得た後にホルスの眼窩《がんか》に戻されたとされています。



## 読み解きのカギ

### エジプトの神々がスタンドに!?

©H.Araki 2002/SHUEISHA

大人気漫画シリーズ『ジョジョの奇妙な冒険』。その「第３部」と呼ばれる『Part3 スターダストクルセイダース』の物語は、主人公・空条承太郎たちが母を救うため、超能力を具象化した存在の「スタンド」を駆使して宿敵DIO《ディオ》のいるエジプトを目指す……というもの。作中には「エジプト９栄神」という９人組の敵が登場します。その名前は「ヘリオポリス９柱神」から取られていて、「ゲブ神」や「セト神」といった名前のスタンドを使いますが、なぜか半分くらいはヘリオポリス９柱神に入らないエジプト神話の神々の名を冠しています。この“ゆるさ”もジョジョの魅力ですね！

## 読み解きのカギ

### エジプトの神々の愛と執着の物語！

© Mojito/ SEOUL MEDIA COMICS, INC./libre

「エジプト神話BL（ボーイズラブ）」というキャッチコピーで知られる韓国の人気BL漫画（WEBTOON）『ENNEAD（エネアド）』。「エネアド」というのはヘリオポリス９柱神➡P124の別名のこと。戦争の神セトが主役のこの漫画では、セトとホルスの王位継承争いを中心としながら、兄のオシリスや甥のホルス、息子だと思っていたアヌビスなどから、セトはたくさんの執着を向けられます。果てには別の神話の神まで……エジプトの神々のキャラクターは全員濃いのでエジプト神話好きなら楽しめるはず！

5 - 5

# 太陽神ラーは復活の象徴

## ラーは夜に冥界を航海し、朝になるとまた空に昇る！

これまでの物語で何度も登場した太陽神ラー。実は、灼熱の古代エジプトでは、様々な太陽神が篤く信仰されていました。その中でも特に最高神として位置づけられているのがラーなんです。ヘリオポリス9柱神→P124にも含まれることがある、**めちゃくちゃ重要な神。**

そんなラーは「神々の王」とされますが、他の神話の最高神のように直接活躍する機会は多くありません。ラーが活躍（?）する神話を1つ挙げると、「自分を崇拝しない人間たちを罰するべく、ラーは最凶の女神セクメトを創造したが、セクメトの殺戮《さつりく》のせいで人類が滅亡寸前まで追い込まれてしまい、反省したラーはセクメトを血に似せた酒で止めさせた」というもの。**やりすぎるトコだった……。**

しかし、ラーは人々に篤く信仰されたといいます。ラーの名前自体が「太陽」を意味していて、太陽そのものともされました。ラーは昼に大地を照らし、夜の間には船に乗って冥界ドゥアトを航海していると考えられたそう。このとき船の上で冥界に棲む大蛇「アペプ」に襲われるんですが、セトがこのアペプを退けると語られています。セトもただ王位が欲しいだけの悪神ではないんです。夜に姿を隠したラーは、朝になるとまた空に昇ります。このことから、ラーは復活の象徴として人々に信仰されたというワケ。

さて、**ラーの特徴の1つは、他の数多くの神々と習合したことです。**創造神アトゥムと習合した「ラー・アトゥム」、大気の神アメンと習合した「アメン・ラー」、天空の神ホルスと習合した「ラー・ホルアクティ」などなど。**もう全部ラーになってしまいそうな勢い。**特定の神が「太陽神ラーの化身」だとされることもあり、フンコロガシの神ケプリ→P134や、不死鳥フェニックスの原型とされる神鳥ベンヌがその例にあたります。太陽神ラーの威光を、他の神々にも取り込もうとした結果と言えるかもしれません。

## 関連知識

### 冥界を航海するラーの船

太陽神ラー（中央）が夜間に、他の神々と共に船に乗って冥界を航海する様子が描かれています（ラーはハヤブサの頭を持つことが多いですが、この画では羊の頭）。「太陽神が空と冥界を行き来する」という考えは、エジプトに限らず、ギリシアやインド、メソポタミアでも見られます。自然現象を神話に落とし込んで解釈する、古代人の自然観がよく表れていますね。ちなみにエジプト神話には、太陽神ラーの子に「（大）ホルス」がいて、オシリスの子「（小）ホルス」と「大小」を付けて区別されます。しかし、2人は同一の神であるともされるため、かなりややこしいことになっています。

## 読み解きのカギ

### 古代エジプトと闇のゲーム！

大人気漫画『遊☆戯☆王』。作中に登場する架空のカードゲーム『マジック＆ウィザーズ』（アニメ版では『デュエルモンスターズ』）をもとに実際に発売された『遊☆戯☆王オフィシャルカードゲーム』の人気が爆発し、現在でも世界中でプレイされていますね。漫画の初代主人公・武藤遊戯《むとうゆうぎ》は誰も解いたことのない古代エジプトの秘宝「千年パズル」を解いたことでもう1つの人格「闇遊戯」が覚醒してしまい……という物語。作中に登場するカードには「オシリスの天空竜」や「ラーの翼神竜」「オベリスクの巨神兵」などがあり、エジプト神話の要素が多分に盛り込まれています。カードのモデルになった神話要素を探してみるとめちゃくちゃ面白いはず。さぁ！　俺とゲームをしようぜ！

## 読み解きのカギ

### 少女が古代ヒッタイトに!?

人気少女漫画『天《そら》は赤い河のほとり』。現代の女子中学生である夕梨《ユーリ》が古代ヒッタイトに召喚されて、ムルシリ2世の王妃となるまでを描いたスペクタクル漫画です。ライバルとして登場するのがエジプト第19王朝のファラオであるラムセス1世。ラムセスとは「ラーは彼に生を与えた者」という意味。ヒッタイトやエジプトに興味がある人にオススメです！

ラムセス1世の孫、ラムセス2世のアブシンベル神殿はエジプトの一大観光地

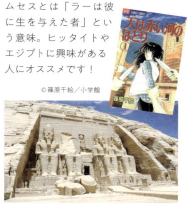

5-6

# 個性豊かな動物神たち

## 猫、フンコロガシ、トキ……動物たちのオンパレード!

エジプト神話の主要な物語は、セトP130とホルスの王位継承争いが最後になります。北欧神話のラグナロクP68のようにクライマックスが明確に存在するワケではないんです。とはいえエジプト神話には、主要な物語には登場しないものの、個性的で面白い神々がまだまだたくさんいます! 特に紹介したいのは、エジプト神話の特徴の1つとも言える、「動物の頭を持つ神々」について。

世界中の神話で、神々は基本的に人の姿をしています。ところが、**エジプト神話は、何かしらの「動物の頭」を持っていたり、時には「動物そのもの」として描かれたりすることが多くあります。**ちょっとシュールな印象を受けますが、その姿にはちゃんと意味があるんです。

例えば、冥界の神アヌビスP126はジャッカルの頭を持っていますが、これは古代エジプトの人々が、墓場の周囲を徘徊するジャッカルを「死者を守ってくれる動物」と考えていたことに由来しています。また、フンコロガシの頭を持つというユニークすぎる太陽神ケプリは、フンコロガシがフンを転がす様子が「太陽の動き」に見立てられていたことに由来。ケプリは、日の出を象徴する太陽神ラーの化身とされました。**意外にもかなり重要な神……!** 古代エジプトの人々は、動物のイメージと神の性格をつなげて考えていたというワケですね。

他にも動物神は数多く、トキ（朱鷺）の頭を持つ知恵の神トート、猫の頭を持つ女神バステト、獅子の頭を持つ最凶の女神セクメト、ワニの頭を持つセベク、蛙の頭を持つ女神ヘケトなどなど……。主要な神であるセトも、ツチブタあるいはジャッカルの頭を持ち、太陽神ラーと天空の神ホルスはハヤブサの頭を持ちます。このように多くの動物たちが神格化されていることから、過酷な砂漠で暮らす人々が動物たちをよく観察していたことがわかりますね。

関連知識

## 顔面がフンコロガシの神！

イメネムサウフの『死者の書』の中で、トート神とケプリ神が帆船に乗って蛇アペプを倒す場面を描いた壁画には、フンコロガシの頭を持つ神ケプリの姿が描かれています（画像中央）。顔面だけがフンコロガシなのが、いつ見てもやっぱり印象的。太陽神ラーの化身ともされるケプリが、船に乗って冥界を航海する様子が描かれていると考えられますね。



関連知識

## トート神は神々を助ける

トキの頭を持つ知恵の神トート。彼は時に「ヒヒ」の姿をした神としても描かれることがあります。神話の中で、知恵者として何度も神々のサポートをしている陰の重要人物です。女神ヌト➡P124が「年のどの日にも子を産めない」という呪いを掛けられたときには、彼女を助けるべく「うるう日」を5日間作り出して、そこで子を生ませたこともあります。なんかスゴい解決策。

トート、第2のエルメス、偉大なトート／ニューヨーク公共図書館デジタルコレクション

関連知識

## エジプトの猫は神聖な動物

猫の女神バステトは、太陽神ラーの娘あるいは妻などとされる神。かなりキュートなビジュアルですね。猫は古代エジプトで初めて家畜化されたと言われています。蛇を喰らう猫は、神聖な動物として大切にされていたんだそう。そのため、バステトは魔除けの意味を持ち、壁画に大きく描かれていることもあるんです。

バステト神像

5-7

# 謎すぎる神メジェド

## なぜか日本で大流行したシュールすぎる姿の神！

ハロウィンの季節に、白い袋を頭から被った子どもの仮装のような姿――。そんな飛び抜けてミステリアスかつユニークな見た目をした神が「メジェド」です。初見では、ゆるキャラかと勘違いしてしまいそう！

このメジェドは『死者の書』に登場する神。『死者の書』とは、死者が楽園アアルに辿り着くために、冥界の道案内が記された書物のことで、古代エジプトでは『死者の書』を死者と共に埋葬するという風習がありました。そんな『死者の書』にメジェドの詳細が記述されているんです。

なんとメジェドは冥界の神オシリスの館に住んでいます。しかし姿は見えず、しかも目から光を放って攻撃すると記されています。**このビジュアルで目からビーム！** 実は「メジェド」という名は、「打ち倒す者」という意味なのだそう。もしかすると、冥界から邪魔者を排除するガードマン的な役割を持っているのかも……？

**疑問符が付いてしまったのは、メジェドに関してこれ以上の情報がほとんどないからです。** 両親や子どもがいるのかどうかもわかりません。いったいどんな神で、なぜこんな姿なのか、とにかく謎だらけなんです。**不思議すぎる！**

ゆるキャラっぽいビジュアル、攻撃的な性格、そして謎だらけという特徴。これらのインパクト大の要素がＳＮＳなどで拡散され、メジェドは日本で一躍話題の神となりました。２０１６年には、メジェドが主役の1人のショートアニメ『神々の記』が放送。これが本国エジプトに伝わると、新聞に取り上げられ「日本で人気のメジェドは、エジプトでは知られていない」と書かれたそう。**知名度の差。**

その後もメジェドは、様々な作品に登場しました。エジプト神話の中ではかなりマイナーだったにもかかわらず、遠く離れた日本で爆発的な人気となった奇妙な神、メジェド。

**この現状すらもまさに「謎すぎる」神ですね！**

## 関連知識

### メジェドは冥界に住む神

メジェドは冥界の神オシリスの館に住むと語られています。古代エジプトでは、人間は死後、楽園アアルに至るために冥界を旅すると考えられました。そんな中、もしメジェドがビームを撃ってきたら、旅の難易度がめちゃくちゃ跳ね上がるかも……？

## 読み解きのカギ

### コミカルなメジェド様！

エジプト神話をモチーフとした短編アニメ『神々の記』。フジテレビの深夜バラエティ番組『#ハイ_ポール』内で放送されました。作中にはメジェドやラー、バステトなどの神々が、ゆるキャラのような姿で登場し、彼らの日常と人々の暮らしがコミカルに描かれます。このメジェドも目からビームを放ちます！

## 読み解きのカギ

### エジプト神のゆる～い日常

yukaが描いたエジプトの神々のゆるい日常を描いたイラストを原作としたアニメ『とーとつにエジプト神』。シーソーで魂の重さを量るアヌビス、とっても頭の良い知恵の神トト、飽きっぽい猫の神バステトといった神々の自由でゆる～い日常が描かれます。中でも特にメジェドはつかみどころのない性格をしており、ミステリアスな神であるメジェドらしさが全開です！　可愛い！

## 『進撃の巨人』と北欧神話②―「ユグドラシル」と世界樹―

第2章のコラムでも書きましたが、『進撃の巨人』が影響を受けたと思われる北欧神話に、世界樹「**ユグドラシル**」があります。大地の底から天界まで幹を延ばすことで、9つの世界を貫いています。9つ、という数も示唆的で、漫画では巨人ユミルの力は9つに分割され、それぞれ継承されていったことになっています。「9」という数は、とくにインド＝ヨーロッパ語族の世界観においては重要で、これはデュメジルという神話学者によると、「時の一巡」を表す数であるとされます。そう考えると、なるべく触れずにおきたいのですが、**「ユグドラシル」の持つ意味は、この漫画の最後にもつながり、円環的世界観をなしているといえるでしょう。**

世界には、ほかにも世界樹の観念があります。日本も例外ではありません。日本神話で、原初の神イザナキとイザナミが結婚するときに、アメノミハシラ（天御柱）という柱を立てるのですが、これがまさに世界樹と考えられます。また仁徳記では、その影が朝日に当たれば淡路島に達し、夕日に当たれば高安山を越える巨樹があり、これを船にして「枯野《からの》」といい、壊れるとその木材で塩を焼き、焼け残った木で琴が作られたとされています。この話などは、「花咲か爺」の話のように、木が船や木材や琴など様々に姿を変えて人々の役に立つ、「連続変身」のモチーフが見て取れます。

アメリカのナヴァホ族のところにも世界樹の神話があります。これは1本の葦であり、4つの地下世界を貫いて地上に伸びています。人間はその中心を通って地上へ至り、また天界にも行くことができるとされます。

そもそも世界樹というのは、宇宙の全体を表すものです。他界への通路でもあり、地下と地上と天を結びつけます。創造の起点となる「世界軸」であり、不死をもたらす「生命の樹」でもあります。そうすると、漫画において**ユグドラシルと思われる樹を背景に、始祖ユミルと王族の血を引くジークという男性と、主人公のエレンがその場にいて、時を超えたやり取りをしているのは、世界樹の力を背景にしていると考えると、その本来の意味がよく汲み取られていると感じます。**

『進撃の巨人』に関する最後の神話的キーワードは「**ラグナロク**」、神々と巨人族との最終戦争です。ただ、この話を書くと、読んでいない人に残念な思いをさせるかもしれないので、関連があると述べるに留めることにしましょう。

第6章

# その他の神話

これまでに紹介した５つの神話の他にも、世界中で語り継がれた神話は数多くあります。「メソポタミア神話」「マヤ神話」「中国神話」などなど、人類が文明を築いた全ての地で神話が語られた、と言っても過言ではないでしょう。第６章では、そんな神話たちをできるだけ多く取り上げ、『ハリー・ポッター』や『封神演義』などモチーフとなった名作とあわせて一気に紹介します！

6-1

# メソポタミア神話① 洪水伝説と冥界下り

## 最古の物語たちが、世界中の神話の原点になった!?

人類最古の文明といえば、チグリス川とユーフラテス川の間で芽吹いた「メソポタミア文明」です。メソポタミアでは、まずシュメール人によって最古の神話「シュメール神話」が語られました。そして、これを継承して、後にこの地域の支配者となったアッカド人の「アッカド神話」が成立します。この**アッカド神話には「バビロニア神話」と「アッシリア神話」という、主神の異なる2つの神話がありました。ややこしいですが、これら全ての神話の総称が「メソポタミア神話」なんです。**時代によってバージョン違いがたくさん生まれたというワケ。

さて、そんなメソポタミア神話には、世界中の神話で見られるお話の最古の例とされるエピソードが存在します。そのうちの2つを、シュメール神話版で紹介しましょう。

1つ目は「洪水伝説」。あるとき、大気の神エンリルらは、人類を滅ぼすために「大洪水を起こす」と決めます。すると知恵の神エンキは人類を助けるため、神官ジウスドゥラに「方舟《はこぶね》を造れ」と命じ、ジウスドゥラは動物たちを連れて方舟に乗り、大洪水を乗り越えました。その後、ジウスドゥラは永遠の命を与えられ、海の彼方の地ディルムンに住むことになりました。……そう、この神話は『旧約聖書』の「ノアの方舟」(↓P174)の原型にもなったお話なんです。**確かにかなり似てる！**

2つ目は「冥界下り」の物語。豊穣の女神イナンナは姉である女神エレシュキガルが統べる冥界に向かいます。しかしイナンナは「冥界に侵入したこと」を罪に問われ、なんと死刑になってしまいます。**急展開。**イナンナが死んでから3日3晩経った頃、知恵の神エンキが使者を冥界に送り込んでイナンナを復活させ、イナンナはなんとか帰還できたのでした。このお話が、他の神話でも見られる冥界下り(↓P26)(↓P102)の最古の例とされています。

## 関連知識

イシュタルのレリーフ

### 微妙に違う２つの冥界下り

本文で紹介した「イナンナの冥界下り」の物語は、シュメール神話で伝えられたものです。これを起源として、アッカド神話では「イシュタルの冥界下り」という物語に再編されました。イシュタルはイナンナと同一視される、謂わば“アッカド神話版”の女神です。２つの冥界下りは、大筋は同じであるものの、様々な点で違いがあります。例えば、イナンナの場合は冥界に降りた理由が明確には語られないものの、イシュタルの場合は冥界の門番になった夫タンムズを追って冥界に降りたことになっています。伝播《でんぱ》していく過程で、様々なバージョン違いが生まれるのも神話あるあるですね。



## 読み解きのカギ

### 『ドルアーガの塔』の主人公はギルガメシュ？

1984年に発売された名作アーケードゲーム『ドルアーガの塔』は、バビリム王国の王子ギルが、悪魔ドルアーガに攫《さら》われてしまった恋人カイを救うため、天高くそびえるドルアーガ塔を登る……という物語。王子ギルの名前が「英雄王ギルガメシュ」→P142から取られているように、作中にメソポタミア神話の影響が多く見られます。他にも、王子ギルに力を貸す天の神アヌは天空神アンから、バビリム王国と守護する女神イシターは豊穣の女神イシュタルから。ちなみに、『ドルアーガの塔』から続く『イシターの復活』『カイの冒険』『ザ・ブルークリスタルロッド』などのゲームも同様にメソポタミア神話（特にバビロニア神話）をテーマにしていて、これらの作品群は「バビロニアン・キャッスル・サーガ」と呼ばれています。懐かしい！　と思われた方も多いかも？　ちなみに『ドルアーガの塔』は、2008年にはアニメ化もされました。

ライオンを捕獲したギルガメシュのレリーフの図

6-2

# メソポタミア神話② ギルガメシュ叙事詩

## 親友との出会いと別れ……コレが世界最古の叙事詩だ！

古代メソポタミアで語られた世界最古の叙事詩が、『ギルガメシュ叙事詩』です。主人公は、ウルク第1王朝の伝説的な王ギルガメシュ。ギルガメシュは人間の王ルガルバンダと女神ニンスンの間に生まれた半神半人の英雄でした。ギリシア神話のヘラクレス↓P32や、インド神話のアルジュナ↓P90などの先駆けと言えるかも？

ギルガメシュは神々から「美しさ」や「男らしさ」を授かり生まれ、成人するとウルクを治めます。しかし、彼は暴君だったため、民からはおそれられてばかり……。**そんなギルガメシュが変わる転機になったのが、「エンキドゥ」との出会いでした。**エンキドゥは、ギルガメシュと同等の力で彼を諌める存在として、女神によって創造された戦士。そんなエンキドゥはギルガメシュに戦いを挑みます。すると2人は激しい戦いの末、なんと互いを認め合い、唯一無二の親友になったんです。喧嘩からの親友……**好き！**

そんな2人の活躍は凄まじく、彼らは旅の果てに、森の恐ろしき番人フンババを討ち取ります。そして凱旋を果たしたギルガメシュに、女神イシュタルが求婚。……しかし、彼はこれを拒否してしまい、怒り狂ったイシュタルは、天の牡牛グガランナを差し向けます。ウルク中を暴れ回るグガランナを親友の2人がまたもや討ち取り、2人は人々に英雄と称えられました。**暴君が大成長！**

ところが、グガランナの殺害が原因で、エンキドゥは神々に呪われてしまい、亡くなります。**哀しき親友の死。**ギルガメシュは以降「死」に怯え、「不死」を求める旅に出ます。長旅の果てに出会った賢者に「不死の霊草」の在処を聞き、これを手に入れますが、水浴びの間に蛇に奪われてしまい、無念の帰国。ギルガメシュは「全てを味わい全てを知った人」と語り継がれたそう――。世界最古の叙事詩は、そんなビターな雰囲気で幕を閉じるのでした。

## 関連知識

### 『ギルガメシュ叙事詩』のタブレット

粘土板に刻まれた『ギルガメシュ叙事詩』。『ギルガメシュ叙事詩』はなんと紀元前12世紀頃に「シン・レキ・ウンニンニ」という祭祀者の手によってまとめられたといいます。まさしく「世界最古の叙事詩」の名に恥じない古さですが、実は現代でも新たな写本が発見され、ニュースになることも。考古学のロマン！

写真：ロイター／アフロ

ギルガメシュが天の雄牛を退治する古代メソポタミアのレリーフの図

## 関連知識

### 神々の祝福を受けたギルガメシュ王

ギルガメシュが天の牡牛グガランナと戦っている様子が刻まれたレリーフが、ベルギーの王立美術館に所蔵されています。ギルガメシュの腕っぷしは超強く、森の番人フンババを退治する際には、およそ90kgもの重さの斧や剣を造らせて、遠征に向かったのだそう。とんでもない怪力。美しく、男らしく、剛力の英雄王……イシュタルが求婚するのも納得の魅力です！

## 読み解きのカギ

### 『Fate』の英雄王ギルガメッシュ

『Fate』シリーズでも大人気の「ギルガメッシュ」。あらゆる願いを叶える「聖杯」を巡って戦う「サーヴァント（英霊）」の1騎として、ギルガメッシュはシリーズに幾度も登場します。作中では、全ての英雄の頂点として「英雄王」と呼ばれ、あらゆる宝具の「原典」を持っているという最強格のサーヴァント。さすが、最古の叙事詩に登場する英雄です。性格は尊大で傍若無人であるにもかかわらず、まれに見せる本気がめちゃくちゃカッコいい！　ちなみに親友エンキドゥも「エルキドゥ」の名で登場しています。

6 - 3

# ウガリット神話の勇ましき物語

## 慈雨の神バアルが、兄弟たちを退けて王座に！

シリアの地中海沿岸部にあった古代都市ウガリット。その遺跡から出土した粘土板に記されていたのが「ウガリット神話」です。**ロマンあふれる発見！** そんな**ウガリット神話の〝主人公〟と言える神が、慈雨と嵐の神バアル。**バアルは、地中海や死海、ヨルダン川に挟まれたカナンの地域を中心に篤く信仰されていた神で、中でもウガリット神話では、こんな勇ましい神話が語られています。

ある時、最高神エルは息子たちの中から、次の支配者を選ぶことにします。バアルはエルの息子の1人でしたが、バアルの兄弟である海と川を司る竜神ヤムに王座が与えられました。**敗北……。** ところが、選ばれたヤムは暴君になってしまいます。ヤムは税として度を越えた量の貢物を神々に要求したんです。そんな中、バアルの妹である女神アスタルテがヤムに税の軽減を懇願すると、ヤムは「アスタルテが自分のものになるなら」という交換条件を提示します。これを聞いた兄バアルは、さすがに激怒。ヤムに戦いを挑むと、工芸神が造った2振りの棍棒を投擲《とうてき》してヤムを打ち倒したんです。このお話のように「主神が竜を倒す」という構図は、ギリシア神話のゼウスP16やインド神話のインドラP72など世界中で見られます。**竜殺しは英雄の必要条件！**

さらにバアルは、兄弟である死と干ばつの神「モト」とも敵対します。モトはバアルを食い殺そうとしますが、バアルは身代わりを食べさせて死を偽装し、冥界に身を隠します。すると、バアルの妹である戦いの女神アナトは兄の死を悲しみ、モトを殺し、死体を臼で挽《ひ》いて畑に撒きました。**強すぎる妹……。** この後、バアルは冥界から帰還。しかしなんとモトも復活し、直接対決を行うことに。するとモトはバアルには敵わず、太陽の女神シャパシュの警告を受けて、バアルを王として認めます。こうしてバアルは兄弟を退けて王座を手にしたのでした。**めでたしめでたし。**

## 関連知識

### 名将ハンニバルの名の由来

ローマを追い詰めたカルタゴの名将「ハンニバル」。実はこのハンニバルという名は「バアルの恵み」という意味だと考えられています。ハンニバルが活躍した紀元前3～2世紀にもバアル信仰が地中海周辺にあったことがわかりますね。実際、ハンニバルが父に連れられてバアルが祀られた神殿に行ったというエピソードも残されています。

バアル神像／岡山市立オリエント美術館蔵

## 関連知識

### バアルのちょっと変わったポーズ

ウガリットの遺跡で発見されたバアルの青銅製の置物です。バアルはこのように右手を掲げて片足を踏み出したようなポーズを主に取っています。

## 深掘りコラム

### キリスト教に取り込まれると悪魔になっちゃう!?

ウガリット神話で重要な神だったバアルの名前は、ユダヤ教・キリスト教の聖典『旧約➡P168聖書』ではなんと「異教の神」として登場します。さらにこのバアルがキリスト教に取り込まれると、強大な蠅の悪魔ベルゼブブ➡P194に変化しました。これは、バアルの異名である「バアル・ゼブル」を、ヘブライ人が「ベール・ゼブブ（蠅の王）」に言い換えたことに由来しているそう。もともとのバアルとは似ても似つかぬ変化です……。ベルゼブブのように、キリスト教における悪魔は、古代の多神教に起源を持っていることが多くあります。バアルの妹の女神アスタルテも、悪魔「アスタロト」に変化しています。一神教であるユダヤ教やキリスト教にとって、唯一神以外の神々は「信仰してはならない神」でした。そのため、古代オリエント世界で人々に信仰された神の多くは、異教の神として「悪魔」に貶められつつ取り込まれたというワケ。かつて篤く信仰された神々が悪魔になってしまうのは、やっぱりどこか悲しいですね。

6-4

# ペルシア神話（イラン神話）の復讐譚

## 父の仇である悪王を封印する大英雄フェリドゥーン！

現在のイランにあたる古代ペルシアで語り継がれたのが「ペルシア神話」。「イラン神話」とも呼ばれますね。この地では「世界最古の一神教」と呼ばれる「ゾロアスター教」(→P230)が隆盛して、**これがめちゃくちゃ興味深い！**……んですが、ここでは古代ペルシアの神話や歴史がまとめられた英雄叙事詩『王書（シャー・ナーメ）』のお話を1つ紹介しましょう。**これは英雄の復讐の物語！**

主人公は英雄フェリドゥーン。王族の血を引く彼は、生まれながらにして美しく、徳に優れていました。あるとき、フェリドゥーンの父が、両肩から蛇を生やす悪王ザッハークの生贄にされてしまいます。ザッハークはこの後、「フェリドゥーンに王座から引きずり下ろされる」という夢を見たため、フェリドゥーンを捜索させます。そのためフェリドゥーンは身を隠して育てられました。

成長した頃、フェリドゥーンは母から父の死の真相を聞かされます。**真実を知ったフェリドゥーンは復讐のため決起。鍛冶師のカーヴェに雌牛ビルマーヤの頭を模した「牛頭の矛」を作ってもらいます。**そして志を同じくする兵士たちと共に、ザッハークの城のあるエルサレムへと進軍を開始。このときザッハークは不在であり、城を攻め落とすことに成功します。しかし、ザッハークが悪魔と人間の混成軍と共に帰還したため、交戦。城内でついにフェリドゥーンは、父の仇であるザッハークと相対します。**因縁の対決。**

激闘の後、フェリドゥーンはザッハークの頭を矛で打ち砕きます。しかし、とどめを刺す寸前でなんと天使スルシュが介入。そして「ザッハークにはまだ死期が来ていない」と語ります。つまり、運命の定めによりザッハークを殺せないというワケ。そこでフェリドゥーンは、ザッハークをダマーヴァント山に封印し、新たな王に即位するのでした。復讐を為して王になる……**最高の英雄譚です！**

シャー・ナーメ／メトロポリタン美術館蔵

### 読み解きのカギ

#### 国を追われた王子の長き戦い

漫画化・アニメ化もされた大人気ファンタジー小説『アルスラーン戦記』。国を追われた王子アルスラーンが祖国を取り戻す奮闘や、かつて封印された蛇王ザッハークの眷属との戦いが描かれる長大な物語。中東に似た世界が舞台で、作中にはペルシア神話の要素が盛り込まれています。蛇王ザッハークはもちろんのこと、神官が信仰する神の名として、ペルシア神話の太陽と契約の神である「ミスラ」が登場します。2015年のアニメ放送時には、イランの人々の間でも話題になったそう。世界をつなぐのは神話要素が見られる作品かも!?

(右)『アルスラーン戦記』荒川 弘(著), 田中 芳樹(原著)／講談社
(左)田中芳樹『王都炎上』／光文社文庫

### 関連知識

#### 英雄叙事詩『王書(シャー・ナーメ)』

『王書(シャー・ナーメ)』には、英雄フェリドゥーンの活躍の他にも、聖なる王ジャムシードや悪王ザッハークの血を引く勇者ロスタムなど、他の英雄たちの伝説も数多く収録されています。まさに古代ペルシアの英雄伝説の決定版です。ちなみに『王書(シャー・ナーメ)』は、一神教であるイスラームがイランに広まった後に作られたため、古代の多神教的な要素が薄められているのも特徴の1つ。

### 深掘りコラム

#### 「貴種流離譚《きしゅりゅうりたん》」は全ての物語の基礎?

国を追われながらも、やがて復讐を果たして王になったフェリドゥーン。このように「特別な出自を持つ主人公が異郷を旅し、最終的に試練を乗り越える」という形のお話は、世界各地の神話や伝承に数多く存在します。このタイプのお話は「貴種流離譚」と呼ばれ、古今東西で見られる王道のテーマなんです。例えば、世界3大叙事詩の1つに数えられる『オデュッセイア』➡P40も、貴種流離譚の1つ。英雄オデュッセウスはトロイ戦争終結後、故郷であるイタケに帰るため、10年にも及ぶ旅を経験します。他にも、インド神話の叙事詩『ラーマーヤナ』➡P92では、王子ラーマが妻シーターを取り戻すために魔王ラーヴァナを倒す旅に出ます。神話や伝承は貴種流離譚だらけと言っても過言ではありません。さらに言えば、現代の小説、映画、漫画やアニメなどの作品にも、貴種流離譚はあふれています。『STAR WARS』も『もののけ姫』も『コードギアス』も貴種流離譚……やっぱり王道は素晴らしい!

6-5

# ケルト神話①　個性的すぎる神と英雄

## 最強の大英雄クー・フーリンは凄絶な最期を迎える……！

ファンタジーの源流の1つと言えるのが「ケルト神話」。古代の西ヨーロッパで活躍したケルト人が伝えた神話で、神官であるドルイドたちによって神々や英雄の物語が口伝で継承されました。その後、キリスト教の修道士たちにまとめられて写本になったといいます。

そんなケルト神話の主要な神々は、「トゥアハ・デ・ダナーン（ダーナ神族）」と呼ばれる一族です。彼らは地母神ダヌを筆頭とし、粥《かゆ》が好物の最高神ダグザや隻腕の軍神ヌァザ、百芸に長ける太陽神ルー、戦いの女神モリガンなどなど……個性豊かな神々が名を連ねています。神々の大家族が登場するのは、神話あるあるですね。

また、ケルト神話で外せないのが、太陽神ルーの子とされる半神半人の英雄クー・フーリンです。クー・フーリンは、元々は「セタンタ」という名前でした。しかし、少年時代に鍛冶師《かじし》クランの番犬を誤って殺してしまい、その償いとして「番犬の代わりに鍛冶師クランを守る」と申し出たため、「クー・フーリン（クランの猛犬）」と呼ばれるようになりました。**超カッコいいお名前。**

その後クー・フーリンは、「影の国」の女王スカサハに弟子入りして武芸を学び、魔槍ゲイ・ボルグを授けられました。これは「投擲すれば必ず当たる」という強すぎる槍。スカサハに鍛えられ、最強の槍まで持ったクー・フーリンは、比類なき戦士となったんです。**まさに鬼に金棒。**

そんなクー・フーリンの人生は戦いの連続でした。彼は運命に翻弄され、女戦士オイフェや女王メエバの軍勢だけでなく、親友フェルディアや自らの息子コンラなどとも戦うことに。その最期には、敵に奪われたゲイ・ボルグで脇腹を貫かれ、こぼれ落ちた内臓を体内に自ら戻した後、岩に身体を括りつけて立ったまま息絶えます。**凄絶すぎる……。**「弁慶の立ち往生」ともどこか共通していますね。

## 関連知識

### クー・フーリンは最強の大英雄

太陽神ルーは、「見た者を殺す魔眼」を持っていた魔人バロールを討った実力者でした。その血を引くクー・フーリンもまた、少年時代から常識離れした力を持っていました。あるとき、王がクー・フーリンに様々な武器を授けたものの、そのことごとくを破壊してしまったそう。握力、強すぎない？

写真：Mary Evans Picture Library/アフロ

## 読み解きのカギ

### ギアスはゲッシュ？

人気シリーズのアニメ第１作『コードギアス 反逆のルルーシュ』。主人公ルルーシュは、「自分の眼を見た相手に命令を強制する」という超能力の「ギアス」を得たことをきっかけに、皇子であった自分の家族を壊したブリタニア帝国への反逆を開始する……という物語。作中に登場する超能力「ギアス」は、ケルト神話に登場する誓い「ゲッシュ」に由来していると考えられます。ケルト神話の「ゲッシュ」は「禁忌の誓い」のようなもので、例えばクー・フーリンは番犬を殺してしまったとき、「以降、犬の肉を決して食べない」というゲッシュを立てていました。これを破ると禍が降りかかるとされ、実際にクー・フーリンも策略によってゲッシュを破らされたことが原因の１つとなって、命を落としてしまいました。

## 読み解きのカギ

### 傭兵が都立高校に潜入！

人気ライトノベルとそれを原作とした漫画・アニメ『フルメタル・パニック！』。平和の維持を目的とする傭兵組織「ミスリル」に所属する主人公・相良宗介は、都立高校に生徒として潜入し「千鳥かなめ」という少女を護衛するうち、大きな戦いに巻き込まれていく……という物語。作中でミスリルが所持している潜水艦の名前が「トゥアハー・デ・ダナン」。しかも、潜水艦にはAI「ダーナ」が搭載されています。作中では他にもケルト神話の単語が登場するため、ケルト神話好きにはたまらない！

『フルメタル・パニック!』賀東招二（著）, 四季童子（イラスト）／KADOKAWA

6
その他の神話

6-6

# ケルト神話② みんな大好きアーサー王伝説

## 聖剣エクスカリバー、円卓の騎士、そして栄誉と波乱！

ケルト神話に由来する物語と言えばやっぱり、大人気の騎士物語『アーサー王伝説』です。岩に刺さった剣を引き抜いてブリテンの王となった「アーサー」と、彼の下に集った「円卓の騎士」たち。彼らが紡ぐ英雄譚や、騎士と美女とのロマンスなど……**ワクワクする要素がてんこ盛り！**

円卓の騎士とは、「互いに上下の差がないこと」を意味する円卓に、アーサー王と共に列席することを許された騎士のこと。円形に署名する連判状と似たシステムです。まさに「選ばれし者たち」というワケですが、もちろんその実力も超一級。円卓で最強と謳われる武勇を持つ「ランスロット」、朝から正午まで力が3倍になる勇猛な「ガウェイン」、旅の果てに光り輝く「聖杯」を発見した清廉潔白な「パーシヴァル」と「ガラハッド」などなど、錚々たる面々が名を連ねています。**騎士道のアベンジャーズかも？**

アーサー王は魔法の力を宿す聖剣エクスカリバーを握り、騎士たちと共に戦に勝ち続け、ブリテンを繁栄させます。**しかしあるとき、騎士ランスロットがアーサー王の妻ギネヴィアと不倫したことをきっかけに、円卓に亀裂が入ります。**アーサー王は逃げたランスロットを捜索させますが、ランスロットには人望があったため、円卓の騎士はアーサー派とランスロット派に分裂してしまうんです。ここから円卓は崩壊へと一直線。**盛者必衰の理です……。**

アーサー王が国を留守にしている間に、彼の息子である円卓の騎士モードレッドがなんと反旗を翻します。アーサー王は激闘の末、辛くも息子を討ち取ります。しかし、この戦いでアーサー王も重傷を負い、生き残っていた円卓の騎士は「ベディヴィエール」ただ1人だけ。アーサー王は、湖の乙女ヴィヴィアンの船に乗せられて、傷を癒やすために楽園「アヴァロン」へと旅立つのでした。栄誉に満ちた『アーサー王伝説』は、そんな波乱の末に幕を閉じます。

## 関連知識

### 円卓の騎士と聖杯

提供：ALBUM／アフロ

アーサー王と騎士たちが円卓に座る様子が描かれています。あるとき円卓に「聖杯」の幻が現れたことをきっかけに、アーサー王は円卓の騎士たちにこの聖杯の探索を命じました。そして見事、パーシヴァルやガラハッドが見つけます。これが「聖杯探索」の物語。ちなみに、この聖杯は「傷を癒やす力」に加えて「食べ物をもたらす力」を持つとされています。これはケルト神話に登場する「ダグザの大釜」という「食べ物が無限に出てくる魔法の釜」が原型にあると考えられるそう。また実は、『アーサー王伝説』はキリスト教の影響を受けていて、聖杯はキリスト教の「最後の晩餐」➡P189で使われた聖遺物「聖杯」であるともされます。複雑な過程を経て、物語が継承されていったんですね。

## 読み解きのカギ

### 姫の名前が変更に？

1985年発売のアーケードゲーム『魔界村』。「死にゲー」と名高い超高難度のゲームですが、その物語は主人公アーサーが攫われた姫を救い出すために魔界を突き進むという王道のもの。主人公の名からもわかるように、『アーサー王伝説』がベースとなっています。また、攫われた姫の名は現在は「プリンプリン」ですが、実は当初はアーサー王の妃「ギネヴィア」から取った「ギネヴィナ」だったそう。変更されたのには、ちょっとした大人の事情があったみたいです。当時はまだ、実際の伝承から名前を借りるのは批判の対象となっていたのかもしれませんね。

## 読み解きのカギ

### 『ハリー・ポッター』と騎士物語の共通点

世界中で超人気の小説＆映画『ハリー・ポッター』シリーズ。ホグワーツ魔法魔術学校に入学したハリー・ポッターが友人たちと共に、闇の魔法使いヴォルデモートとの戦いに身を投じる……という物語。イギリスが舞台であり、『アーサー王伝説』や円卓の騎士にまつわる名前が数多く登場しています。例えばハリーの親友ロンはアーサー王が持つ聖槍ロンゴミニアド（ロンの槍）が由来だと思われます。さらに、ロンの父は「アーサー」、妹は「ジニー（ギネヴィア）」、兄「パーシー（パーシヴァル）」など、円卓の騎士に関する名前から多く取られていると考えられます。世界中で人気の騎士物語とファンタジー小説。この2つにはどこか近いものを感じますね！

『ハリー・ポッターと賢者の石』J.K.ローリング（作）、松岡佑子（訳）、佐竹美保（絵）／静山社　刊

6-7

# 焚書によって消えたマヤ神話

## 父と叔父を殺された双子の英雄が、仇の魔神を見事に討伐！

メキシコや中米にあたる「メソアメリカ」を代表する古代文明が「マヤ文明」です。そこで語り継がれた「マヤ神話」には、ユニークな性格を持つ自然の神々が登場します。中には「トウモロコシの神」や「自殺を司る女神」もいたりします。**独特すぎる！**

しかし、マヤ神話が記された文献の多くは、16世紀にスペインから来たキリスト教徒による焚書のため、ほとんど残されていません。**悲しい。現存する数少ない文献の1つは、グアテマラ高地のキチェ族が記した叙事詩『ポポル・ヴフ』です。**『ポポル・ヴフ』の第1部では、原初の神テペウと風神グクマッツ（ククルカン）によって世界や人間が創造された、と語られています。神話定番の天地開闢《かいびゃく》の物語ですね。そして『ポポル・ヴフ』の第2部では、人間が主役に代わります。活躍するのは双子の英雄、フンアフプーとイシュバランケーです。

この双子は女神イシュキックの子であったため、正確には半神半人でした。双子は、父と叔父を冥界の魔神、フン・カメーとヴクブ・カメーによって殺されてしまいます。しかし彼らは過酷な幼少時代を経て、勇敢な戦士へと成長し、巨人ヴクブ・カキシュや、その子どもである巨人を見事に討伐してみせました。

さらに父と叔父の仇を取るべく、冥界シバルバーに向かいます。しかし冥界では、蝙蝠《こうもり》の神カマソッソにフンアフプーが首を切り落とされてしまいます。すると、イシュバランケーは動物たちを呼び寄せ、現れた亀がフンアフプーの新たな首になってフンアフプーは復活。**どういう仕組み？** こうして様々な困難を乗り越え、双子は最終的に仇の魔神たちを罠に嵌めて殺します。英雄の仇討ちは定番ですね。さらに2人は、冥界の魔神たちを残さず滅ぼし、その後、太陽と月になったといいます。

トウモロコシの神を描いた花瓶／シカゴ美術館蔵

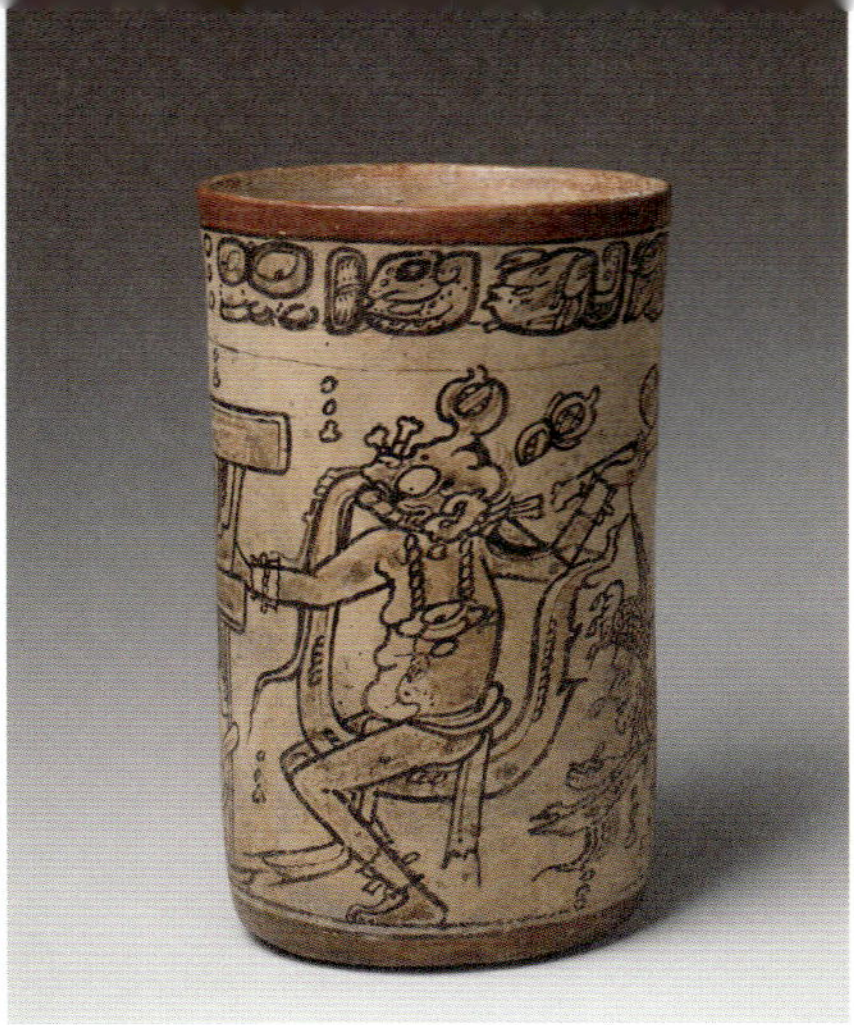
マヤの神話を描いた陶器／メトロポリタン美術館蔵

関連知識

## 謎に満ちた「トウモロコシの神」

マヤ神話の神々の中でも特にミステリアスなのが、頭にトウモロコシを付けた「トウモロコシの神」。実はこの神はスペイン人が到来する前に呼ばれていた名前が不明であり、研究者が分類した「神E」というラベル名で呼ばれることもあります。ちなみに叙事詩『ポポル・ヴフ』では「人間はトウモロコシから創造された」と語られています。私たちは皆、かつてトウモロコシだった……!?　主食であるトウモロコシが彼らにとっていかに重要だったかが分かりますね。



読み解きのカギ

## マヤの神を思わせる有翼の機体

2002年に放送されたSFロボットアニメ『ラーゼフォン』。主人公・神名綾人は不思議な少女に導かれ、神殿の巨大な卵から現れた有翼のロボット兵器「ラーゼフォン」に乗ることになり、隔絶された東京の外に飛び出し世界の真実に迫る……という物語。実はこの『ラーゼフォン』は、マヤ神話やアステカ神話➡P154が下敷きになっている異色のロボットアニメ。翼を持つラーゼフォンの姿は、マヤ神話の主神である風神グクマッツ（ククルカン）にどこか似ています。他にも、アステカ神話の生贄の神イツトリに由来する「イシュトリ」という用語が登場するなど様々。謎多き展開が特徴のアニメなので、神話を知れば考察もよりはかどるかも？

6-8

# アステカ神話と滅亡の予言

## 喧嘩ばかりの神々が入れ替わりで支配する「5つの太陽」！

メソアメリカを代表するもう1つの文明が、マヤ文明の衰退の後に興った「アステカ文明」です。アステカ帝国が栄えたのは15～16世紀頃であるため、そこで語られた「アステカ神話」は他の神話に比べるとかなり新しいものだと言えます。とはいえ、マヤ神話の影響を大きく受けているのも特徴。**結構、混同されがちです。**

実はアステカでは、「いつか太陽が消滅する」と信じられており、消滅までの時間を長引かせるために多くの生贄《いけにえ》が捧げられていました。この「太陽」と「生贄」が、アステカ神話のキーワードです。そこで、アステカの創世神話である「5つの太陽」の物語を紹介しましょう。

**5つの太陽では、現在にあたる「第5の太陽」に至るまで、4度にわたって太陽が滅亡し、主神が入れ替わったと語られています。**まず最初の「第1の太陽」では、世界を支配していたのは破壊神テスカトリポカでした。あるとき、対立する風神ケツァルコアトルはテスカトリポカを矛で突いて海に落とします。こうして幕を開けたのが、ケツァルコアトルが支配する「第2の太陽」です。しかし、今度はテスカトリポカが逆襲。ケツァルコアトルは蹴り倒されてしまい、第2の太陽はあっけなく終了します。

続く「第3の太陽」は雨の神トラロックが支配しますが、ケツァルコアトルが起こした火の雨によって滅亡。さらに「第4の太陽」は水の女神チャルチウィトリクエが支配しますが、テスカトリポカの大洪水によって滅亡します。**お願いもう喧嘩しないで！**と、ここでようやく神々は争いをやめて協力し、「ナナワツィン」と「テクシステカトル」という神を生贄に捧げることで、太陽神トナティウが支配する「第5の太陽」が創造されました。しかし、この第5の太陽もいつか大地震で滅亡すると信じられており、生贄が捧げられていたんです。**ありそうでコワい……。**

## 関連知識

### 「太陽の石」に歴史が刻まれている？

アステカ文明の石彫「太陽の石」。「アステカの暦石」とも呼ばれますが、暦を知るためのものではないのだそう。石の文様については諸説ありますが、中央の顔はケツァルコアトルとテスカトリポカが協力して退治した怪物トラルテクトリであり、その周りを囲う動物は第１から第４までの太陽を象徴していると考えられるそう。現在ではメキシコ国立人類学博物館に展示されています。見に行きたい！　ちなみにトラルテクトリは、第５の太陽の創造神話の異説に登場する怪物で、ケツァルコアトルとテスカトリポカは戦いの末に「怪物の手をもぎ取って大地を作り変えた」あるいは「怪物の下半身を空中に投げて天を作り、押さえつけられた上半身が大地になった」とされています。かつてのライバル同士が共闘する熱い展開と言えるかも？

## 読み解きのカギ

### アステカの神々と人間の暴力

2021年に第165回直木賞を受賞した小説『テスカトリポカ』。過酷な幼少期を過ごした少年「土方コシモ」がメキシコの麻薬カルテルの男「バルミロ」と出会い、巨大な犯罪と暴力に飲み込まれていく……という物語。タイトルはまさにアステカ神話の破壊神テスカトリポカ。作中では、暴力に溢れた麻薬ビジネスや臓器売買の世界が、アステカの文明や神話と重ね合わせられながら巧みに描かれます。アステカでは、テスカトリポカの化身として選ばれた男性が１年間「神」として扱われた後、神殿で心臓を抉り取られる生贄の儀式のトシュカトル祭が行われていました。現代の犯罪とアステカの儀式に共通するものとは——。

「テスカトリポカ」佐藤 究
KADOKAWA／角川文庫

## 読み解きのカギ

### ドラゴンがメイドに!?

漫画およびアニメ『小林さんちのメイドラゴン』。人間のOLである小林さんの部屋に、助けたドラゴンの「トール」がメイドとして住むことになり、異世界のドラゴンたちが次々と集まってくる……という物語。作中では、トールの名前に関して北欧の神トールと関係があるかどうかを聞かれて、有名な作家から親が取ったことを答えるシーンがあります。そのため、トールの名前の由来はおそらく、『指輪物語』の作者トールキンだと考えられます。また、集まってくるドラゴンとして、アイヌ神話の竜神カンナや、アステカ神話の蛇神ケツァルコアトルなどが登場。世界の竜神が集まり会話する様子が見られる、貴重な（？）漫画です！

6-9

# 中国神話の創世の物語

**神の巨体が世界の礎となり、兄妹神が人間や文化を創る！**

古代中国で語られた「中国神話」は、数少ない資料によって断片的に残されています。その中でも代表的なお話が、「巨体の神の身体から世界が創造された」というもの。これは、古代の『三五歴紀《さんごれきき》』や『述異記《じゅついき》』といった文献に描かれています。**これが中国の創世神話だ！**

世界がまだ鶏卵のように混沌としていたときのこと。その混沌から巨体の神の盤古《ばんこ》が生まれます。盤古は成長と共に天を押し上げ、やがて天と地が分かれます。それから計り知れないほど時が経ち、ついに盤古の命が終わりを迎えます。すると盤古の身体から万物が生まれました。「息」は風や雲に、「声」は雷に、「両目」は太陽と月に、「手足」は山に、「血」は川になったんです。世界の礎となった巨人……**北欧神話のユミル↓P46に似ていますね。**

こうしてできた世界に、2柱の神が現れます。**それは、「伏羲《ふっき》」と「女媧《じょか》」という兄妹の神でした。**彼らは「世界を襲った大洪水の生き残りだ」と語られていますが、この大洪水の詳細は残念ながら不明。ちなみに伏羲と女媧は、「上半身が人で下半身が蛇」というかなり独特な見た目をしています。**こっちはエキドナ↓P23みたい？**

あるとき女媧は、土をこねて「人間」を作りました。しかしやがて手作業に疲れてしまい、途中から「縄を泥の中に入れて、はねた泥から人間を作った」そう。**だいぶ適当になっちゃった……。**こうして女媧が人類を生んだ一方で、伏羲は文字や琴、料理や祭祀など、様々な文化を生み出しました。人類と文化を創造した兄妹神というワケ。

この後、人類に医術と農耕をもたらす神「神農」が登場し、兄妹神とあわせて「三皇」と呼ばれます。さらに神から人の時代になると、5人の伝説上の聖人「五帝」が登場。人類や国家、文明の起源として、彼らはまとめて「三皇五帝」と呼ばれているんです。**中国らしいネーミング（？）。**

## 読み解きのカギ

### 異世代の武将が入り乱れる！

人気アクションゲーム『真・三國無双』＆『戦国無双』シリーズを超合体した『無双 OROCHI』シリーズ。魔王「遠《お》呂《ろ》智《ち》」が時空を歪め、中国の「三国時代」と日本の「戦国時代」が融合したことで、時代の異なる武将たちが入り乱れて戦うことに……というお祭りゲーム。劉備や織田信長などお馴染みの武将たちと共に、仙界の住人として伏犧と女媧も登場。もちろん足は蛇じゃなく、見た目はイケメンと美女になってます……！

## 読み解きのカギ

### 悪しき仙女に立ち向かえ！

中国の古典小説『封神演義』をベースにした人気漫画『封神演義』。殷王朝の皇帝に取り入って国を乱す仙女の「妲己《だっき》」を封じるべく、主人公の太公望が仲間と共に奮闘する……という物語。作中には「三皇」の女媧、伏羲、神農や、道教➡P232の最高神である「元始天尊」などなど、中国神話の神々が数多く登場します。原典である中国古典も一緒に楽しんでみてください！

## 関連知識

### 女媧と伏羲

「人頭蛇身」の姿を持つ女媧と伏羲。兄妹にして夫婦の神は、日本神話のイザナ➡P100キとイザナミなど、世界中の神話で見られますね。ちなみに女媧が土をこねて丁寧に作った人間は「貴人」となり、はねた泥から作った人間は「凡人」になったと言われています。格差がすごい……。

絹絵伏羲女媧図／天理大学附属天理参考館蔵

6 - 10

# 動物がいっぱいのアイヌ神話

## 歌によって伝えられた、神々と英雄の物語！

北海道の「アイヌ民族」が口伝で語り継いだ「アイヌ神話」。アイヌの人々は自然界に見出した神々を「カムイ」と呼びました。そして、カムイや英雄が活躍する叙事詩『ユーカラ』を、歌によって伝えたんです。**実際に聴いてみたい！** そんなアイヌ神話の内容は地域で異なるので、ここでは「創世神話」のうちの1つを紹介しましょう。

世界が揺らいでいたころ、まず「天の神」と「地の神」が生まれ、彼らは海や山や草木などを創りました。するとそこに、1羽のフクロウが現れます。これを見た神が「何かしら」を行うと……なんと数多くの神々が生まれたそう。ちなみにこの「何か」の詳細は不明。**フワッとしてる！**

さらに動物や人間が創造されます。ここで活躍するのが「アイヌラックル」という英雄神。**アイヌラックルは弓矢や網など、人々の生活に必要な道具を発明し、困っている人のために大鹿や魔神を退治します。人類のヒーローです。**

こうした神話の他にも、熊の神キムンカムイが竜神と喧嘩した末に亡くなってしまう話など、様々な伝承が残されています。神話にフクロウや熊といった動物が登場するところに、アイヌの人々の自然観が表れていますね。

### 読み解きのカギ

**アイヌ文化がわかる超名作！**

明治末期の北海道が舞台の人気漫画『ゴールデンカムイ』。日露戦争の帰還兵「杉元佐一」はアイヌの少女「アシㇼパ」と共に、隠された埋蔵金を巡る争いに身を投じることになり……という物語。作中にアイヌの民俗や文化が丁寧に盛り込まれていて、コレがめちゃくちゃ面白い！「ヒンナ（ありがとう）」や「オソマ（うんち）」といったアイヌ語を覚えた方もきっと多いはず。

『ゴールデンカムイ』野田サトル／集英社

6 - 11

# 自然がいっぱいの琉球神話

## 風によって身籠もった子どもたちが、人類の祖先になった！

かつて「琉球王国」があった沖縄では「琉球神話」が語られ、その創世神話はいくつかの資料に残されています。例えば、江戸時代前期に琉球に漂着した学僧「袋中上人《たいちゅうしょうにん》」の著作『琉球神道記』では、こんな感じ。

あるとき、女の「アマミキュ」と男の「シネリキュ」という2人が天から島に降り立ち、国を創りました。すると、アマミキュは「風」を媒介にして、1人の子を授かります。無事に生まれると、**長子は「貴族」の祖先に、次子は「ノロ（祝女）」と呼ばれる祭祀の祖先に、三子は「庶民」の祖先になったといいます。**地上に降りた最初の男女が人類の始祖であり、階級や職業の起源でもあるというワケ。

また、16～17世紀に編纂された歌謡集『おもろさうし』には、原初の「日の神」が女神「アマミキヨ」と男神「シネリキヨ」に命じて、島々や人間たちを創らせた、と歌われています。さらに17世紀に成立した史書『中山世鑑《ちゅうざんせいかん》』には、女神「阿摩美久（アマミク）」が1人で島を創り、天からもらった男女が人類の祖となったと伝えられています。風や島といった自然がキーワードの物語……**海に囲まれた沖縄らしい神話と言えるかも？**

### 読み解きのカギ

#### 琉球信仰の理想郷が舞台に

人気漫画『ツバサ -RESERVoir CHRoNiCLE-』の続編『ツバサ -WoRLD CHRoNiCLE- ニライカナイ編』。旅を続ける少年「小狼《シャオラン》」は、姫神が統治する国「ニライカナイ」で異変を解決することになり……という物語。「ニライカナイ」とは、琉球で信仰された「海の彼方にあるとされる神々の世界」であり「理想郷」のこと。ちなみに琉球神話のアマミキヨとシネリキヨはこのニライカナイから来たともされています。

『ツバサ-WoRLD CHRoNiCLE ニライカナイ編』CLAMP／講談社

6 - 12

# 朝鮮神話の始祖の物語

## 最強の雷神の子が熊と結婚する建国神話！

朝鮮半島に伝わる「朝鮮神話」。その建国神話である「檀君《だんくん》神話」をここで紹介しましょう。檀君神話が書かれているのは、13世紀頃に記された史書『三国遺事《さんごくいじ》』。この神話の主人公は、「桓雄《かんゆう》」という人物で、仏教の帝釈天P207およびインド神話のインドラP72にあたる神「桓因《かんいん》」の息子でした。**血統がすでに最強。**

そんな桓雄はあるとき、人間界に興味を持ちます。そして、父の桓因から「天符印」と呼ばれる3つの宝物を授かると、3000の部下を引き連れて天を降り、韓国東部にある霊山「太白山《たいはくさん》」の頂に降り立ちました。それから桓雄は人間界をしっかりと治めます。**さすが神の子、優秀です。**

そんな折に桓雄は、洞窟に棲む熊と虎に「どうか人間にしてください」と懇願されます。すると桓雄は、熊と虎に1束のもぐさと20個のニンニクを与えて「100日間、これだけを食べて、光を見るな」と教えました。**どういう方法？** 2匹のうち熊だけが洞窟でその試練に耐え、見事に人間の女となりました。**そして熊女は桓雄との間に子どもをもうけ、この子どもこそ、古代朝鮮の伝説の初代王「檀君」でした。** 国家の始祖が神の子とされるのは、神話あるあるですね。

### 読み解きのカギ

**韓国伝承をMMOで！**

美しいグラフィックで戦闘や生活など様々な遊び方が可能な人気MMORPG『黒い砂漠』。2023年6月に朝鮮時代の韓国をコンセプトとした地域「朝の国」が追加されました。朝の国のボスは韓国伝承で語られる妖怪や霊たちで、9尾の狐「九尾狐（クミホ）」や、未婚の女性の幽霊「ソンカクシ」、鬼の「ドケビ」などが登場します。あまり知られていない伝承に触れる良い機会になるかも！

6 - 13

# 謎多きスラヴ神話

## 自然の中に見出された神々の断片的な記録！

中欧・東欧に暮らす「スラヴ人」たちの神話が「スラヴ神話」です。そんなスラヴ神話の情報は非常に断片的。かつてスラヴ人は文字を持っていなかったので、資料がほとんど残されていないんです。**謎多き神話！** しかし、キリスト教の修道僧や地理学者が残した〝外部の記録〟によって、スラヴ神話の痕跡を辿ることはできるそう。

古代のスラヴ人は、自然の中に神々を見出していました。例えば天の神スヴァローグや太陽神ダジボーグ、そして雷神ペルーンなどなど。他の多くの神話と同じく、自然崇拝がベースの多神教だったワケですね。

また、スラヴ神話には「善悪二元論」の構造も見られます。**善神ベロボーグ（白い神）と悪神チェルノボーグ（黒い神）が対立している、という記述が残されているんです。** 光と闇の戦い……**カッコよすぎる！** ちなみに、ウクライナでは「チェルノボーグに殺されてしまえ！」という罵倒表現があるそう。**「地獄に落ちろ！」のスラヴバージョン？**

残念ながら、ペルーンなどの自然神たちは、キリスト教の広まりと共に姿を消してしまいました。仕方のないこととは言え、土着の信仰が消えてしまうのは悲しいですね。

**読み解きのカギ**

### 魔女の名を持つ殺し屋

2023年には第４作目が公開された人気アクション映画『ジョン・ウィック』シリーズ。引退した伝説の殺し屋ジョン・ウィックは亡き妻が残した子犬を殺した者たちに復讐するため、再び裏社会に乗り込んでいく……という物語。キアヌ・リーブスが演じる主人公が敵を薙ぎ倒していくキルアクションがカッコよすぎる！　作中でジョン・ウィックは「ババヤガ」と呼ばれて恐れられています。ババヤガはスラヴ伝承に登場する魔女のことで、子どもを取って喰らう恐ろしさと、礼儀正しい者を助ける頼もしさを併せ持つ存在。裏社会で悪人を皆殺しにするジョン・ウィックにぴったり⁉

6 - 14

# 北米先住民族の神話がユニークすぎる

## 全ての生き物は、1匹のクモによって創造された!?

北米の先住民族、ネイティブ・アメリカンには部族ごとに様々な神話が伝えられました。これらの神話は、クモやコヨーテといった生き物が主役として登場するなど、非常にユニーク。例えば、ニューメキシコ州のシイア族の神話では、「スッシイスティナコ」というクモが全ての生物の創造者だとされています。**我々の祖先はクモ!?**

実はこの神話は、「火」の起源を語るものでもあります。クモのスッシイスティナコは火をおこしますが、なんとこの火を地下に隠してしまい、見張りに蛇やジャガー、クマを置きました。**これによって火を持てなかった人間は、コヨーテに火を盗むように依頼。**合点承知のコヨーテは、真夜中にクモの館に潜入します。すると幸運にも見張りはおろかクモすらも眠っていて、コヨーテは尻尾につけたセイヨウスギに火を移し、地上に帰還したのでした。**可愛い。**

また、ネイティブ・アメリカンと聞いて、「精霊」や「シャーマン」をイメージする人も多いかも。実際に「ホピ族」などでは「カチナ」という精霊が信じられ、カチナは神と人間を仲介し、人々を助け導いてくれるのだそう。カチナの種類はなんと300～400もあるとも言われます。**頼もしすぎる!**

### 読み解きのカギ

**少年少女を誘ったのは…**

そのシリアスな展開から「鬱漫画」として名高い漫画『ぼくらの』。15人の少年少女が「自らの命」を代償に巨大ロボット「ジアース」に搭乗し、地球を守るための死闘に身を投じることになり……という物語。作中で、少年少女を恐ろしい戦いへと誘った人物の名前「ココペリ」は、北米伝承に登場する「カチナ」の一種のことであり、安住の地を探す人類の先導者だとされています。作中でのココペリの役割を考えると……皮肉にも思える素晴らしいネーミングですね。

『ぼくらの』鬼頭莫宏／小学館

# 島々の創造を語るポリネシア神話

## 南国の島々に伝わる、神と英雄が世界を創る物語！

南太平洋のハワイ、ニュージーランド、イースター島を結ぶ三角形に囲まれた地域「ポリネシア」。ポリネシアに浮かぶ多くの島々ではそれぞれ独自の神話が語り継がれていて、総称してポリネシア神話と呼ばれています。

そんなポリネシア全域では、世界は神タンガロアによって創造された、と語られています。タンガロアは岩を投げて島々を作りました。**すると使いの鳥が「島に日陰がないですね」と漏らしたため、タンガロアは「人間の蔓《つる》」を植えるように命じます。**この蔓が成長して人間が誕生したそう。**人間は「考える葦」ならぬ「考える蔓」だった？**

ポリネシア神話には他にも、半神半人の英雄マウイによる創世神話が伝えられています。マウイの時代にはまだ、天と地がくっついたままでした。そのため、太陽が超スピードで移動し、昼が短かったそう。そこでマウイは、空を持ち上げて天地を分かち、天に星々を並べます。さらに火をもたらし、島の生物たちまで創りました。**ありがたすぎる！** そんなマウイですが、不死を手に入れるべく、祖母である冥界の女神、「ヒネ・ヌイ・テ・ポ」の体内に入り込もうとしますが、失敗して死んでしまうのでした。

### 読み解きのカギ

#### 映画『モアナと伝説の海』

ポリネシアが舞台のディズニー映画『モアナと伝説の海』。海に選ばれた少女モアナは、伝説の英雄マウイを見つけ出して島を救うために、禁じられた大海原へと漕ぎ出していく……という物語。作中に登場する半神半人の英雄マウイは、もちろんポリネシア神話のマウイから。特にハワイでは、マウイは「魔法の釣り針」でハワイ諸島を海底から釣り上げた、と伝えられています。この神話をもとにして、作中のマウイは「様々な生き物に変身できる魔法の釣り針」を持っていると考えられますね。

# アフリカ大陸の諸神話が独特すぎる

## カマキリやカメレオンが活躍する、個性的すぎる神話！

アフリカ大陸の各地に暮らす部族では、様々な神話が語られました。その中から、アフリカ南部のカラハリ砂漠に住む「サン族」の神話を紹介しましょう。

この神話では、世界を創造したとされるのは、なんとカマキリの「カゲン（ツァッゲン）」でした。**独特すぎる！** さらに、**原初では人間はみな動物であり、このカゲンの力によって人間になることができたといいます。** そんなカゲンは家族想いで、家出した自分の娘と共に暮らしていた蛇の一族を、大洪水で滅ぼしたとされます。**やりすぎ!?**

他にも、中央アフリカの「ピグミー族」の神話もユニークで、なんとカメレオンが主人公。ある時カメレオンは木の中から鳥の声が聞こえ、その幹を割りました。すると大洪水が起き、水の中からピグミー族の祖となる男女が誕生したそう。**超展開の連続。** 動物たちが活躍するという点で、P162ネイティブ・アメリカンの神話にも共通していますね。

### 読み解きのカギ

#### オニャンコポンは天空神

人間を喰らう「巨人」と、巨大な壁の内側に生きる人間たちの戦いを描いた大人気漫画『進撃の巨人』。物語の後半で登場するのが、飛行船の操縦士である黒人の青年「オニャンコポン」です。日本語では可愛らしい響きに聞こえますが、オニャンコポンとはガーナの「アシャンティ族」の神話に登場する天空神の名前なんです。飛行船の操縦士にはぴったりの名前かも？

『進撃の巨人』諫山創／講談社

6-17

# 作家たちが作ったクトゥルフ神話

## 宇宙から来た支配者たちの恐怖を描く、現代の創作神話！

古くから語られた神話と対比して、「現代に生まれた新たな神話」と言われるのが「クトゥルフ神話」。クトゥルフ神話の始まりとなったのは、アメリカの小説家、H・P・ラヴクラフトが20世紀初頭に執筆した怪奇小説群です。その設定を、後の作家たちが受け継ぎ、体系化していった架空の「創作神話」なんです。古来の神話とは、そもそもの成り立ちも性質も全く異なるというワケ。

そんなクトゥルフ神話では主に、かつて地上を支配していた邪神「旧支配者」たちが現代に蘇る……という恐怖が描かれます。**この恐怖体験は、人間の理解の範疇を超えた「宇宙的恐怖（コズミック・ホラー）」と呼ばれるもの。**タイトルにある「クトゥルフ」も旧支配者の1柱である邪神。タコに似た顔や、コウモリのような翼を持つ恐ろしい怪物で、古代に宇宙から到来したとされます。

その独特かつ練られた設定が愛され、クトゥルフ神話を題材とした対話型ゲームの「TRPG（テーブルトーク・RPG）」は現在でも広く人気を博しています。TRPG動画や、クトゥルフ神話の要素を取り入れたライトノベル&アニメ『這いよれ！ニャル子さん』で知った方も多いかも？

### 読み解きのカギ

**TRPGが大人気！**

「クトゥルフ神話 TRPG」の細かなルールや簡単なシナリオが書かれた『新クトゥルフ神話 TRPG ルールブック』。進行役である「キーパー」の指示に従いつつ、参加者である「探索者」たちは設定したキャラクターを演じながら、会話形式でシナリオを進めていきます。発想次第であらゆる展開が考えられる自由度の高さが特徴の1つで、どんな結末を迎えるのかはアイデアと運次第。くれぐれも「正気度」の低下には気を付けて……！

『新クトゥルフ神話 TRPG ルールブック』サンディ・ピーターセン（著）、ポール・フリッカー（著）、マイク・メイソン（著）ほか、坂本 雅之（アーカム・メンバーズ：翻訳）／KADOKAWA

## ケルト神話の王権の女神と現代日本のライトノベル①

ケルトの神話では、王は女神によって選ばれることになっています。例えば次のような話があります。

5人の王子が森で鹿狩りをしていて道に迷う。王子たちが小屋を見つけて中に入ってみると、そこには食べ物と飲み物が豊富に用意されている。その家には醜い老婆がいて、自分と床を共にするなら泊めてやろうと言う。上の4人の王子は断るが、一番下の王子が条件を受け入れ、老婆とともに寝台に行く。すると老婆は絶世の美女に姿を変えて、「私は王権の女神です。次の王位はあなたのものになるでしょう」と言う。

この話は、王権は女神によって体現されており、この女神は同時に支配領域である大地の表れでもあることを示しています。老いた王の悪政により荒廃した大地が、次の年若い王の善政で繁栄することを表しているのです。

さて、現代日本において、この「王権の女神」の神話を復活させた分野があります。それは女性向けのライトノベルの領域です。**ライトノベルは、舞台がファンタジー世界であることも多いため、神話ときわめて親和性が高いのです。**例えば次のような話があります。

砂城『蹴落とされ聖女は極上王子に拾われる』（アルファポリス、2020）では、主人公の女子大学生が異世界に突然送り込まれ、そこで出会った中年男性に恋をして、半ば無理やりに関係を持つ。すると中年男性は若々しい青年に姿を変える。この青年は実は王国の王子であって、予言者により姿を変えられていたのであった。若い女性との交わりによってその呪いから解き放たれた王子は彼女を国に連れ帰り、彼女は歓迎されて王子と結婚する。

老婆から美女に変身する王権の女神と、中年男性からキラキラの青年に姿を変える王子。男女の性別と役割が反転していますが、このような反転構造は物語にはよくあることです。王権にかかわる物語に、どちらも「**若返り**」というモチーフが伴っています。このことから、若い女性は神話の王権の女神の役割を引き継いでいると考えられます。王子を次代の王と認めて選ぶ役割を果たしているのです。

このように、古い神話と現代のライトノベルなどのサブカルチャーは似ているところが多くみられます。第7、8章コラムでも、具体例を挙げながら検証してみましょう。

第 7 章

# ユダヤ教・キリスト教

世界で最も信者が多いとされる宗教が「キリスト教」であり、その前身となったのが「ユダヤ教」です。2つの宗教は共に『旧約聖書(タナハ)』を正典とする一方で、『新約聖書』を正典とするのはキリスト教のみ。すでにややこしいですが、第7章では、そんな『聖書』の全体像がつかめるように、重要な項目を順に紹介します! もちろん『新世紀エヴァンゲリオン』や『七つの大罪』など、ユダヤ教・キリスト教がモチーフの名作もたくさん。ちなみに『旧約聖書』の「イスラエルの民」と「ユダヤ人」と「ヘブライ人」はほぼ同義であり、呼称する立場などによって異なります。

7-1

# 『旧約聖書』って何？

## ユダヤ教とキリスト教の正典に、イスラエルの民の歴史が語られる！

「キリスト教」の正典といえば、分厚い『聖書』。この『聖書』には2種類あり、1つはイスラエルの民の歴史などが描かれた『旧約聖書』、もう1つが救世主「イエス・キリスト」が登場する『新約聖書』です。しかし、この「旧約」「新約」という呼び方は、キリスト教的視点のもの。**キリスト教の前身である「ユダヤ教」は『旧約聖書』のみを正典としていて、『タナハ』や『ミクラー』などと呼ばれます。**

そんな『旧約聖書』の序盤のエピソードは、「神による天地創造」P170「アダムとエバの失楽園」P174「ノアの方舟」など……超有名なものばかり！　かなりざっくりと言えば、その後、大洪水を生き延びたノアの子孫である人類の話へと移っていき、預言者モーセがイスラエルの民を導いてエジプトを脱出するP178『出エジプト』や、古代イスラエル王国のP180「ダビデ王」の英雄譚などが続きます（ホントにものすごい文量なので、これらは全体のほんの一部です……！）。

さて、『旧約聖書』は、イスラエルの民の歴史を語る書物です。**イスラエルの民は神と契約を結び、「神の律法を守ることで救われる」として導かれます。**この律法には、信仰や日常生活で守るべきルールが厳格に定められています。ユダヤ教は「ルール絶対厳守の宗教」と言えるかも。

キリスト教ではこれを「神との古い契約」と考え、「旧約」と呼びます。対する「新約」とは、「救世主イエスを通して結ばれた神との新しい契約」のこと。『新約聖書』をあわせて正典とするキリスト教では、イエスの教えもまた重要というワケ。**2つの聖書の違い、ちょっとややこしい！**

ちなみに『旧約聖書』では、「ダビデ王の子孫に救世主（メシア）が現れ、人類を救う王となる」と語られています。そして『新約聖書』では、「イエスこそが救世主だ」とされているんです。**聖書のアンサーソング？**

## 関連知識

「文語訳 旧約聖書 I 律法」／岩波書店

### 『旧約聖書』の最初の５つの書

『旧約聖書』は数多くの書が連なって構成されています。その最初の５つの書である『創世記』『出エジプト記』『レビ記』『民数記』『申命記』はモーセが書いたとされ、「モーセ５書」と呼ばれて特に重要視されています。以下にその構成をざっくりとまとめてみましたが……これだけでもものすごい文量であることがわかるはず！

## 関連知識

### 『旧約聖書』の「モーセ５書」のざっくり構成（※教派によって諸説あり）

| | | |
|---|---|---|
| 創世記（全 50 章） | 天地創造 | 神が天地を創造する。 |
| | ➡P170 失楽園 | 最初の人類アダムとエバが楽園を追放される。 |
| | ➡P172 カインとアベル | アダムとエバの子カインが、弟アベルを殺害する。 |
| | ➡P174 ノアの方舟 | 神が大洪水を起こし、ノアとその家族、動物たちだけが方舟に乗って助かる。 |
| | ➡P176 バベルの塔 | 天に届く塔を造ろうとした人々が、神によって言語を乱される。 |
| | ➡P176 アブラハム・イサク・ヤコブの物語 | 父祖アブラハムと、息子イサク、孫ヤコブの物語。堕落した町ソドムとゴモラが神に滅ぼされる。ヤコブは、神（あるいは天使）と格闘して勝利する。 |
| | ヨセフの物語 | エジプトに売られ監獄に収監されたヨセフが、宰相にまで上り詰める。 |
| 出エジプト記（全 40 章） | ➡P178 10 の災いと出エジプト | 神がファラオに 10 の災いを起こし、モーセがイスラエルの民のエジプト脱出を導く。 |
| | ➡P178 モーセの十戒とシナイ山到達 | イスラエルの民を導き「約束の地」を目指すモーセが、シナイ山で神と契約し、「十戒」を授けられる。 |
| レビ記（全 27 章） | 祭司のための規定集 | 清浄なものと不浄なものの区別や、捧げものの執行に関する詳細をまとめた規定集。 |
| | 民のための規定集 | 厭うべき性的な関係、安息日の厳守、偶像崇拝の禁止など生活に関わる規定集。 |
| 民数記（全 36 章） | シナイ山での契約や人口調査 | 出エジプトの数年後、シナイの荒野でイスラエルの民の人口調査が行われる。 |
| | 行軍・モアブ到着や掟など | モーセの兄アロンが活躍する、民が異教の神々を拝む、など行軍中に起きた物語。 |
| 申命記（全 34 章） | モアブでの３つの説話 | 新たに結ばれた神の契約や、モーセがネボ山に登った逸話など、モアブでの物語。 |
| | モーセの死 | モーセがネボ山の頂に座り、約束の地を目前に生涯を終える。 |
| モーセ５書以降に続く…… | | |

7-2

# アダムとエバの失楽園から始まった

## 最初に生まれた男女は、蛇に唆されて木の実を食べる！

ここからは長大な『旧約聖書』の最初の書『創世記』の中から、重要な部分をかいつまんで紹介しましょう。まずは最初の人類「アダムとエバ」の物語から。「エバ」は、「イヴ」の呼び方で親しんでいる人も多いかもしれません。

それは、神によって天地が創造された後のこと。神は大地の塵から最初の男性アダムを創造し、彼に「エデンの園」を与えます。その楽園で暮らしていたアダムは、神からこんな忠告を受けました。「『善悪の知識の木』の実だけは食べてはならない。食べると必ず死んでしまうのだ」と。

**見るなのタブーならぬ、食べるなのタブー！**

それから神は「アダムが1人でいるのは良くない」と、アダムのあばら骨を抜き取り（**痛そう！**）、最初の女性エバを創りました。こうして揃った最初の男女が暮らしていたある日、楽園で最も狡猾な生き物である蛇がエバに声を掛けます。**蛇は「善悪の知識の木の実を食べても、別に死ぬことはない。神のように善悪を知るだけだぞ」と言って、エバに木の実を食べるように唆しました。**エバは好奇心に負けて木の実を食べてしまい、さらにアダムにも食べるように勧めます。**こうしてしっかり共犯に……。**2人は木の実を食べて善悪の知識（知恵）を得ると、裸体が突然恥ずかしくなり、腰をイチジクの葉で覆います。すると神が現れ、彼らが木の実を食べたことを知って激怒。そしてアダムには「労働の苦しみ」を、エバには「出産の苦しみ」を与え楽園から追い出すのでした。これが有名な「失楽園」の物語。そして、キリスト教では、2人が神に背いて実を食べたことを人類最初の罪である「原罪」と考えました。

ちなみに、善悪の知識の木の隣には、実を食べれば永遠の命を得る「生命の樹」がありました。しかし、この一件以降、木に続く道は閉ざされてしまいます。こっちの実を食べていたら人類は不死だったかも？

## 関連知識

アダムとエバの叱責／メトロポリタン美術館蔵

### 神に叱られるアダムとエバ

18世紀の絵画『アダムとエバの叱責』には、神に謝るアダムと、悲しみに暮れるエバが描かれています。2人の反省と後悔が伝わってくる1枚です。ちなみに、2人が食べた木の実は「林檎《りんご》」であるというイメージが一般的に広まっていますが、『旧約聖書』に林檎と明確に書かれているワケではありません。ジョン・ミルトンによる17世紀の叙事詩『失楽園』でこの実が林檎として描かれたことなどをきっかけに、後世に定着したイメージなんだそう。本当は別の果実だったのかも？

## 読み解きのカギ

### 知恵の実を持つ人類と、生命の実を持つ使徒

1995年のTVシリーズ放送で社会現象を巻き起こした『新世紀エヴァンゲリオン』。2007年からは『ヱヴァンゲリヲン新劇場版』シリーズとして再始動し、それぞれ大ヒットを記録。TVシリーズから新劇場版まで、シリーズ全体を通して、作中には聖書やキリスト教にまつわるのではと考察されている用語が盛りだくさんです。例えば、人類は「知恵の実」を持っている一方で、敵である使徒は「生命の実」を持っていると語られ、これが物語の重要な鍵となります。このことから、失楽園の物語をベースにしているのでは、とも言われていますね。

7-3

# カインとアベル、人類最初の殺人

## 些細なきっかけで起きてしまった悲劇……!

楽園を後にしたアダムとエバ。2人の間には「カイン」と「アベル」という兄弟が生まれました。これは、そんな2人の兄弟の間におきた諍いと殺人の物語です。

やがて成長すると、兄カインは農夫に、弟アベルは羊飼いになりました。そんなある日、神への供え物として、カインは作物を、アベルは肥えた仔羊をそれぞれ捧げます。すると神は、カインが捧げた作物には見向きもしない一方で、アベルの仔羊には大層喜びました。**なんで!?** カインはこれに「弟だけがなぜ!」と怒りを募らせ、ひどく嫉妬します。そしてカインは、野原にアベルを連れ出して、なんと殺してしまいました。聖書ではこれが「人類最初の殺人」とされています。些細なきっかけと嫉妬から事件が起きてしまうのは、今も昔も変わらないみたいです……。

しかしこの「弟殺し」は、全て神に見られていました。神がカインにアベルの行方を問うと、カインは「私は弟の番人でしょうか?」とはぐらかします。すると神は「あなたの弟の血が土の中から叫んでいるのだ」と語り、殺人を起こしたことを見抜いていると伝えます。**これ以降、カインは作物を得ることができなくなり、地上の放浪者となることを余儀なくされるのでした。** カインが「私を見た者は、きっと私を殺すでしょう……」と言うと、神はこれを憐れみ、カインが誰かに殺されることのないよう、彼に「しるし」を付けたそう。**追放しつつも愛を絶やさない神。**

カインはその後、エデンの園の東にある「ノド(さすらい)」に移り住み、街を建てたとも語られます。さらに妻をもらって子どもをもうけ、その遠い子孫には、鍛冶師の祖トバルカインや音楽家の始祖ユバルなどが現れたそう。

「嫉妬が原因となった兄弟殺し」P126のテーマは、エジプト神話にも見られましたね。近しい者を憎く思う気持ちは、抑えるのが難しいものなのかもしれません……。

（左）カインがアベルを殺す（複製）／メトロポリタン美術館蔵　（右）アベルを殺した後に逃げるカイン（複製）／メトロポリタン美術館蔵

## 関連知識

### アベルを殺そうとするカイン

聖書に記された人類史上最初の殺人、カインがアベルを殺そうとしている場面が生々しく描かれています。多くの巨匠によって、この場面は様々な絵画に描かれています。人類最初の殺人の物語は、画家たちのインスピレーションを大きく刺激したのかもしれませんね。

## 読み解きのカギ

### 父の愛を欲する息子の物語

同名小説を原作として1955年に公開された名作映画『エデンの東』。農場を営む父アダムには双子の息子がいたが、父は温厚な兄アーロンばかりを可愛がり、問題児の弟キャルに厳しく接していた。孤独なキャルは家族との確執に苦悩し……という物語。カインとアベルの物語がモチーフであり、タイトルの「エデンの東」はまさにカインが追放後に移り住んだ場所のこと。兄のように父に愛されたいと願うキャルがどんな結末を迎えるのか……必見です！

## 読み解きのカギ

### 「おれは　しょうき　にもどった！」

人気ゲーム『FINAL FANTASY』シリーズのナンバリング第４作目の『FF Ⅳ』。作中の重要人物が、世界を救う旅をすることになった「セシル」と、その親友である竜騎士の「カイン」。カインはセシルの恋人に密かに恋をしているんですが、その嫉妬心を利用されて敵に操られてしまい、何度もセシルを裏切ります。「嫉妬によって親友を裏切る」という性格は、やはり『旧約聖書』のカインから来ています。作中のカインの「おれは　しょうきに　もどった！」という名セリフ（？）が最高！

7-4

# 滅ぼされる人類とノアの方舟

## 大洪水を生き延びたノアは、新たな人類の始祖となる！

弟アベルが殺され、兄カインが追放された後、両親のアダムとエバの間には3男の「セト（セツ）」が生まれました。このセトの遠い子孫にあたるのが、大洪水の物語「ノアの方舟」の主人公ノアでした。それはこんなお話。

アダムとエバを始祖とした人類は、地上でどんどん数を増やしていきました。すると次第に悪が蔓延していき、神は人間を創ったことを後悔します。そこで神は、堕落した人類を滅ぼそうと思い立ち、「大洪水」を起こすことに決めました。**人類、いつの時代も愚かすぎる……！**

しかし、全人類が堕落する中でも、ノアだけは神に忠実で正しい心を持っていました。**神はそんなノアを救うことに決め、「方舟を作り、家族と全ての動物のつがいを乗せよ」と命じました。**早速その通りにするノア。そして大洪水は神の預言の通りに始まり、40日と40夜にわたって続きました。地上は大水に覆い尽くされ、人類はノアとその家族を除いて滅亡してしまいます。**まさに人類のリセット。**

やがて水が引き始めると、方舟はトルコの東端にある「アララト山」の頂に引っかかり、漂着します。現在でも、アララト山は「方舟が行きついた場所」として信仰の対象となっていますね。さて、ノアは水の引き具合を確かめるべく、方舟から3回にわたってハトを放ち、3回目にしてようやくハトは帰ってこなくなりました。これはつまり、水が引いて陸地が現れているというワケ。ちなみに水が完全に乾いたのは、ノアがなんと601歳の頃の2月27日なんだそう。**この時代の人類はめちゃくちゃ長生き。**

ノアは神の指示を受けて、方舟から出ます。そして、神は「二度と洪水を起こさない」という契約をノアと交わしたのでした。もしノアすらも堕落していたら、大洪水で人類は滅亡していました。人類滅亡を防ぐ最後の1人になるべく、堕落しないように心がけましょう！

## 関連知識

### 方舟に入っていく動物たち

「ノアの方舟」を描いた宗教画は数多く残されています。船の前につがいで並ぶ動物たち、かなり行儀が良いです。ちなみに、聖書正典には含まれなかった偽典『エノク書』には、人類が堕落した原因について、「『エグリゴリ（グリゴリ）』と呼ばれる200人の堕天使たちが人類に鍛冶や化粧、魔術や天文学などの知恵をもたらしたこと」と語られています。文化の発展によって人類が堕落してしまうというのは……なんとも皮肉な話ですね。

ノアの方舟からの脱出／メトロポリタン美術館蔵

## 読み解きのカギ

### 沈みゆく方舟の殺人事件

2022年に発表された本格ミステリ小説『方舟』。山奥にある地下施設「方舟」に閉じ込められた10人。徐々に水没していく施設で殺人が起きてしまい、犯人を探しつつ脱出を目指すことになり……という物語。作中では皮肉にも、方舟の中が水にのみ込まれていってしまいます。犯人は誰なのか。そして、誰が助かるのか——気になる方は、ぜひその衝撃のラストを見届けてみてください！　ちなみに続編として2023年にミステリ小説『十戒』が発表されていて、こちらはモーセ➡P178の十戒をモチーフとしています。

『方舟』夕木春央／講談社

## 読み解きのカギ

### 人工知能ノアズアークの目的は？

人気漫画＆アニメシリーズ『名探偵コナン』の映画作品の第6作目『名探偵コナン ベイカー街の亡霊』。コナンたちは、招待された仮想体験ゲーム「コクーン」の発表会でコクーンに閉じ込められ、人工知能に乗っ取られたゲームをクリアしないと出られなくなってしまいます。作中に登場する人工知能の名前は、「ノアの方舟」を意味する「ノアズアーク」。ノアズアークが「日本のリセットが目的だ」と語る部分は、まさに人類滅亡の大洪水になぞらえられています。現実の殺人事件と、ゲーム内の事件、そしてノアズアークの真意とは!?　これ、めちゃくちゃ面白いです。

7-5

# 天まで届くバベルの塔

## 天を目指して建てられた塔と、神に挑んだ人間……！

大洪水を生き延びたノアの息子たち「セム」「ハム」「ヤフェト」から、人類は再び増えていきました。そして人々は、メソポタミアの「シンアル」という地に定住します。すると街の人々は次第に自分たちの力を過信し始め、やがて「天まで届く塔を建てよう」と考えます。そう、あの「バベルの塔」の物語です。**ここでも人類はやらかします……。**

塔の建設は、神の領域に踏み込む挑戦的な行為でした。もちろん、神がそんなことを許すはずもありません。**神は「人々が単一の言語で話すことが原因だ」と考え、人々の言葉を乱し、互いに会話できないようにしてしまいます。**これによって人々は塔の建設を止めることになり、様々な地に散っていきました。世界中に様々な言語がある理由を、この物語で説明している、というワケですね。

このとき街は「バベル」と名付けられましたが、これはヘブライ語で「混乱」を意味する「バラル」から来ている、と『旧約聖書』では語られています。しかし、メソポタミアの古代都市「バビロン」の名に由来しているという説もあるそう。確かに似ていますね。

バベルの塔の後、物語はイスラエルの民の成り立ちへと移っていきます。まず神から啓示を受けた最初の預言者「アブラハム（アブラム）」が現れます。このアブラハムの孫「ヤコブ」があるとき川を渡ろうとすると、謎の人物が現れ、２人は格闘することになります。**突然の戦い！**

夜明けが近付き、相手が「もう離してくれ」と願うと、ヤコブは「祝福をくれるまでは離しません」と食い下がります。すると、謎の人物はヤコブに「イスラエル（神と闘う）」という名を授けました。そう、謎の人物は「神（または天使）」だったんです。こうしてヤコブがイスラエルの民の始祖となり12人の息子たちは「イスラエル12部族」の祖となりました。神と力比べをするヤコブ……**強すぎない？**

バベルの塔／メトロポリタン美術館蔵

関連知識

## バベルの塔のモデルはバビロニアのジッグラト？

16世紀のオランダ（ブラバント公国）の画家ピーテル・ブリューゲルが描いた名画『バベルの塔』は、多くの画家たちに模写されました。この「バベルの塔」の起源について、古代メソポタミアにあるという説があります。それによると、新バビロニア王国の時代に完成したピラミッド状の聖塔「ジッグラト」、「エ・テメン・アン・キ」がバベルの塔のモデルだと考えられているそう。エ・テメン・アン・キはバビロニア神話の最高神「マルドゥク」を祀るものであり、ユダヤ教にとっての「異教」の宗教建築が、「神に罰せられた愚かな塔」に言い換えられた、というワケ。なかなか巧妙です。

読み解きのカギ

## 理解を阻む言葉の壁

2006年に公開された映画『バベル』。モロッコを旅行中のアメリカ人夫婦の妻が銃で撃たれてしまい、言葉の通じない村で救助を待つことになり……という事件から始まり、日本に住む耳の聞こえない女子高生や、息子の結婚式のためにメキシコに向かう家政婦など、離れた場所の人々が描かれる群像劇。「言葉の壁」がテーマであり、人々が互いに理解し合うことの難しさが描かれます。「神によって作られた言葉の壁」を越えるためには何が必要なのか、考えさせられますね。

7-6

# モーセの出エジプトと約束の地

## 『旧約聖書』最大の預言者は海を割り、十戒を授かる！

『創世記』の次に位置する書が『出エジプト記』です。『出エジプト記』では、預言者「モーセ」が、イスラエルの民を率いてエジプトを脱出する物語が描かれます。

実はこのころ、イスラエルの民は飢饉から逃れてエジプトに移り住んでいました。しかし、エジプトのファラオ（王）の命令で、イスラエルの民は奴隷となり、さらに新たに生まれるイスラエルの男児を皆殺しにするように勅命が下ります。そんなエジプトで生まれた男児のモーセは、ナイル川に流されたところをファラオの娘に助けられ、養育されます。**まさに奇跡的に生き延びた男児！**

成人したモーセはファラオから逃げて、羊飼いをしていました。そんなあるとき、モーセは「イスラエルの民を連れてエジプトを脱出し、『約束の地カナン』を目指しなさい」という神のお告げを受けます。モーセは早速ファラオにイスラエルの民の解放を願いますが、ファラオはこれを拒絶。すると神は恐ろしい「10の災い」をもたらし、エジプト中が大混乱に。これでようやくファラオは首を縦に振り、モーセはイスラエルの民と共にエジプトを発ったんです。

カナンを目指すモーセ一行ですが、「葦の海」を渡る手段がなく立ち往生に。**しかし、神に命じられるままモーセが杖を振り上げると、なんと海が2つに割れ、イスラエルの民は海を渡ることができたのでした。**有名な「モーセの海割り」の奇跡ですね。その後、モーセは「シナイ山」の頂で神と契約し、守るべき10の戒律「十戒」を与えられるのでした。以降もモーセたちの旅は続きますが、モーセはカナンの地を目前にして亡くなります。ここで『モーセ5書』の最後『申命記』は終わりを迎えるのでした。

ちなみに続く『ヨシュア記』では、新たな指導者「ヨシュア」がカナンの地をついに征服し、イスラエルの民によって土地が分配される様子などが描かれています。

## 関連知識

### モーセの十戒と石板

『出エジプト記』では、モーセは十戒が刻まれた２枚の石板を授かったと語られています。この十戒には「偶像を作ってはならない」という戒律がありました。しかし、モーセが山に登っている間に、モーセの兄アロンは人々に命じられて「金の子牛の偶像」を作ってしまいます。あれま。十戒を破ってしまった罰は厳しく、神はイスラエルの民を滅ぼそうとします。そこでモーセは神をなんとか説得し、山から下りた後に金の子牛と石板を破壊したとされています。十戒を守ることがいかに大切かわかりますね。

モーセ／メトロポリタン美術館蔵

絵画に描かれるローマ神話のミネルヴァとフクロウ

## 読み解きのカギ

### 孤児院からの脱出を目指せ！

人気漫画『約束のネバーランド』。親のいない子どものための孤児院で暮らす主人公の少女エマはある日、孤児院の真の目的を知ってしまい、友人たちと共に閉ざされた孤児院からの脱出を目指す……という物語。エマが皆を導いて脱出を試みる姿は、モーセがイスラエルの民を約束の地へと導く「出エジプト」を彷彿とさせます。また、林檎《りんご》がたびたび描かれるなど失楽園を彷彿とさせる描写もあり、『旧約聖書』とのつながりがよく考察されますね。さらに、フクロウの刻印によって子どもたちにメッセージを送る謎の人物ミネルヴァは、ローマ神話の知恵の女神ミネルヴァがフクロウを従えていることになぞらえられています。『ピーター・パン』といった古典の影響も見られるので、ぜひご一読を！

7-7

# ダビデとゴリアテの一騎打ち

## 羊飼いの美少年は巨人殺しを為して、イスラエルの王となる！

ヨシュアが亡くなって以降、『旧約聖書』では、定住したイスラエルの民の戦争と治政の歴史が主に語られます。この中で様々な人物が活躍するんですが、特に重要なのが、イスラエルの伝説的な王ダビデです。そう、ミケランジェロ作の裸の彫刻「ダビデ像」で有名なあの人です。

そんなダビデの物語が記されているのは『旧約聖書』の『サムエル記』と『列王記』。羊飼いだったダビデは、あるとき竪琴の腕前を見込まれて、イスラエル王国の初代王「サウル」に仕えることに。サウル王は悪霊に苦しめられていて、その苦しみを和らげることができたのは、ダビデが奏でる竪琴だけだったんです。しかも、ダビデは勇敢かつ美少年と評判でした。**完璧すぎる！**

そのころ、イスラエル王国は「ペリシテ人」と戦争をしていました。ペリシテ人の軍には、身長が3メートル弱もあった「ゴリアテ」という戦士がいて、イスラエル軍は彼に恐れをなしていました。そんなあるとき、届け物をするために戦地を訪れたダビデは、ゴリアテの噂を耳にします。そしてなんと「私に戦わせてほしい」とサウル王に直談判。了承を受けてゴリアテとの一騎討ちに向かいます。

しかし、**ダビデは鎧と剣を身につけず、持ち物は「5つの石を入れた投石袋」と「杖」だけ。RPGの初期装備レベル！** そんなダビデを見たゴリアテは当然侮りますが、ダビデは「私は万軍の主の名によってお前に立ち向かう！」と啖呵《たんか》を切ります。いざ戦いになると、ダビデは投石袋を使って、ゴリアテに向かって石を巧みに投げ飛ばしました。すると石はゴリアテの額にめり込み、見事にノックアウト。倒れたゴリアテの首を切り落とすと、ペリシテ人の軍勢は総崩れするのでした。**とんでもない英雄です。**

ダビデはその後、イスラエル王国の2代目の王となり、エルサレムを中心に国家を繁栄させました。

（左）ダビデとゴリアテの戦いを描いたプレート／メトロポリタン美術館蔵　（右）ゴリアテの首を持つダビデ／メトロポリタン美術館蔵



## 関連知識

### ゴリアテに立ち向かうダビデ

英雄ダビデと異国の巨人兵ゴリアテの戦いが描かれています。『サムエル記』によると、ゴリアテは青銅の兜や鎧、脛当てや投げ槍を装備していたそう。到底勝てそうには思えない体格差と装備差です……。少年時代から戦士だったゴリアテは、まさか羊飼いのダビデに殺されるとは思ってもいなかったでしょう。ちなみに『旧約聖書』では、イスラエルの民を救う救世主（メシア）はダビデの子孫に現れる、と語られています。ダビデの勇敢さを受けつぐ救世主……救ってくれそう感がスゴいです。

## 深掘りコラム

### 現代にまで続く「巨人殺し」の物語！

『旧約聖書』のダビデとゴリアテの戦いのように、英雄が大きな体格を持つ巨人を倒す「巨人殺し（ジャイアントキリング）」の物語は、実は世界中の神話で見られます。例えば、メソポタミア神話では英雄王ギルガメシュ➡P142とエンキドゥが巨人の番人フンババを倒し、ケルト神話では太陽神ルーが「見た者を殺す魔眼」を持つ巨人バロールを倒し、古代ギリシアの叙事詩『オデュッセイア』では、英雄オデュッセウス➡P40が機転を利かせて単眼の巨人ポリュペモスの目を潰す神話が語られています。また、イギリスに古くから伝わる童話『ジャックと豆の木』では、巨木を登った先にいた巨人に襲われたジャックは、最後に木を切り落としてその巨人を倒します。ハラハラドキドキする王道展開と言えますね！　このような巨人殺しのテーマは、もちろん現代の漫画やアニメにも受け継がれています。例えば、恐ろしい巨人を相手に人類が奮闘する漫画『進撃の巨人』や、巨軀《きょく》を持つ「鬼」に子どもたちが立ち向かう漫画『約束のネバーランド』などなど、枚挙に暇《いとま》がありません。「巨人殺し」の物語は、時代を越えても人類をワクワクさせ続けているんです！

『ジャックと豆の木』ジョン・シェリー（再話、絵）、おびかゆうこ（訳）／福音館書店

7 - 8

# ソロモン王と72柱の悪魔

## 神から授けられた指輪で、悪魔たちを使役する!?

『列王記』によると、ダビデ王が亡くなった後、過酷な後継者争いを勝ち抜いて即位したのは、ダビデの息子の1人「ソロモン」でした。ソロモン王は、夢枕に立った神から「望みのものを与えよう」と言われ、「知恵」を望みました。しかもこの知恵は、「善悪や訴えを正しく聞き分けるためのもの」だそう。為政者として正しくあろうとしたソロモンの**覚悟がスゴい！**　**そんな「稀代の知恵者」であるソロモン王は、イスラエル王国をさらに繁栄させ、7年もの歳月をかけて「エルサレム神殿」を築き、そこに十戒の石板を収めた「契約の箱」を置きました。**

また『旧約聖書』にそのような記述はないものの、ソロモン王は優れた魔術師であり、なんと「悪魔を従えていた」と後世に語られました。1～5世紀に書かれた偽典『ソロモン王の遺言』には次のようなお話があります。ソロモン王が命じた神殿の建設は、そのころ悪魔たちに妨害されていました。すると、神の命を受けた大天使ミカエルが現れ、ソロモン王に「悪魔を支配する指輪」を授けます。ソロモン王はこの指輪の力を使って、支配した悪魔の手助けを得て、神殿を完成させたそう。土木工事をする悪魔の姿を想像すると、結構シュールかも？

また中世には、「ソロモン王によって書かれた」とされる魔導書が数多く作られていました。その1冊『ソロモンの小さな鍵（レメゲトン）』には、ソロモンが使役したとされる72体の悪魔たち「ソロモン72柱」についての性格が細かく書かれています。**厨二的には最高！**

さて『旧約聖書』によると、ソロモン王の没後、国家は分裂、滅亡し、苦難の時代へと突入します。イスラエルの民は遠いバビロンに捕らわれる「バビロン捕囚」を経験し、ようやく解放されてエルサレムに戻り、神殿と都を再建したのでした。ここまでが『旧約聖書』のおおまかなあらすじです。

## 関連知識

### 老年のソロモン王

『旧約聖書』に描かれるソロモン王は、イスラエル王国を繁栄させた知恵者である一方、実は、最終的には堕落してしまった王としても描かれています。特に彼には多くの妻がいたんですが、彼女たちの影響で、ソロモン王は豊穣神バアルや地母神アシュトレト（ウガリット神話のアスタルテ）などの異教の神を信仰してしまいます。この所業に神が怒り、イスラエル王国が南北に分裂する原因となってしまいました。賢王が堕落していくのは、いつの時代もあるものなのかも？

ソロモンの玉座からの預言者／メトロポリタン美術館蔵

## 読み解きのカギ

### ソロモン72柱を使役せよ！

2019年にゲーム大賞を受賞したスマートフォン用ゲームアプリ『メギド72』。「メギド」と呼ばれる72体の悪魔を使役する指輪を授けられた主人公が、「ハルマ」と呼ばれる天使とメギドの大戦争「ハルマゲドン」の勃発を阻止すべく、戦いに身を投じていく……という物語。メギドたちの名は、ソロモン72柱の悪魔たちに由来していて、主人公の名前も作中では主に「ソロモン」と呼ばれます。72体の悪魔の名前を覚えたい人は、このゲームをプレイするのが一番良いかも？

『メギド72』DeNA

## 読み解きのカギ

### 『鉄血のオルフェンズ』の機体名に！

2015年から放送されたガンダムシリーズ『機動戦士ガンダム 鉄血のオルフェンズ』。主人公の三日月・オーガスたちは、火星の独立運動を指揮する少女を地球まで護衛することになるが……という物語。少年兵や貧困など、重いテーマが盛り込まれているのが特徴ですね。作中に登場するガンダムはソロモン72柱の悪魔の名前から取られていて、三日月が乗る機体の名前は、序列第8位の悪魔「バルバトス」。悪魔バルバトスは「公爵」の階級を持ち、元々は力天使➡P190の地位にいた天使だったとされています。他にも「グシオン」「バエル」「フラウロス」など、ソロモン72柱の悪魔の名を冠したガンダムが登場するので、気になる方はぜひ元ネタを探してみては？

7-9

# 『新約聖書』って何？

## 救世主イエスの生涯と教え、そして世界の終末を記す正典！

『旧約聖書』では、神による天地創造からイスラエルの民の歴史までが語られました。実は『旧約聖書』の中で、やがて人類を救う「救世主（メシア）」たる王の到来が何度も預言されているんですが、救世主の登場そのものについては語られません。『旧約聖書（タナハ）』のみを正典とするユダヤ教的視点では、救世主は現れていないんです。

しかし、『旧約聖書』に続くキリスト教の正典である『新約聖書』は、「イエス・キリストこそが救世主である」としています。**しっかりと登場しているというワケ。** そんな『新約聖書』を構成するのは、イエスの生涯や死と復活が語られる『福音書《ふくいんしょ》』。イエスの弟子である「使徒」の活動が記録された『使徒言行録』。イエスの親族や使徒が書いたとされる手紙集『パウロ書簡』と『公同書簡』。そして世界の終末や「最後の審判」が描かれた『ヨハネの黙示録』P196。これらによって、神の子イエスの教えと、人類が救われる方法が説かれています。

また、ユダヤ教は元々はユダヤ人の民族宗教であり、「ユダヤ人（イスラエルの民）だけが神に救われる」という思想が根底にありました。しかし、**キリスト教は「神を信じる者は全て救われる」という教えであり、その救済の対象は全人類と、かなり範囲が広くなっています。** これは、キリスト教がここまで広まった理由の1つでしょう。

そんなキリスト教の聖地は、イスラエルにある「エルサレム」P228で、なんとユダヤ教やイスラームと同じ。当初、キリスト教は迫害を受けますが、後にローマ帝国にも広まり、392年にはローマの国教となりました。現在では最も割合の多い「ローマ・カトリック教会」や、16世紀の宗教改革の際に生まれた「プロテスタント」、カトリックから分離した「英国国教会」など、たくさんの教派が生まれているのも特徴ですね。

関連知識

## 『新約聖書』の正典・外典・偽典

教派によって異なりますが、一般的に『新約聖書』は27巻で構成され、『旧約聖書』に比べると短いものの、かなりの長さがあります。聖書に収録されている27巻は「正典」と呼ばれ、397年に開催された「カルタゴ会議」で正式に定められました。また、聖書に収める主張があったものの最終的に含まれなかった文書は「外典」と呼ばれ、正典でも外典でもない文書は「偽典」と呼ばれます。

『新約聖書』新約聖書翻訳委員会（翻訳）／岩波書店

関連知識

## 『新約聖書』のざっくり構成（※教派によって諸説あり）

| | | |
|---|---|---|
| 福音書（全4章） | マタイによる福音書 | イエスの誕生を予見した「東方の3博士」の説話や、イエスの生涯などが語られる。 |
| | マルコによる福音書 | 内容は『マタイ』とおおまかに共通。しかし、イエスに関する記述などに違いがある。 |
| | ルカによる福音書 | 内容は『マタイ』とおおまかに共通。しかし、マグダラのマリアに関する記述などに違いがある。 |
| | ヨハネによる福音書 | イエスの生涯を語るが、他の福音書と構成は異なっている。 |
| 歴史書（全1章） | 使徒言行録 | イエス亡き後の弟子たちの伝道が語られる。 |
| パウロ書簡（全13章） | 4大書簡 | 使徒パウロが記した重要な4つの手紙『ローマの信徒への手紙』『コリントの信徒への手紙』『ガラテヤの信徒への手紙1・2』。 |
| | 獄中書簡 | 使徒パウロが獄中で記した4つの手紙『エフェソの信徒への手紙』『フィリピの信徒への手紙』『コロサイの信徒への手紙』『フィレモンへの手紙』。 |
| | 牧会書簡 | 使徒パウロが個人宛に記した3つの手紙『テモテへの手紙1・2』『テトスへの手紙』。 |
| | テサロニケの信徒への手紙 | 使徒パウロが記した手紙。 |
| 公同書簡（全8章） | ヤコブの手紙 | 一般的にイエスの兄弟ヤコブが記したとされる手紙。 |
| | ペトロの手紙 | 使徒ペトロが記した手紙。 |
| | ヨハネの手紙 | 使徒ヨハネが記した手紙。 |
| | ユダの手紙 | 一般的にイエスの兄弟ユダが記したとされる手紙。 |
| 黙示録（全1章） | ➡P196 ヨハネの黙示録 | 福音記者ヨハネ（諸説あり）が幻視した神秘的なビジョンが語られる。 |

7 - 10

# イエス・キリストの奇跡と復活

## 奇跡を起こして教えを広め、最後には磔刑に……！

『新約聖書』に登場する救世主、イエス・キリスト。キリスト教の開祖であり、「神の子」として様々な奇跡を起こした人物です。ちなみに、「キリスト」は名字ではなく「救世主」を意味する言葉で、「イエス・キリスト」は「救世主イエス」という意味なんです。

さて、『旧約聖書』では、「救世主はダビデ王（→P180）の子孫に現れる」と預言されました。イエスは、ダビデ王の子孫である父ヨセフと母マリアの子として生まれます。条件はぴったり……なんですが、その出生はちょっと特殊。**実は、母マリアは処女だったものの聖霊（神の霊）によって神の子イエスを身籠り（処女懐胎）、その妊娠は大天使ガブリエルによってマリアに伝えられたんです（受胎告知）。**その ためヨセフは養父になります。

成長したイエスは、預言者である「洗礼者ヨハネ」から全身を川の水につける「洗礼」を受けたことをきっかけに、各地で「福音《ふくいん》（良い知らせ）」を説き始めます。これがキリスト教の始まりです。「神を信じる者は全て救われる」と説くイエスのもとには、やがて弟子たちが集まり、漁師のペトロとアンデレや、徴税人のマタイなど、重要な12人の弟子「12使徒（→P188）」が選ばれました。

さらにイエスは、様々な「奇跡」を起こします。例えば「水を葡萄《ぶどう》酒に変える」「病気を治す」「悪霊を祓う」「水上を歩く」「死者を蘇生させる」などなど。**スゴすぎる！** そんな奇跡で人々を助け、キリスト教は広まっていきました。

ところがイエスは、伝統的なユダヤ教の指導者や祭司から敵対視され、12使徒の1人「ユダ」の裏切りによって逮捕されてしまいました。そして、最終的に「ゴルゴダの丘」で磔刑に処されてしまうのでした。……しかし、その3日後にイエスは奇跡によって復活。弟子たちに再び姿を見せた後に、天に昇っていったとされています。

（左）キリストの受難／メトロポリタン美術館蔵　（右）十字架を背負うキリスト／メトロポリタン美術館蔵

## 関連知識

### キリストの磔刑と復活

イエスは十字架を背負ってゴルゴダの丘まで登り、磔刑に処されました。この十字架は、キリスト教のシンボルになっています。また、ローマの兵士ロンギヌスがイエスの生死を確かめるために脇腹に突き刺したとされる「ロンギヌスの槍（聖槍）」は、イエスの血に触れた遺品として「聖遺物」➡P198に含まれています。確実な死からの復活。イエスが起こしたこの奇跡こそ、彼が救世主であることの何よりの証明と考えられています。

## 読み解きのカギ

### イエスとブッダがルームシェア!?

人気漫画『聖☆おにいさん』。キリスト教の開祖であるイエスと仏教の開祖であるブッダが、世紀末を乗り越えた後の休みを使って立川のアパートでルームシェアをしつつ、下界を謳歌する……という日常コメディ。改めて文字にすると、ものすごい設定！　イエス関連で言えば、作中でイエスの血に触れたものが全て「聖遺物」➡P198になってしまったり、イエスがモーセよろしくプールを割ってしまったり、と聖書の要素がたくさん盛り込まれています。他にも、仏教や世界中の神話の要素が見られるので、気になる方はぜひご一読を！

『聖☆おにいさん』中村光／講談社

7-11

# 12使徒と裏切りのユダ

## イエスに付き従う12人の弟子の中に、裏切り者がいる！

イエスには、数多くの弟子がいました。『新約聖書』の『ルカによる福音書《ふくいんしょ》』では「72人の弟子を各地の街や村に2人ずつ派遣した」という逸話も残っています。**影響力がスゴすぎる。**そんな弟子たちの中でも、選ばれし12人の弟子と言えるのが「12使徒」です。**選抜メンバー。**

12使徒の面々については、『福音書』ごとに違いがあるんですが、今回は『マルコによる福音書』に記されるものを紹介しましょう。その12人とは、①ペトロ、②ゼベダイの子ヤコブ、③ヨハネ、④アンデレ、⑤フィリポ、⑥バルトロマイ、⑦マタイ、⑧トマス、⑨アルファイの子ヤコブ、⑩タダイ、⑪熱心党のシモン、⑫イスカリオテのユダ。**同じ名前の人がいるので、ちょっとややこしい。**

彼らの人物像についても語られていて、かなり個性的。例えば、ゼベダイの子ヤコブやヨハネは、血気盛んな人物でした。宣教で訪れた村の人々が、イエスたちを歓迎しなかったときに、なんと2人は村を焼き払おうとしたんです。**先に手が出るタイプかも……？**

また、12使徒の中で最も有名な人物は、「イスカリオテのユダ」でしょう。**イエスたちの会計係をしていたユダは、お金欲しさに「イエスの身柄を売る」という約束を祭司長に取り付けました。**これが原因でイエスはユダヤ教の律法に違反したとして捕まり、処刑されてしまいました。現在でもユダの名は「裏切りの代名詞」となっていますね。しかしイエスの処刑後、ユダは自らの行いを後悔します。裏切りで得たわずかな銀貨を投げ捨て、神殿で首を吊ってしまうんです。**欲に目が眩んでしまった者の最期……。**

そしてイエスの死後の紀元後30年頃、12使徒を中心として「エルサレム教団」というキリスト教の初期の教会が設立されました。彼らの布教活動によって、イエスが残した教えが、世界中に広まっていくことになります。

最後の晩餐／メトロポリタン美術館蔵

関連知識

## 裏切りを予見していた『最後の晩餐』

絵画『最後の晩餐』では、イエスが12使徒と共に食事をとる様子が描かれています。この晩餐でイエスは「貴方たちのうち1人が私を裏切ろうとしている」と言ったとされています。イエスはユダの裏切りと自らの処刑を、全てを見越していたんです。ものすごい落ち着き……！　ちなみにイエスは最後の晩餐で、パンを「私の身体」、葡萄《ぶどう》酒を「私の血」だと言って、使徒に与えたそう。この話から、キリスト教ではパンは「神の肉」であり、葡萄酒は「神の血」であると考えます。



読み解きのカギ

## ユダは13番目の使徒じゃない！

ユダは、13番目の使徒だと言われることがありますが、実際には12番目の使徒です。キリスト教では、13は「罪」を象徴するとされ、悪魔や魔女と結び付けられる不吉な数だったため、そこから引っ張られているのかも？　ちなみに、13が不吉とされた理由には諸説あり、ユダがイエスも含めて13人目だったから、イエスが13日に処刑されたから（俗説）、などいろいろと言われていますがはっきりとはわかっていないんです。知りたい！

読み解きのカギ

## 聖杯を巡る陰謀と謎！

映画化もされた人気小説『ダ・ヴィンチ・コード』。宗教象徴学者のラングドンは、ルーヴル美術館の館長がレオナルド・ダ・ヴィンチの人体図を模して殺された事件の捜査に協力するうちに、イエスが最後の晩餐で使った杯の聖遺物「聖杯」を巡る陰謀に巻き込まれていきます。「レオナルド・ダ・ヴィンチが絵画『最後の晩餐』に暗号を残していた」など、作中には、キリスト教にまつわる流説やオカルト要素が多く盛り込まれています。信じるか信じないかは、あなた次第!?

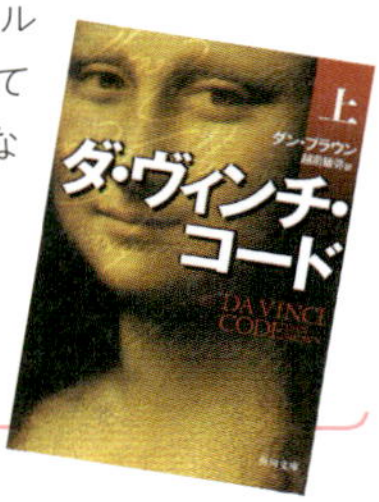


『ダ・ヴィンチ・コード』ダン・ブラウン（著），越前 敏弥（翻訳）／角川文庫

7 - 12

# 天使の9階級は天使界のヒエラルキー

## 神の言葉を伝えたり、神を讃えたり……天使の仕事もいろいろ！

『聖書』には、頻繁に「天使」が登場します。彼ら天使の主な仕事は「神の言葉を人間に伝えること」です。例えば、大天使ガブリエルは聖母マリアに受胎告知をしていましたね。**天使は神のメッセンジャー。**

P186

しかし『聖書』正典に登場する天使には基本的に固有の名前がなく、「ガブリエル」の他には、『ヨハネの黙示録』などに登場する天使の長「ミカエル」だけ。ほとんどは名もなき天使たちなんです。名前は呼ばれないけど、**頑張って働いてます……！**

P196

ただし、『聖書』の正典には他にも、特別な天使を指す言葉として「セラフィム」や「ケルビム」が登場します。実はこれらは、「天使の種類（階級）」を指す言葉だと解釈されています。特に5世紀頃の神学者「偽ディオニュシオス」は、天使には9つの階級があると語り、13世紀のイタリアの神学者トマス・アクィナスがこれを広めました。主にカトリックで採用されています。

この説によると、階級が高い順から、①熾天使（セラフィム）、②智天使（ケルビム）、③座天使（スロウンズ）、④主天使（ドミニオンズ）、⑤力天使（ヴァーチューズ）、⑥能天使（パワーズ）、⑦権天使（プリンシパリティーズ）、⑧大天使（アークエンジェルズ）、⑨天使（エンジェルズ）」の9つがあるそう。**カ、カッコいい！**

階級ごとに役割は異なり、熾天使セラフィムは6枚の翼を持ち、神への愛でその身体を燃やしながら神を讃え続けています。**文字通り「燃えるような愛」**。また、智天使ケルビムは、人間、獅子、牡牛、鷲の4つの顔と4枚の翼を持ち、自らが神の玉座となるそう。上位の天使はこのように神の傍らにいる一方で、メッセンジャーとしての実務は、基本的に下位の天使が担います。**天使たちの世界にもあったヒエラルキー……。**

## 関連知識

### 神を賛美する熾天使セラフィム

熾天使セラフィムは、『旧約聖書』の『イザヤ書』6章などに登場します。預言者イザヤが見た幻視の中で、セラフィムは2枚の翼で顔を覆い、2枚の翼で足を覆い、2枚の翼で飛んでいたそう。そして、「聖なるかな、聖なるかな、聖なるかな」と絶えず神を賛美していたと語られています。右の『聖痕を受ける聖フランチェスコ』では、カトリック修道士の聖フランチェスコが、山中で「イエスの姿をしたセラフィム」によって手に聖痕を受ける様子が描かれています。一般的にイメージされる天使とはかなり違う姿ですね。

聖痕を受ける聖フランチェスコ（織物）／メトロポリタン美術館蔵

## 読み解きのカギ

### 妹を愛する少年の戦い

人気漫画『天使禁猟区』。実の妹に禁断の恋をしてしまっている少年・無道刹那は、あるとき「堕天使の生まれ変わりだ」と告げられ、妹を救うために天使や悪魔との戦いに身を投じていく……という物語。作中には、『聖書』の正典、外典、偽典に登場する天使や悪魔（あるいは堕天使）が、非常に多く登場します。天使たちの階級も、偽ディオニュシオスの9階級がベースになっています。「天使の階級は『天使禁猟区』で知った！」という方も多いかも？　興味のある方は、新シリーズ『天使禁猟区―東京クロノス―』もあわせてぜひ！

『天使禁猟区―東京クロノス―』
由貴香織里／白泉社

## 読み解きのカギ

### 天使の階級名がガンダムに！

人気アニメ『機動戦士ガンダム00《ダブルオー》』。私設武装組織「ソレスタルビーイング」に所属する主人公の刹那・F・セイエイは、戦争を根絶するため、ガンダムに乗って世界中の紛争に介入していく……という物語。作中には、「セラフィムガンダム」や「ケルディムガンダム」など、天使の9階級に由来するガンダムが登場します。また、「ガンダムキュリオス」は主天使のギリシア語名「キュリオテテス」から、「アルケーガンダム」は権天使のギリシア語名「アルカイ」からなど、元の言語が異なる場合も。組織ソレスタルビーイング（Celestial Being）が「天上人」を意味するので、ガンダムはまさに神の命を受けて戦争を根絶する使者ということなのかも？　俺が……ガンダムだ！

7 - 13

# 天使を代表する7大天使

## 神に従う7人の天使たち、メンバーはいつも違う!?

『聖書』の正典に登場した名前付きの天使はミカエルとガブリエルだけでしたが、外典や偽典には、数多くの天使が名前付きで登場します。例えば、治癒の力を持つ天使「ラファエル」や、祭司エズラの質問に答えた天使「ウリエル」などなど。ミカエル、ガブリエル、ラファエル、ウリエルは特に力を持つ天使として、「4大天使」と呼ばれました。天使の中のエリート4人組です。

この4大天使にさらに3人の天使を加えた7人は「7大天使」と呼ばれました。**最重要の天使たち！** **7大天使のメンバーは教派や提唱者によって異なり、ミカエル、ガブリエル、ラファエルは基本的に固定ですが、ウリエルだけはときに外されてしまうことも。** **ちょっとかわいそう。**

P190
天使の9階級を提唱した神学者、偽ディオニュシオスが挙げた7大天使のメンバーは、ウリエルを含めた4大天使に、戦いの天使「カマエル」、木星を司る大天使「イオフィエル（ヨフィエル）」、慈悲と記憶の天使「ザドキエル」を加えた7人でした。**錚々たる面々。**

一方、6世紀末に即位したローマ教皇グレゴリウス1世の時代のカトリックでは、「＋3人」の天使は、謎多き天使サマエル、座天使の君主である天使オリフィエル、能天使（あるいは主天使）のザカリエルだとされました。また、『旧約聖書』の偽典『第1エノク書（エチオピア語エノク書）』では、「神の友」と呼ばれる天使ラグエル、死を司る天使ザラキエル（サリエル）、人間に神の意志を伝える天使ラミエルの3人。時代や解釈によって、メンバーがめちゃくちゃ入れ替わります。

ちなみに8世紀頃には、人々の間でこれらの天使への信仰が過熱したため、745年のローマ公会議で、ウリエルやラグエルなどは「堕天使」とされ、信仰が禁止されました。信仰されたり堕天させられたり、**天使も大変です。**

聖ミカエルと大天使（7人の大天使）／メトロポリタン美術館蔵

### 関連知識

## メンバーが変わる7大天使

745年に開催されたローマ公会議で、ウリエルやラグエルなどの天使は「堕天使」の烙印を押されました。この影響によって、現在のカトリックでは、ミカエル、ガブリエル、ラファエルの3人だけが「3大天使」として崇敬されています。また、プロテスタントでは、天使は崇敬されていません。しかし、彼らが完全にキリスト教世界から消し去られたワケではなく、東方正教会や聖公会などの教派では、ウリエルは7大天使の1人として数えられています。解釈によって天使の立場もいろいろです！

### 読み解きのカギ

## 美少女悪魔の眷属《けんぞく》に！

人気ライトノベル『ハイスクールD×D』。美少女に扮した堕天使に殺されるも、悪魔として蘇った高校生・兵藤一誠は、自分を蘇生させた美少女悪魔リアス・グレモリーに仕えることになり……という物語。作中には、天使、悪魔、堕天使が数多く登場するほか、北欧神話、ギリシア神話、インド神話、仏教など、世界中の神話・宗教の要素も盛り込まれています。まさに神話・宗教のオールスター作品。ラブコメや熱い戦いを楽しみながら、神話や宗教の要素に触れたい方に超オススメ！

ガブリエルとミカエル

### 読み解きのカギ

## 一世を風靡したゲーム『エルシャダイ』

2011年発売に発売し、「そんな装備で大丈夫か？」「大丈夫だ、問題ない」というセリフが一大ネットミームとなったゲーム『エルシャダイ』。天界で働く人間イーノックは、大洪水によって地上を浄化する計画を止めるため、地上で人間を堕落させた堕天使たちを捕らえることになります。物語のモチーフとなった偽典『エノク書』に登場する堕天使集団「グリゴリ」や、堕天使と人間の子「ネフィリム」は、作中にも登場。主人公のイーノックは、『エノク書』で天に召されて天使メタトロンとなった人物「エノク」から取られています。聖書偽典を真正面からモチーフにした非常に珍しい作品といえますね！

『エルシャダイ・アセンション　オブ　ザ　メタトロン　HDリマスター』レイニーフロッグ／DL版はcrimより配信

7

ユダヤ教・キリスト教

# 7つの大罪に対応する最凶悪魔

## 人間を罪に誘う感情や欲望は、悪魔たちが司る！

「7つの大罪」という言葉を聞いて、漫画『七つの大罪』や映画『セブン』などを思い浮かべたかもしれません。元々の「7つの大罪」とは、カトリックなどの教派で、「人を罪に誘う7種類の感情や欲望」のこと。響きがカッコよすぎるため(?)、多くの作品でモチーフとされていますね！

さて、カトリックにおける7つの大罪は、❶傲慢、❷暴食、❸嫉妬、❹憤怒、❺色欲、❻怠惰、❼強欲のこと。**なんだか身につまされるラインナップ……！** 4世紀に活動したキリスト教の教父エヴァグリオスが提唱した8種類の誘惑、「ロギスモイ（想念）」を原型にして、後に7つに整理されました。かつては「虚栄心」や、「アケーディア（嫌気）」といった複雑な感情も含まれていましたが、紆余曲折を経て、今のわかりやすい形に落ち着いたんです。

ここで面白いのは、後世の人々によって、7つの大罪が名だたる「悪魔」と関連付けられたこと。**そのメンバーは、「ルシファー（傲慢）」「ベルゼブブ（暴食）」「レヴィアタン（嫉妬）」「サタン（憤怒）」「アスモデウス（色欲）」「ベルフェゴール（怠惰）」「マモン（強欲）」の7人。** 神に反逆した堕天使の筆頭格ルシファーなど、最凶の悪魔たちが大集合です。彼らは人間を誘惑して堕落させるとして、恐れられました。**悪魔の誘惑、耐えるのキツそう……。**

7つの大罪や悪魔たちは、有名なキリスト教叙事詩にも登場します。13～14世紀の詩人ダンテ・アリギエーリの叙事詩『神曲』では、地獄や煉獄で罪人たちが7つの大罪に対応した罰を受けていて、地獄の最下層には魔王ルシファー（＝サタンとも）がいました。また、17世紀の詩人ジョン・ミルトンの叙事詩『失楽園』では、堕天使ルシファーが嫉妬と傲慢により、神に反逆する物語が描かれます。7つの大罪は古くから、多くの物語に影響を与えてきたんです！

ルシファー／メトロポリタン美術館蔵

## 関連知識

### 『神曲』のルシファーは裏切り者を食らう

ダンテの叙事詩『神曲』の第1部「地獄篇」で、ルシファーは恐ろしい怪物の姿で登場します。地獄の最下層に位置する第9圏「コキュートス」で、下半身が氷漬けにされた魔王ルシファーが、3つの顔で人類史に名高い3人の裏切り者「→P188イスカリオテのユダ」「ブルータス」「カッシウス」をかんでいます。まさにダンジョンの最下層にいる“ラスボス”!? ちなみに堕天したルシファーは、魔王サタンとも同一視されることがあり、『神曲』の最下層にいるのはサタンだとされることもあります。

## 読み解きのカギ

### ダークファンタジーの金字塔

人気漫画『鋼の錬金術師』。亡くなった母を蘇らせようと、錬金術の禁忌「人体錬成」を行ったエドワードとアルフォンスの兄弟は、失敗の代償に手足の一部や肉体を失ってしまい、肉体を取り戻すため「賢者の石」を求めて旅に出る……というダークファンタジーの金字塔。作中では、敵として人造人間の「ホムンクルス」が登場。彼らの名前は「ラスト（色欲）」や「エンヴィー（嫉妬）」「グリード（強欲）」など、7つの大罪の英語読みに由来する名前と、罪に関係した性格を持っています。そんなホムンクルスとの戦いは名シーンだらけ！ 中世に研究された実際の錬金術に基づいた設定も多く盛り込まれているので、超オススメです！

## 読み解きのカギ

### 大罪人の騎士物語

人気漫画『七つの大罪』。かつて伝説の騎士団〈七つの大罪〉に属していた主人公メリオダスは、聖騎士長殺害の濡れ衣を着せられ身を隠していたが、国を救うためかつての仲間たちを探して旅をすることになり……という物語。メリオダスが〈憤怒の罪《ドラゴン・シン》〉と呼ばれるように、騎士団の仲間である7人はそれぞれ「7つの大罪」に対応する「罪」を背負っています。また、『→P150アーサー王伝説』の要素が盛り込まれているのも特徴の1つです。魅力的な人物たちの超パワーバトルがめちゃくちゃ面白い！ ちなみに続編となる漫画『黙示録の四騎士』は「→P196ヨハネの黙示録」に登場する騎士の名からタイトルが付けられています。

『七つの大罪』鈴木央／講談社

7 - 15

# 『ヨハネの黙示録』がヤバすぎる

## 人類滅亡レベルの厄災が、次々と地上に降りかかる……!

『新約聖書』では、『福音書』でイエスの生涯が語られた後に、「使徒の伝道の記録」と「使徒が出した手紙」という形でイエスの教えが語られます。そして最後に現れるのが、聖書の中でもとりわけ異質な書『ヨハネの黙示録』。ここで語られる世界の終末が、**めっちゃカオスなんです!**

『ヨハネの黙示録』に記されているのは、福音記者ヨハネがギリシアのパトモス島で幻視した「神秘的なビジョン」について。ヨハネはなんと、世界に恐ろしい終末が到来し、イエスが再臨する幻を見たんだそう。これは神の啓示であり、未来にやがて訪れる終末の預言だ、というワケ。

ヨハネの幻視はまず、天上の玉座に神が座り、神が持つ巻物に施された「7つの封印」が、「7つの角と7つの目を持つ子羊」によって解かれていくところから始まります。夢のような光景ですが、**こんなのはまだ序の口。**封印が1つずつ解かれるたびに、地上に恐ろしい災いが降りかかります。例えば、最初の4つの封印では、馬に乗った「黙示録の4騎士」が現れ、地上に「支配」「戦争」「飢饉」「死(疫病)」をもたらすんです。その後、7つ目の封印が解かれると、今度はラッパを持った7人の天使が現れます。

7人の天使がラッパを吹くたびに、地上に火が降り注いだり、天から巨星が落ちてきたり、魔王アバドンに仕えるイナゴの大群が人間を襲ったりと、もうめちゃくちゃ。その後、天使たちが「7つの鉢」をひっくり返すと、地上にさらなる災害が……。**これでも生き残ってる人類すごすぎない?** さらに悪魔と天使の戦いなど、畳みかけるように厄災が訪れます。**まさにカオス!**

しかしその後、イエスが再臨します。**イエスは人々を復活させ、天国と火の池に振り分けます。**いわゆる「最後の審判」ですね。こうしてイエスによって新たな秩序が敷かれるという結びで『新約聖書』は終わりを迎えるんです。

関連知識

## 黙示録のラッパを吹く７人の天使

『ヨハネの黙示録』の第８章から登場するのが、ラッパを持った７人の天使です。天使が１人ずつラッパを吹くたびに、地上に凄まじい厄災が降りかかります。ざっくりと紹介すると、❶血の混じった雹と火が降る、❷海の３分の１が血に変わる、❸巨星が落ちる、❹太陽・月・星々の３分の１が消失する、❺魔王アバドンに仕えるイナゴが来襲する、❻人間を殺す天使が解放される、❼天の神殿が開かれて「契約の箱」が見え、雷や地震が起こる、といった感じ。人智を超えた災厄を引き起こす天使のラッパ……さすがにヤバすぎますね。その恐ろしさから現代作品にも取り込まれていて、『真・女神転生』シリーズでは、「トランペッター」はお馴染みの悪魔ですね。

読み解きのカギ

## チェンソーの悪魔を心臓に宿した少年!?

人気漫画『チェンソーマン』。極貧生活を送っていた少年デンジは、「チェンソーの悪魔」とされる犬のポチタを心臓に取り込んで復活したことをきっかけに、「デビルハンター」として恐ろしい悪魔たちと戦っていくことに。作中では、「天使の９階級」➡P190の名を冠した悪魔・魔人が登場したり、ミルトンの『失楽園』➡P170の挿絵の絵画が背景に飾られたりするなど、キリスト教の要素が多く見られます。『ヨハネの黙示録』に登場する「黙示録の４騎士」も、４姉妹の悪魔である「支配の悪魔」「戦争の悪魔」「飢餓の悪魔」「死の悪魔」として登場しています。キリスト教について知ると、その予測不可能な展開に少しでも考察を加えられるようになるかも？

読み解きのカギ

## 兄弟が現代の４騎士と戦う！

アメリカの人気ドラマシリーズ『スーパーナチュラル』。母を悪魔に殺されたディーンとサムの兄弟は、悪魔や魔物といった超常的存在を狩る「ハンター」としてアメリカ中を旅する、というアクションホラー。ユダヤ教やキリスト教の天使や悪魔に加えて、世界中の神話・伝承に登場する魔物や妖怪たちも登場します。シーズン５からは、「戦争」「飢饉」「疫病」「死」という名の４人の死神「黙示録の四騎士」が登場し、ディーンたちと戦いを繰り広げます！　ちなみに彼らは『ヨハネの黙示録』で４騎士が騎乗する馬の色と同色の車に乗っています。芸が細かい……！

7 - 16

# 実在する数々の「聖遺物」

## イエスにまつわる遺品は、各地の教会に残されている！

イエス（あるいは聖人）に関連するとされる遺品は、「聖遺物」と呼ばれます。例えば、**イエスが「最後の晩餐」**→P189**で使ったとされる「聖杯」や、十字架にかけられたイエスの手足を固定した「聖釘」、その死を確認した「ロンギヌスの槍（聖槍）」**→P187**、イエスの遺体を覆っていた「聖骸布」などなど。**中には、イエスの「聖血」が入っているとされる筒状の聖遺物まであったりします。やはりイエスの処刑や死にまつわる遺品が多いですね。

各地の教会には、これらの聖遺物が保管されています。例えばロンギヌスの槍とされる聖遺物は、ヴァチカンのサンピエトロ寺院、ウィーンのホーフブルク宮殿、アルメニアのエチミアジン大聖堂に保管されています。**分裂する聖槍！**　ちなみに「ロンギヌスの槍を持つ者は世界を統べる」という伝承があったため、ナポレオンやヒトラーが求めたとも言われています。このように聖遺物の恩恵を受けようとする「聖遺物崇敬」という考えもありました。キリスト教は「偶像崇拝」を禁止していますが、「聖遺物を通して神に祈る」というスタンスであればセーフなんだそう。

### 読み解きのカギ

#### 歌いながら戦う少女たち

「歌いながら戦う」のが特徴の人気アニメ『戦姫絶唱シンフォギア』。主人公の立花響は、歌うことで主力が増大する武装「シンフォギア」を身にまとい、生物の姿を持つ災害「ノイズ」との戦いに身を投じていく……という物語。シンフォギアは、世界の神話や伝承に語られる武具である「聖遺物」の欠片から作られています。例えば、主人公の響は北欧神話の槍グングニル→P48の欠片から作られた「ガングニール」を持っています。他にも、日本神話の神剣「天羽々斬」→P108など、神話最強格の武器が多数登場します！
歌も最高なのでぜひ！

©Project シンフォギアGX

# 異端の教派「グノーシス主義」

## キリスト教最古の異端は、偽りの神からの脱却を目指す！

キリスト教にはたくさんの教派があります。中には、「異端」とされた教派も存在し、「キリスト教最古の異端」と呼ばれるのが「グノーシス主義」です。グノーシス主義は2世紀頃に地中海世界で広く隆盛していました。その思想を簡潔に言うと、**「『聖書』の神は『偽りの神』であり、天の外にいる『至高神』こそ真なる善の神、そしてイエスの説いた神である」というもの。確かに異端です……。**

グノーシス主義では、『聖書』の神が作った宇宙が不完全であることや、人間の霊魂が天上世界プレーローマの出身であることなどを「認識」すべきと説かれます。ちなみに「グノーシス」とは「認識」や「知識」という意味。この認識によって人は初めて救済を得ることができ、至高神や天上の神々アイオーンの住む世界に回帰できると考えられたんです。また、グノーシス主義の解釈では、イエスは人間の魂を救うために地上に派遣された、とされています。どこか哲学っぽさのある、独特な思想ですね。

### 読み解きのカギ

#### グノーシス主義と『原神』

人気ゲーム『原神』。生き別れた双子の兄妹「空」と「蛍」が片割れを探すべく、魔神たちの生きた世界「テイワット」の国々を巡る物語。作中の設定について「根幹にグノーシス主義がある」と公式に言及されています。例えば、テイワット大陸の7つの国を統べる神の名は、グノーシス主義で物質世界を支配する神々「アルコーン」の名に由来しています。他にも、魔神たちがソロモン72柱➡P182の名を冠していたり、テイワットがヘブライ語で「方舟」を意味していたりと、世界の神話・伝承の要素が盛り込まれているので、神話好きには超オススメです！

COLUMN

監修沖田瑞穂先生が語る
ディープな神話の世界

## 女性向けライトノベルは神話でどう読み解かれるか

女性向けライトノベルは、先に見てきた王権の女神にかかわるものだけでなく、多くの作品が現代の神話として読み解くことができます。

そもそも**神話の役割とは様々で、1つには世界の成り立ちを語る**ということがあります。**ほかに重要な役割として、少年の成長のモデルを示すということもあります。**例えばギリシア神話のペルセウスの場合を考えてみましょう。ペルセウスは塔に閉じ込められた人間の女ダナエから生まれました。父は大神ゼウスです。生まれてすぐ、母とともに箱に入れられて海に流されました。たどり着いた先で養育され、成長すると旅に出て、怪物メドゥサを退治し、帰路で怪物の生贄になるところだった王女アンドロメダを救い彼女と結婚し、帰還します。

これを要素に分解すると、次のようになります。

1神的な生まれ
2密閉空間(子宮を暗示する)に入れられて流される
3冒険の旅に出る
4魔物退治
5妻の獲得
6帰還

このような一連の出来事が、英雄の成長過程として語られており、少年たちの生き方のモデルとなるのです。もちろん魔物退治は実際には行われず、心理的なものです。

しかしながら、神話は少女の成長物語を語りません。これは古代の神話が多くの場合、男性によって管理されていたことと関係があるでしょう。

現代に目を向けると、古代にはなかった少女の成長規範となり得る神的物語が、ライトノベルである、と言えそうに思います。**古代の神話が少年の成長モデルを示す成長物語を示したのであれば、少女の成長モデル「現代の神話」と呼んでもよいのではないか**と思うのです。

1つ例を挙げておきましょう。志野田みかん『虐げられた令嬢は、実は最強の聖女』(アルファポリス、2020)では、主人公のリリーシュアは家族に虐げられていましたが、2匹のネズミの姿をした従魔に連れられて旅をし、隣国の王子と結婚します。

虐待→旅→結婚による人生の再建

という図式が見て取れますが、同様の図式を持つライトノベルはきわめて多くみられるのです。

第 8 章

# 仏教

主にアジアを中心に信仰されている「仏教」。キリスト教やイスラームと共に「世界３大宗教」に数えられていますが、実は信者の数では第３位にヒンドゥー教が入るとされ、仏教は第４位なんです。そんな仏教はインド神話（バラモン教）の要素を受け継いで始まり、日本に伝来した後、国内で多数の宗派が生まれるなど独自の発展を遂げました。そのため仏教はかなり複雑。そこで第８章では、仏教の主要な仏様や重要項目などにできるだけ絞って、『呪術廻戦』や『鬼灯の冷徹』といった名作に触れつつ紹介します！

# 仏教を開いた釈迦

## 修行の旅に出た元・王子は、たった1人で悟りを得る！

世界3大宗教の1つである「仏教」の開祖と言えば、「お釈迦様」の愛称でもお馴染みの「釈迦」です。時に「ブッダ（仏陀）」とも呼ばれますが、実はブッダは「悟りに至った者」を指す言葉です。皆さんも悟りに至ることができれば、ブッダの称号が与えられるかも？

さて、釈迦（本名：ゴータマ・シッダールタ）は古代インドの王族でヒマラヤの南を領地としていた「シャーキャ族（釈迦族）」の王子でした。釈迦は、母マーヤー（摩耶夫《まやぶ》人《にん》）の右脇から生まれたそう。**どういう生まれ方？**　しかし釈迦は早くに母を亡くしてしまい、人間の死の運命について思い悩むようになりました。そんな迷いの中、釈迦は王城の東西南北にある4つの門から出かけると、それぞれの門外で、老人、病人、死者、そして修行者を見ます。**老い、病、死という人生の苦を痛感し、その苦に囚われない修行者の姿に感銘を受け、釈迦は出家を決意します。**

そして、釈迦が29歳を迎えたときのこと。彼はついに出家し、マガダ王国の都市ラージャグリハ（王舎城）に足を踏み入れます。そこで活動する思想家たちの教えを受け、釈迦は瞬く間にそれらを体得しました。さすが仏教の開祖、飲み込みが恐ろしく早いです。しかし、どの教えにも満足できず、釈迦はやがて1人で修行を始めます。

釈迦が1人で修行していると、煩悩を司る魔王「マーラ」が現れて、瞑想の邪魔をしたといいます。釈迦は美女に誘惑されたり獣に襲われたりしても動じず、ひたすらに瞑想を続けました。**凄まじき意志の強さ。**長い瞑想の末、35歳を迎えた頃、釈迦は悟りの境地に達しました。

すると、釈迦の前に梵天P74（ブラフマー）が現れて「その教えを人々に説いてほしい」と願います。こうして釈迦は伝道の旅に出ることに。彼の下にはやがて弟子たちが集い、80歳でその生涯を終えたのでした。

法華自我偈絵抄／筑波大学付属図書館蔵

関連知識

## 釈迦の涅槃

画像は、釈尊と10人の主要な弟子を描いた江戸期の書物の挿絵です。釈迦は集まった弟子たちに教えを説くと、感謝を捧げ、その生涯を終えました。紀元前486年の出来事だったと伝えられています。釈迦の入滅は「涅槃（ニルヴァーナ）」と呼ばれますが、この涅槃とは元々、煩悩をすべて払い生死を超えた悟りの境地に達することを意味します。釈迦は入滅によって、まさに完全な悟りを得たんですね。

読み解きのカギ

## 天上天下唯我独尊の意味は？

人気漫画『東京卍リベンジャーズ』。中学時代の元カノの命を救うため、花垣武道は12年前にタイムリープして、犯罪集団「東京卍會」で成り上がりを目指す……という異色の「ヤンキーもの×SFサスペンス」漫画。東京卍會の特攻服には「天上天下唯我独尊」と刺繍が入っています。この言葉、実は釈迦が生まれた際に放ったとされているんです。ヤンキー漫画では「この世で俺様が最強」といった意味で使われますが、仏教では「宇宙で自分（釈迦）ほど尊い存在はいない」あるいは「すべての命には生まれながらにたった1つの尊い目的がある」といった意味だとされます。こっちの意味で使うヤンキーがいたら逆にスゴいかも？

『東京リベンジャーズ』和久井健／講談社

読み解きのカギ

## 手塚治虫版の釈尊伝！

人気漫画『ブッダ』。仏教の開祖となる「ゴータマ・シッダルタ」が生まれ、出家し、インド各地をめぐって教えを広めていくその生涯が描かれます。内容には独自の解釈が多く加えられており、まさに「手塚治虫版の釈尊伝」と言えますね。史実とは異なる部分もありますが、釈迦の思想の根幹にあった「生と死」というテーマは首尾一貫しています。「やがて死を迎えるまで、人はどう生きるべきか」。人生に思い悩んだとき、釈迦の教えの中にその答えを探してみると良いかもしれません。

©手塚プロダクション

8-2

# 日本に伝わる仏教の13宗派

## 日本に伝わった仏教は、独自の発展を遂げていった！

古代インドで開かれた仏教は、その後、釈迦の教えを厳格に守る「上座部仏教」と、教えを大衆に広めることを目指す「大乗仏教」に大きく分かれました。保守的な仏教と、革新的な仏教とも言えるかも。さらに細かく分裂し、様々な宗派を生みながら、仏教は1000年ほどかけて日本にも伝わります。仏教伝来は、6世紀中頃の飛鳥時代のことだという説が有力ですね。**海を越えて伝わった教え！**

しかし、日本には古くから「神道」P238があったため、外来宗教である仏教を受け入れるか否かで政争が起きてしまいます。争いはやがて仏教受容側に有利となり、「聖徳太子」の尽力によって日本仏教の基礎が定着しました。**その後、日本仏教は独自の発展を遂げ、現在、仏教の伝統的な宗派は主に13あります。**ラインナップは次の感じ。

まず、奈良時代に栄えた6つの宗派「南都六宗」のうち、現存する3つ「法相宗」「華厳宗」「律宗」。次に、平安時代に開かれた「密教」P210である「真言宗」と「天台宗」の2つ。さらに、平安時代後期に開かれた「融通念仏宗」。鎌倉新仏教とも呼ばれる6宗派「浄土宗」「浄土真宗」「時宗」「臨済宗」「曹洞宗」「日蓮宗」。そして、江戸時代初期に伝来した「黄檗宗《おうばくしゅう》」。異なる時代で生まれたこれら13宗派が、伝統的な日本の仏教として広まっているんです。それぞれ開祖や教義が異なり、身近なことで言えば、お葬式の作法なども異なりますね。**お寺の宗派チェックは必須！**

ちなみにこれら13宗派は基本的にすべて、大乗仏教に含まれます。中でも寺院や信徒の数が多いのが、天台宗・真言宗・浄土宗・浄土真宗・臨済宗・曹洞宗・日蓮宗の7つ。一方の上座部仏教は、日本ではあまり見られないものの、タイやカンボジア、ミャンマーなどの国々では多数派を占めています。これらの国々を訪れてみれば、鮮やかな色の衣を着た僧侶が街中で托鉢している姿を目にできるはず！

絹本著色聖徳太子勝鬘経講讃図／斑鳩寺蔵
（太子町立歴史資料館提供）

関連知識

## 聖徳太子が仏教を日本に浸透させた！

仏教が伝来した当初、受容派の蘇我氏と否定派の物部《もののべ》氏の間で争いが起きました。しかしその後「物部守屋」が討たれたことで仏教受容の流れに。そして、第33代「推古天皇」の摂政になった聖徳太子は、『十七条憲法』の第二条に「三宝（仏・仏の教え・僧）を篤く敬え」と定めたとされています。また、奈良に法隆寺を創建したのも聖徳太子だと伝えられています。こうして仏教は「国家の安泰を願う教え」として政治と深く結びつき、定着していったんです。聖徳太子の尽力がなければ、仏教がここまで浸透することはなかった、と言えますね。

関連知識

## 仏教13宗派（※実際にはより細かな分派や寺院によって違いあり）

| | |
|---|---|
| 法相宗 | 7世紀後半に、遣唐使の道昭《どうしょう》によって日本に伝来。特定の本尊はなし。「阿頼耶識《あらやしき》」といった深層意識の存在を説くことが特徴。 |
| 華厳宗 | 8世紀中頃に、中国僧とされる審祥によって日本に伝来。本尊は「奈良の大仏」としても知られる毘盧遮那如来《びるしゃなにょらい》。『華厳経』を主な仏典とする。 |
| 律宗 | 8世紀中頃に、中国僧の鑑真によって日本に伝来。鑑真は渡来中に盲目に。特定の本尊はなし。読経などよりも、戒律を重んじるのが特徴。 |
| 真言宗 | 9世紀前半に、遣唐使の空海（弘法大師）によって開かれる。本尊は大日如来。生身のまま仏になれる「即身成仏」という思想が特徴。 |
| 天台宗 | 9世紀前半に、遣唐使の最澄（伝教大師）によって開かれる。本尊は釈迦如来など。『法華経』を主な経典とし、すべての人が成仏できると説く。 |
| 融通念仏宗 | 12世紀前半に、日本僧の良忍《りょうにん》によって開かれる。本尊は阿弥陀如来を10体の菩薩が取り囲む「十一尊天得如来《じゅういっそんてんとくにょらい》」。大勢で念仏を唱えることで互いを救済し、皆が極楽に往生できると説く。 |
| 浄土宗 | 12世紀後半に、日本僧の法然によって開かれる。本尊は阿弥陀如来。「南無阿弥陀仏」と唱えれば、誰しもが極楽に往生できると説く。 |
| 浄土真宗 | 13世紀前半に、日本僧の親鸞によって開かれる。本尊は阿弥陀如来。阿弥陀如来の救いを信じるだけで、誰しもが往生できると説く。 |
| 時宗 | 13世紀後半に、日本僧の一遍によって開かれる。浄土宗の一派で、本尊は阿弥陀如来など。踊りながら念仏を唱える「踊り念仏」が特徴。 |
| 臨済宗 | 12世紀後半に、宋で学んだ栄西によって日本に伝来。本尊は釈迦如来など。悟りは「真の自己に気付くこと」と説き、坐禅や禅問答などを行う。 |
| 曹洞宗 | 13世紀前半に、宋で学んだ道元によって日本に伝来。本尊は釈迦如来。ただひたすらに坐禅する「只管打坐《しかんたざ》」を行う。 |
| 日蓮宗 | 13世紀中頃に、日本僧の日蓮によって開かれる。本尊は釈迦如来など。『法華経』に帰依するという意味の「南無妙法蓮華経」と唱える。 |
| 黄檗宗 | 17世紀中頃に、中国僧の隠元《いんげん》によって日本に伝来。本尊は釈迦如来。念仏を唱えながら坐禅をする「念仏禅」が特徴の1つ。 |

8-3

# 仏の種類（如来・菩薩・明王・天部）

## 悟りを得た者、修行中の者、そして仏法を守護する者！

全国各地のお寺にお参りすると、様々な仏像が置かれているのを目にしますよね。これらの仏像（仏様）には、大きく分けて4つの種類があることをご存知ですか？　それは、**❶如来《にょらい》、❷菩薩《ぼさつ》、❸明王《みょうおう》、❹天部《てんぶ》。それぞれ役割が異なり、「如来から順に位が高い」とも言われます。**この違いが分かると、お寺巡りがもっと楽しくなるはずです！

まずは、1つ目の如来から。実は如来とは「悟りを開いて仏となった者」を指す言葉。つまり「仏陀」↓P202と同じ意味というワケです。仏教の開祖である釈迦は「釈迦如来」と呼ばれますし、他にも「阿弥陀如来」「薬師如来」↓P208「大日如来」↓P210などが有名ですね。如来は基本的に「螺髪《らほつ》」というパンチパーマのような髪型をしているのが特徴で、見分けるのは簡単です。

2つ目の菩薩とは、「悟りを求めて、人々を救いながら修行を積んでいる者」のこと。自らも修行中ながら、人々の悟りの手助けもしてくれる有難い導き手のような存在です。「弥勒《みろく》菩薩」↓P216「観音《かんのん》菩薩」↓P207「地蔵《じぞう》菩薩」↓P216などがよく知られていますね。菩薩によって姿や装飾品が異なるので、ぱっと見で見分けるのは難しいかも？

3つ目の明王は、古代インドの神々が密教↓P210に取り入れられた尊格です。「仏敵を力ずくで帰依《きえ》させたり、退けたりする者」のことで、基本的に怒りを顕わにした「忿怒形《ふんぬぎょう》」の表情で、たくさんの顔や腕、武器を持っています。ぱっと見ですぐに明王だと分かる風貌。「不動明王」↓P218を中心とした「五大明王」↓P218が有名ですね。

4つ目の天部は、古代インドの神々が主に由来の仏法守護の神です。主に「如来や菩薩を守る」役割を持っています。「帝釈天《たいしゃくてん》」や「梵天《ぼんてん》」↓P94のほか、七福神↓P222に属する「大黒《だいこく》天《てん》」や「弁財天《べんざいてん》」なども有名ですね。**みなさんの推しの仏様を見つけてみましょう！**

関連知識

### 千手観音坐像

千手観音は、人々を救う「観音菩薩」の数ある姿のうちの１つであり、その1000本の腕で苦しむ人々を余さず救ってくれるとされています。ちなみに京都の三十三間堂など各地の仏像や絵画では基本的に、前で組んでいる２本の腕を除くと、左右合わせて40本の腕しかありません。しかしこの40本の腕で、地獄から天までの25のすべての世界を救う、つまり「40×25＝1000」ということで「千手」に通じるというワケです。よくできてる！

千手観音菩薩坐像／出典：ColBase（https://colbase.nich.go.jp/）

関連知識

### 阿弥陀如来（鎌倉の大仏）

神奈川県鎌倉市の高徳院にある「鎌倉の大仏」の正体は、「阿弥陀如来」。阿弥陀如来は浄土宗や浄土真宗などで重要視され、「南無阿弥陀仏（意味：私は阿弥陀仏に帰依します）」と唱えて徳を積むことで、阿弥陀如来の浄土に生まれ変われると説かれています。かなり簡単！ ちなみに、「あみだくじ」はその形状が「阿弥陀如来の後光に似ているから」というのが由来だそう。すっごく有難いものに思えてきた。

鎌倉の大仏

関連知識

### 帝釈天

天部の神々の頂点に立つのが「帝釈天」です。バラモン教時代のインド神話の最高神インドラ→P72が仏教に取り込まれ、帝釈天となりました。「ブラフマー」が取り込まれた「梵天」と並び称され、あわせて「梵釈」と呼ばれることも。天部最強のコンビです。帝釈天と梵天は仏教の開祖である釈迦とも関わりが深く、釈迦が存命だった頃からその説法を聞いていました。中には、インドラ時代の姿を想起させる、ゾウに乗った帝釈天の仏像もあったりします。

帝釈天立像／出典：ColBase（https://colbase.nich.go.jp/）

関連知識

### 孔雀明王

明王たちの中で、一際異彩を放つのが「孔雀明王」です。孔雀明王の最大の特徴は、文字通り孔雀に乗っていることに加えて、なんと言ってもその穏やかな表情です。忿怒形を浮かべた恐ろしい明王たちの中に咲く１輪の孔雀！ そんな孔雀明王は、毒蛇を食べる孔雀が神格化されたもの。仏教では毒蛇は煩悩の象徴であるため、孔雀明王は煩悩や病魔を取り除いてくれる明王なんです。また、孔雀明王の密教呪法である「孔雀経法」は修験道→P236の開祖「役小角」が体得したものとしても知られています。

孔雀明王／出典：ColBase（https://colbase.nich.go.jp/）

# 薬師如来は万病を癒やす

## あらゆる病を治してくれる、仏界の〝お医者様〟！

今も昔も変わらない人々の苦しみの元凶と言えば、やはり「病」です。実は仏教には、万病を癒やしてくれる仏様がいます。それが「薬師如来」。その名の通り「薬」に縁が深く、サンスクリット語では「バイシャジャグル（医者の中の首長）」と呼ばれていました。現代でも流行病のニュースは尽きないので……**超ありがたい仏様です。**

薬師如来については、仏教の経典『薬師瑠璃光如来本願《やくしるりこうにょらいほんがん》功徳経《くどくきょう》』（通称『薬師経』）や『灌頂経《かんじょうきょう》』に記されています。薬師如来は悟りを開く前、つまり修行中の菩薩だった頃に、衆生を救うために12の誓い（大願）を立てました。例えば「私の名を聞けば健康になるようにしよう」「災難が迫っていても苦悩から助けてあげよう」などなど。これらの12の誓いをすべて見事に達成して、薬師如来は悟りを開いたんです。この誓いがあったからこそ、万病を癒やすことができるようになったというワケ。

**そんな薬師如来は東の方角にある浄土「東方浄瑠璃世界」を治めていて、そこはあらゆる病気や障りのない世界だと説かれています。まさに苦しみのない浄土。**浄瑠璃世界には、あまねく世界を照らす太陽と月を象徴する「日光菩薩」と「月光菩薩《がっこうぼさつ》」をはじめとして、多くの菩薩がいるそう。実際の仏像でも、中央に置かれた薬師如来の両脇に日光菩薩と月光菩薩が控えている「薬師三尊」が見られます。薬師如来を補佐する**大臣のような立ち位置？**

薬師如来はさらに、「薬師十二神将」と呼ばれる天部の神々によって守護されています。十二神将に属するのは「宮毘羅《くびら》大将」や「跋折羅《ばさら》大将」など、甲冑《かっちゅう》を身につけた勇ましい神々。薬師如来のボディーガードです。しかも彼らは、『薬師経』を信じる者まで守護してくれるんだそう。健康祈願や災難除去なら、薬師如来が祀《まつ》られるお寺にお参りに行くのもいいかもしれません！

## 関連知識

### 如来と菩薩が並んだ薬師三尊

薬師如来の両脇に日光菩薩と月光菩薩が並んでいることがあり、「薬師三尊」と呼ばれます。奈良県薬師寺の金堂にある薬師三尊は特に古く、国宝に指定されています。実はこのように本尊の両脇に菩薩や明王、天部などが配置される様子は、仏像や絵画でよく見られます。脇を固める者たちは「脇侍（わきじ・きょうじ）」と呼ばれます。例えば、➡P207阿弥陀如来の脇侍には「観音菩薩」と「勢《せい》至《し》菩薩」が、➡P219不動明王の脇侍には「矜羯羅《こんがら》童子」と「制多迦《せいたか》童子」が配置されがち。本尊の周囲にまで注目して見ると、新しい発見があるかも！

薬師三尊像／出典：ColBase（https://colbase.nich.go.jp/）

## 読み解きのカギ

### 領域展開の掌印は仏を示す印相？

人気漫画『呪術廻戦』。1000年前の呪術師である呪いの王「両面宿儺」の指を飲み込んでしまった少年、虎杖悠二《いたどりゆうじ》が、呪術高専に属する呪術師として悪しき「呪詛師」や「呪霊」との戦いに巻き込まれていく……という物語。作中で、呪術師たちが必殺技である「領域展開」を発動する際に、指で「掌印」を結びますが、これは仏教で特定の仏を示す「印相」がもとになっています。推定ですが、虎杖の友人「伏黒恵」の領域展開「嵌合暗《かんごうあん》翳庭《えいてい》」の発動時の掌印は、薬師如来を象徴する印相「薬壺《やっこ》印」だと考えられています。他にも、帝釈天や閻魔天、荼枳尼《だきに》天など、様々な仏を示す印相が掌印として登場するので、術者と元ネタの仏との関係性を考察するのも面白いです！

印相の例

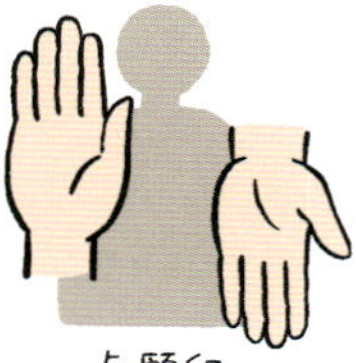

与願印

帝釈天印

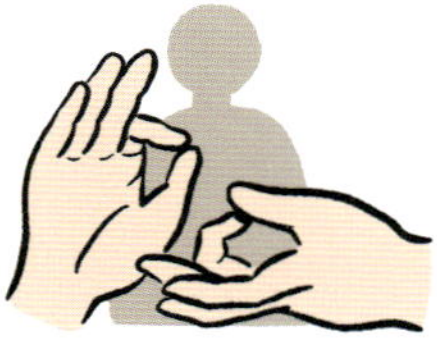

説法印

智拳印

触地印

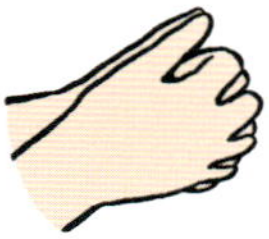

薬壺印

# 大日如来を信仰する密教（真言宗）

## 宇宙そのものでありすべての根源である、大スケールの如来！

釈迦如来、阿弥陀如来、薬師如来と来たら、やはり「大日如来」も外せません。大日如来は特に「真言宗」P205で本尊とされる如来です。真言宗は、平安時代に中国の密教僧から教義を伝授されて帰国した空海によって、日本で開かれました。同様の経緯で最澄が開いた「天台宗」P205と共に、「密教」と呼ばれています。

密教とは、「秘密の教え」という意味。他の仏教宗派では、釈迦の教えが文字ではっきりと記され、誰にでも理解できるような経典として残されています。しかし、**密教では「言葉で残された教えでは表せない物事の真理」を、修行などの実践によって求めようとします。**つまり、簡単には理解できない「秘密の教え」を求める宗派のことを密教と呼ぶというワケ。**一筋縄ではいかない真理。**そのため、呪術的な修法が多くあります。また、輪廻転生P212（六道輪廻）を繰り返すことなく、現在の肉体で成仏できると説く「即身成仏」の思想があることも特徴の1つですね。

さて真言宗では、本尊である大日如来は「宇宙そのもの」であり、宇宙の真理を現すと説かれています。すべての命は太陽よりも明るい大日如来の光から生まれ、すべての仏は大日如来の化身であるそう。**ものすごいスケールです。**森羅万象の根源的な存在といった感じ。

すべての仏の頂点に立つため、その図像は頭に宝冠を被っていたり、「瓔珞《ようらく》」というネックレスのような装飾品を身につけていたりと豪華絢爛。手元では智恵を象徴する「智拳印《ちけんいん》」P209や「禅定印《ぜんじょういん》」という印を結んでいます。如来にもかかわらず、頭髪は螺髪《らほつ》ではなく、結い上げられています。全体的な姿は、如来というより菩薩に近いですね。

神話で言えば「創造神」と「最高神」の両方の役割を担う大日如来。宇宙そのものである大日如来と一体となることで、即身成仏が達成されるといいます。

## 関連知識

両界曼荼羅図／出典：ColBase（https://colbase.nich.go.jp/）

### 胎蔵界曼陀羅

大日如来が中央に配置され、その周囲に数多くの仏が並べられた絵画、国宝『両界曼荼羅図 胎蔵界』。真言宗では２つの悟りの世界が説かれ、１つは大日如来の慈悲の面を示した「胎蔵界」、もう１つは大日如来の知恵の面を示した「金剛界」です。胎蔵界曼荼羅では、そんな胎蔵界の様子が描かれていて、大日如来の教え（慈悲）が太陽の光のようにあまねく周囲に広がっていく様が描かれています。ちなみに、中世日本で行われた神道と仏教の同化「神仏習合」では、大日如来は日本神話の太陽神アマテラス➡P106と習合されました。太陽つながりで、ものすごい合体が起きてしまったんです。

## 読み解きのカギ

### 神話・宗教の要素が混じり合う！

密教をモチーフとした人気漫画『孔雀王』。「孔雀明王」を守護神とする退魔師の「孔雀」は、人々の依頼で退魔を行っていくうち、闇の密法集団「六道衆」との戦いに身を投じていく……という物語。密教やインド神話だけでなく、様々な神話・宗教やオカルトの要素が混じり合った世界観が超魅力的！　なんと作中では孔雀明王が、中東の民族宗教「ヤズィーディー教」に登場する孔雀の天使「マラク・ターウース」と同一視されているほか、キリスト教の堕天使ルシファー➡P195でもあるとされます。このようにぶっとんだ神話要素を盛り込めるのは、創作ならではかもしれませんね！　臨・兵・闘・者・皆・陣・列・在・前！

ルシファー

8 - 6

# 恐ろしすぎる六道輪廻

## 永遠に転生を繰り返す6つの世界が、どれも辛すぎる……!

「人は死んだらどうなるのか?」と誰しもが一度は疑問に思うものですが、仏教ではその答えとして「すべての生き物は、6つの世界（六道）に絶えず生まれ変わり続ける」と説かれています。そう、「六道輪廻」です。

六道は、苦しみの少ない順に「天道」「人間道」「修羅道」「畜生道」「餓鬼道」「地獄道」の6つ。**どの世界に生まれ変わるのかは、「前世の行い」で決まり、悪行を為した者はより苦しみの多い世界に転生してしまいます。因果応報!**

では、六道それぞれの特徴を紹介しましょう。まず、天道は、「天人」が住むとされる天上世界のこと。善行を為した者が天人に生まれ変わり、快楽に満ちた生活ができますが、死の直前に「天人五衰」と呼ばれる5つの激しい苦しみに見舞われます。**最後にまとめて来るタイプの苦しみ。**

続いての人間道は、今私たちが生きているこの世界のこと。この世界が苦しみに満ちていることは、皆さんもご存知のはず（?）。しかし、この世の苦しみはまだ2番目に軽いものなんです。**辛すぎる。**ちなみに六道輪廻から自力で抜け出す（解脱《げだつ》する）には、悟りを得なければなりませんが、これは人間道でしか達成できないとされています。

3番目の修羅道は、鬼神「阿修羅」たちが妄執によって争いを繰り返す世界。我執《がしゅう》の強い者が修羅道に生まれ変わるとされています。終わりなき争い……**嫌すぎる!** そして4番目の畜生道は、動物や昆虫として生きる弱肉強食の世界。人の道を外れた者が落ちるとされています。さらに5番目の餓鬼道は、飢餓に苦しみ続ける「餓鬼」として生きる世界。だんだんと厳しい世界になっていますね。

そして最後、6番目の地獄道は、閻魔大王が支配する世界。殺生などを犯した罪深い者が地獄に落ち、凄絶な責め苦を受けます。地獄はもちろん嫌ですが、最もやさしい天道にも激しい苦が存在します。六道輪廻、**厳しすぎます。**

## 関連知識

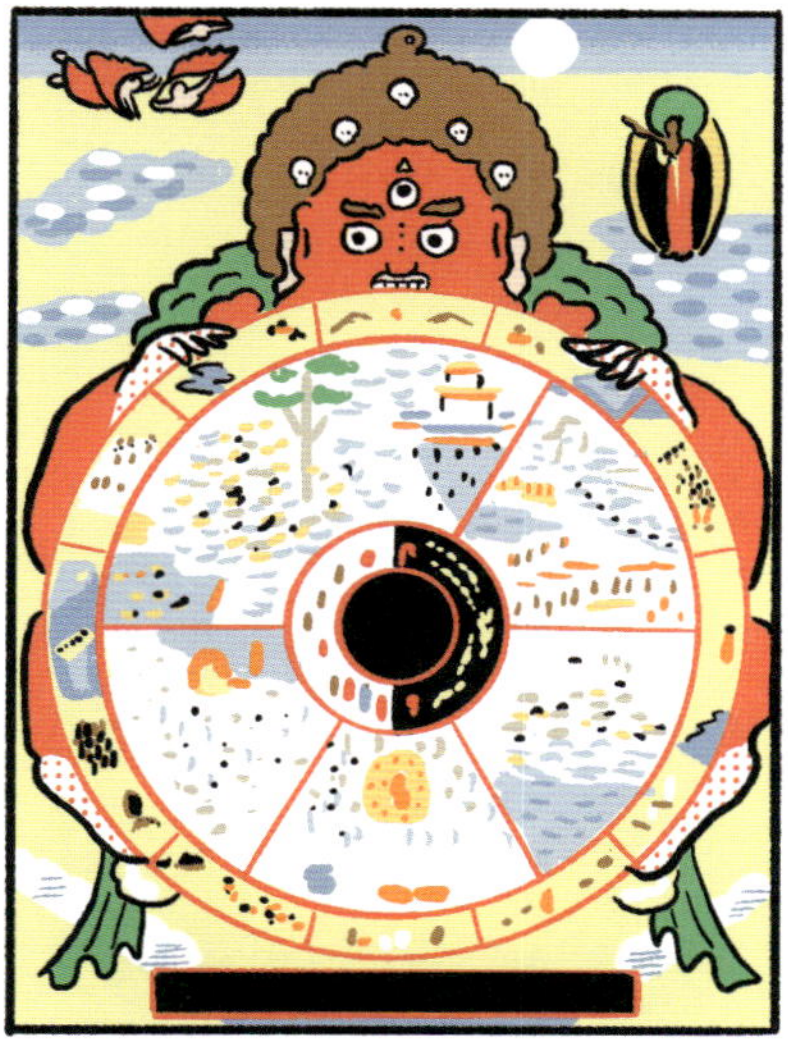

### 六道で輪廻を繰り返す

すべての生命が輪廻を繰り返す六道。六道のうち比較的苦しみの少ない「天道」「人間道」「修羅道」の３つは善行を為した者が行く世界として「三善趣《さんぜんしゅ》」、苦しみの多い「畜生道」「餓鬼道」「地獄道」の３つは悪行を重ねた者が行く世界として「三悪趣《さんあくしゅ》」と呼ばれます。基本的には人間道で悟りを得ることでしか六道輪廻から解放されないと説かれます。しかし、一方で「観音菩薩➡P216」や「地蔵菩薩➡P216」は六道で苦しむ衆生の声を聞き、解脱させてくれると説かれることもあります。修行せずとも苦しむ人々を救ってくれる菩薩様……ありがたすぎる！

## 読み解きのカギ

### クラスメートは死神！

人気漫画『境界のRINNE』。幼い頃に神隠しに遭い、この世とあの世の境界にある「輪廻の輪」に行った過去を持つ少女の真宮桜は、あるときクラスメートの少年・六道りんねが霊と話す姿を見てしまい、以降りんねの死神としての仕事を手助けしていく……というラブコメ×バトル漫画。りんねの名前がそのまま「六道輪廻」に由来していて、仏教的世界観がベースになっていますね。ちなみに、桜は神隠しに遭ったとき「輪廻の輪の世界の食べ物を食べたこと」で、霊が見えるようになりました。これは、日本神話の「黄泉戸喫《よもつへぐい》➡P102」のルールと似ていますね。

## 読み解きのカギ

### 六道の名を冠する能力

『家庭教師ヒットマンREBORN!』は、何をやってもダメダメな中学生・沢田綱吉のもとに赤ん坊姿の殺し屋が突如現れ、ツナをイタリアンマフィア「ボンゴレファミリー」の10代目ボスとして教育していく……という物語。メインキャラクターの１人である六道骸はなんと前世で六道を巡ったとされ、幻術を操る「地獄道」や格闘能力を引き上げる「修羅道」など、六道の名を冠する能力を持っています。後に味方として参戦するシーンはいつ見ても激アツ！

『家庭教師ヒットマンREBORN』天野明／集英社

# 八大地獄の刑期が長すぎる件

## 罪人が裁かれる地獄の懲役は、最低でも1兆年!?

六道P212で最も苦しみの多い世界が、罪人が落ちる「地獄道」です。人は亡くなるとまず地獄に行き、裁判長である「閻魔大王」を含めた10人の裁判官「十王」によって、生前の行いが審判されます。そして六道のどの世界に生まれ変わるのか、判決が下されるんです。ちなみにこれは中国の地獄観の影響を受けていると考えられています。ここで比較的マシな世界に行ければよいですが……罪深い者は「地獄で責め苦を受けること」が決定します。

地獄には大きく分けて8つの種類があり（八大地獄）、罪の種類に応じてどの地獄に行くかが決められ、それぞれ責め苦の内容や懲役が異なります。**そのラインナップは、❶等活《とうかつ》地獄、❷黒縄《こくじょう》地獄、❸衆合《しゅうごう》地獄、❹叫喚《きょうかん》地獄、❺大叫喚《だいきょうかん》地獄、❻焦熱《しょうねつ》地獄、❼大焦熱《だいしょうねつ》地獄、❽無間《むけん》地獄（阿鼻《あび》地獄）」の8つ。** **名前からして恐ろしいです……。** 階層構造になっていて、基本的に下に行くほど、責め苦は重く、懲役は長くなっていきます。

最も軽い等活地獄は「殺生を犯した者」が行く地獄で、次の黒縄地獄は「殺生に加えて窃盗を犯した者」が行く地獄、衆合地獄は「殺生と窃盗に加えて邪淫を犯した者」が行く地獄……とどんどんプラスされていきます。そして、最も軽い等活地獄でも、獄卒に身体を切り刻まれては蘇生され……といった責め苦が1兆年以上も続きます。**な、長すぎる！** しかし最も重い無間地獄に至っては、他7つの地獄の責め苦をすべて足した苦しみがたった1分の間に与えられ、その刑期がなんと300京《けい》年以上。途方もない苦しみに苛まれる真の地獄です。**絶対に落ちたくない……。**

ちなみに八大地獄には、それぞれ16の小さな地獄「十六小地獄」が付随していて、この小地獄によって与えられる責め苦のバリエーションも様々。**なぜか責め苦がめちゃくちゃ充実しています……。**

## 関連知識

### 閻魔様にウソは通用しない

地獄極楽図／出典：ColBase（https://colbase.nich.go.jp/）

地獄の裁判長である閻魔大王は、インド神話の冥界の王ヤマが仏教に取り込まれて生まれました。地獄では、7日ごとに十王が1人ずつ亡者に裁きを行います。閻魔大王はその第5審を担当し、亡者の過去を映し出す「浄玻璃鏡《じょうはりのかがみ》」で善悪を見極めるそう。また、ウソつきには「人頭《にんとう》杖《じょう》」という杖に乗った顔が火を噴くんだとか。閻魔様の前ではどんなウソも通用しません。「ウソをつくと閻魔様に舌を抜かれる」とよく言われますが、地獄の責め苦の激しさを考えると、舌を抜かれるなんて生易しいものですね。

## 読み解きのカギ

『鬼灯の冷徹』江口夏実／講談社

### 地獄の種類が覚えられる？

人気漫画『鬼灯《ほおずき》の冷徹』。仏教の地獄をベースに、閻魔大王の補佐官を務める主人公「鬼灯」を中心として、地獄で社会人として働く獄卒たちの日々が描かれるコメディ漫画です。作中の地獄の構造はしっかり仏教に基づいており、アニメ版第1期のオープニングでは、八大地獄の名前が映像や歌詞に登場するのも特徴です。口ずさんでいれば、地獄の名前を全部覚えられるかも？　冥界の女神イザナミや、西洋の地獄の王として「サタン」、その右腕の「ベルゼブブ」など、世界中の神話や宗教の要素も盛り込まれています。いつか地獄に落ちるかも……と不安な方は予習にぜひ（？）。



TVアニメ『鬼灯の冷徹』より

# 弥勒菩薩と地蔵菩薩が人々を救う

## 遥か未来に救ってくれる菩薩と、今この時代に救ってくれる菩薩！

仏教では数多くの「菩薩《ぼさつ》」→P206が信仰されています。人々の救いを求める声を聞く「観音《かんのん》菩薩」、知恵に長ける「文殊《もんじゅ》菩薩」、白象に乗って現れ理知と慈悲を司る「普賢《ふげん》菩薩」などなど。すべてしっかりと紹介したいところなんですが……ここでは、衆生《しゅじょう》を救済してくれる2人の菩薩「弥勒《みろく》菩薩」と「地蔵《じぞう》菩薩」を紹介しましょう。

まずは、弥勒菩薩から。実は、弥勒菩薩は「将来的に悟りを得ることが確定している菩薩」です。仏教における天界の1つ「兜率天《とそつてん》」で現在は修行を積んでおり、遥か先の未来に悟りを得ると、地上に降り立って衆生を救ってくれる、とされているんです。しかし、それは釈迦の入滅から数えて、56億7千万年も後のことだそう。**すっごい先（人類は生き残っているんでしょうか？）**。

平安時代には、「現在は仏法の力が弱まり、世界が混迷している時代だ」と考える「末法思想」が広がっていました。そんな時流の中で、遥か未来とはいえ人々を必ず救済してくれる弥勒菩薩は篤く信仰されたといいます。

さて、釈迦の入滅から弥勒菩薩が救済に来るまでのおよそ57億年は、「無仏世界」と呼ばれます。この無仏世界に衆生を救うことをかつて釈迦に任された者がいます。それが、「お地蔵さん」の愛称で知られる地蔵菩薩です。六→P212道輪廻を繰り返して終わりなき苦しみに耐え続ける衆生に、地蔵菩薩は救いをもたらしてくれるそう。**道端やお寺に「六地蔵」が並んで祀られていることがありますが、あの6体の地蔵はそれぞれ対応づけられた六道世界を救うとされています。ありがたい……！**

地獄に落ちても地蔵菩薩がきっと救ってくれる――この考えは六道輪廻を恐れる人々の心の拠り所となり、地蔵菩薩は平安時代以降、篤く信仰されました。道端の六地蔵には、救いを求めた誰かの思いが込められているんですね。

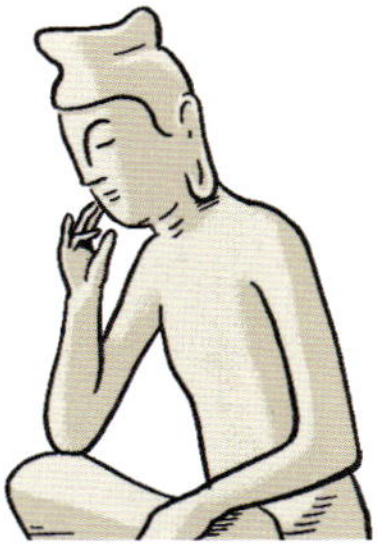

関連知識

## 六道から衆生を救う地蔵菩薩

奈良県の法隆寺には、国宝『地蔵菩薩立像』が安置されています。地蔵菩薩は、六道輪廻に苦しむ衆生を救う以外にも、「子どもの守り神」や「苦難の身代わり」など、様々な現世利益があるとして信仰されました。これも、「お地蔵さん」として親しまれている所以《ゆえん》ですね。最も身近な菩薩と言っても過言ではありません。また実は、地蔵菩薩と閻魔大王は同一視されることがあります。衆生を救う地蔵菩薩と、衆生を裁く閻魔大王。救いと懲罰は表裏一体……ということなのかも？

関連知識

## 未来に衆生を救う弥勒菩薩

京都府の広隆寺には、国宝『木造弥勒菩薩半跏像』が安置されています。弥勒菩薩が台座に座って片足を組み、右手の指先で頬を触っていますが、これは「半跏《はんか》思惟像《しゆいぞう》」と呼ばれる形式。人々を救済する方法を模索し、思案する様子が表現されています。ちなみに、弥勒菩薩の信仰には主に「弥勒菩薩と共に兜率天で修行したい」という「上生信仰」と、「弥勒菩薩が地上に降りる時代に生まれ、説法を聞いて救われたい」という「下生信仰」の２つがあります。

8

仏教

深掘りコラム

## 昔話に登場する六地蔵

六地蔵が登場する昔話といえば、やっぱり『かさじぞう』。笠売りのおじいさんは年の瀬に、雪の積もった六地蔵を見つけます。おじいさんは売れ残った笠をお地蔵様に被せていきますが、１つ足りなかったため自身のてぬぐいを最後のお地蔵様に被せて帰宅。その夜、家の前に食べ物や宝物が置かれ、雪道を帰るお地蔵様の背中を遠くに見ます。「善行は返って来る」という仏教的教訓を説く物語ですね。六地蔵によって六道輪廻を想起させるという目的もあったのだと思われます（幼い頃は気がつかなかった！）。ちなみに、お地蔵様の数が５体だったり７体だったりと、バージョン違いも多くあります。皆さんの地域ではどんなお話だったでしょうか？

はじめての世界名作えほん『かさじぞう』中脇 初枝（文），林 一哉（作画），門野 真理子（美術），西本 鶏介（解説）／ポプラ社

8-9

# 最強すぎる五大明王

## インド神話の神々すら打ち倒す、最強の武闘派集団！

苦しむ衆生《しゅじょう》に優しく手を差し伸べてくれる菩薩《ぼさつ》とは異なり、〝怒り〟を以て衆生を導く存在、それが「明王《みょうおう》」↓P206です。明王は密教↓P210で主に信仰される尊格であり、「仏教に帰依《きえ》しない者たちを力ずくで帰依させたり、仏道を阻む魔（仏敵）を討ち払ったりする」という役割を担います。怒りを顕わにした「忿怒形《ふんぬぎょう》」を顔に浮かべ、多数の顔や腕を持ち（多面多臂《ためんたひ》）、その手には武器を携えています。**頼もしすぎる武闘派集団！**

そんな明王の中心的存在と言えるのが「五大明王」です。**真言宗↓P205におけるメンバーは、①不動明王、②降三世《ごうざんぜ》明王《みょうおう》、③軍荼利《ぐんだり》明王《みょうおう》、④大威徳《だいいとく》明王《みょうおう》、⑤金剛夜叉《こんごうやしゃ》明王《みょうおう》の5人。**一方の天台宗↓P205では、⑤金剛夜叉明王の代わりに、「烏枢沙《うすさ》摩明王《まみょうおう》」が入ります。不動明王は彼らのリーダーであり、「不動」つまり「揺るぎない心」を持つ明王として信仰を守護してくれます。人々からは「お不動さん」という愛称で親しまれていますね。

また、他のメンバーもかなりの強者。例えば降三世明王は、「自分こそが最高神だ」と語る神「大自在天《だいじざいてん》」とその妻「烏摩妃《うまき》」を打ち倒し、仏教に帰依させました。実はこの大自在天と烏摩妃は、インド神話の破壊神シヴァ↓P78とその妻パールヴァティー↓P86のこと。つまり、降三世明王はインド神話の主神夫婦を倒すほどの強さを持つ、と説かれているんです。さらに、軍荼利明王は財宝神ガネーシャ↓P86を調伏するとされ、大威徳明王は冥界の王ヤマ↓P88を打ち倒すとされています。

もともと明王は、インド神話の神々が仏教に取り込まれて生まれました。とはいえ、仏教から見ればヒンドゥー教は異教であり、異教の神々を仏教に帰依させるほどの強さを明王が持つことは、〝仏教の正しさ〟を示すうえで重要だったというワケですね。

## 関連知識

五大明王／出典：ColBase（https://colbase.nich.go.jp/）

### 中央に座す不動明王

奈良国立博物館に所蔵されている『五大明王像』は、五大明王が一堂に会する様子が描かれた貴重な絵画です。中央に座しているのが不動明王。手には煩悩を断ち切る「宝剣」と、衆生を縛りあげて正しい道へと導く縄である「羂索（けんさく・けんじゃく）」を持っています。不動明王の背後で燃え盛る炎は「迦楼羅炎《かるらえん》」と呼ばれ、竜を喰らう天部の神「迦楼羅天（インド神話のガルダ）」→P84が吐く炎になぞらえられたこと、あるいは迦楼羅天が翼を広げた姿に似ていることに由来するとされます。燃え盛る炎をバックに武器を構える不動明王……風格がハンパないです！

## 読み解きのカギ

### 正義の心で悪魔を抑え込む少年！

超名作漫画『デビルマン』。地球の先住人類であった「デーモン（悪魔）」が復活し侵略を開始していることを知った少年・不動明《ふどうあきら》は、敵であるデーモンの「アモン」を自らの身体に憑依させた「デビルマン」となり、侵略に抵抗する……という日本のダークファンタジーの先駆けとも言える名作。作品全体では主にキリスト教がモチーフとなっていますが、主人公の名は密教の不動明王から取られていますね。作中で不動明は、デーモンに憑依されながらも正義の心でデーモンを抑え込み、デビルマンになりました。つまり「揺るぎない正義の心を持つ守護者」として、まさに不動明王の名はふさわしいというワケ！

©永井豪／ダイナミック企画

# 四天王は東西南北を守護する

## 世界の四方を守護する、頼もしすぎる武神たち！

ゲームや漫画で、実力のある4人衆は「四天王」と呼ばれますよね。**「奴は四天王の中でも最弱…」というセリフは超定番（?）。**この四天王とは本来、仏教において「天部」P206に属する4柱の神のことを指します。その神々とは、①持国天《じこくてん》、②増長天《ぞうちょうてん》、③広目天《こうもくてん》、④多聞天《たもんてん》。ちなみに多聞天は、単独で祀られる場合には「毘沙門天《びしゃもんてん》」と呼ばれます。「七福神」P222に属する武神として有名ですね。所属によって名前が変わるシステムです。

**四天王は、雷神「帝釈天《たいしゃくてん》」P207に仕える守護神です。**天部の頂点に立つ最強神直属の部下というワケ。そのため、武将のように甲冑や武器を身につけ、威風堂々と立っている姿の仏像が多く見られます。手に持つものはそれぞれ異なり、持国天は剣を、増長天は戟を、広目天は筆と巻物を、多聞天は仏教建築である「宝塔《ほうとう》」を持つことが多いとされています。見分けるのは意外と簡単です。塔を片手で持つ多聞天、**すっごく大きいのかも。**

また、彼らは悪鬼を踏みつけています。悪鬼は人間の煩悩の象徴であり、仏法を守る四天王によって懲らしめられているというワケ。実は、四天王は世界の中心にそびえ立つ「須弥山《しゅみせん》」の中腹に住み、須弥山の東西南北に浮かぶ4つの大陸、①東勝身洲《とうしょうしんしゅう》、②南贍部洲《なんせんぶしゅう》、③西牛貨洲《せいぎゅうかしゅう》、④北《ほっ》倶盧洲《くるしゅう》をそれぞれ守護しています。ちなみに人類はこのうち南贍部洲に住んでいるとされています。世界のガードマン的な存在……**ありがたすぎる！**

また、四天王は鬼神を眷属《けんぞく》とするのも特徴です。持国天は「乾闥婆《けんだつば》」と「毘舎遮《びしゃしゃ》」、増長天は「鳩槃荼《くばんだ》」と「薜茘《へいれい》多《た》」、広目天は「龍王」と「富単那《ふたんな》」、多聞天は「夜叉」と「羅刹」を従えています。眷属の名前がかなり独特なのは、インド神話から取り込まれた経緯で、ほとんどがサンスクリット語の漢訳名であるからなんです。**強そうな響き！**

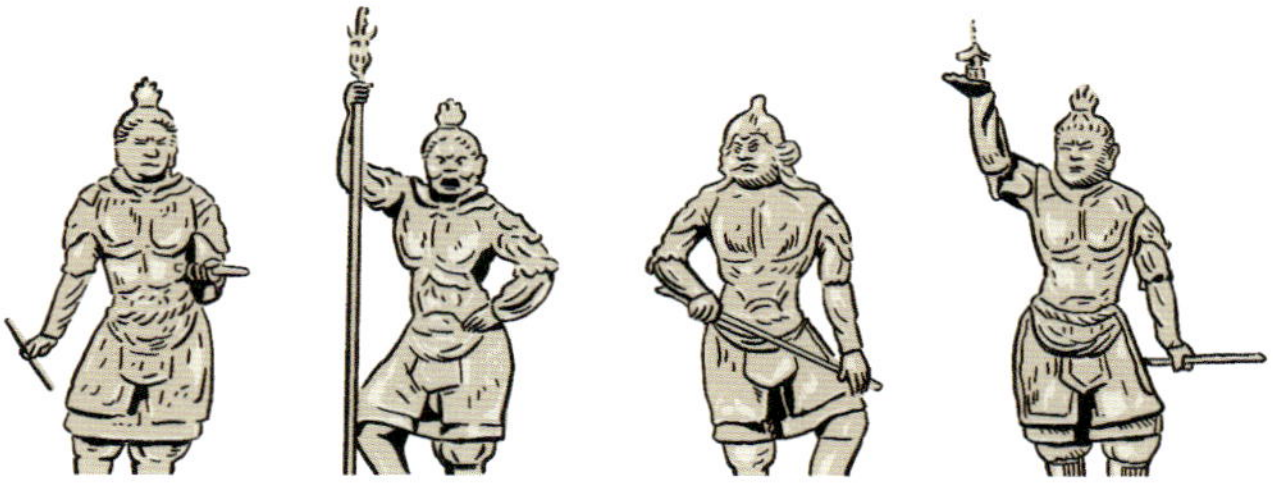

## 関連知識

### 四天王像

国宝『四天王立像』は奈良県の東大寺にあります。左から持国天、増長天、広目天、多聞天です。実は、四天王がこのように武将の姿で表現されるようになったのは仏教が中国に伝わって以降のこと。元々はインドの上流階級の服装で表されていたそうです。仏教の伝播と共にその姿も変わっていったんですね。ちなみに四天王は、密教において12の方角を守護する天部の神々「十二天」や、仏典『般若経』を読む人を守護する「十六善神」にも所属しています。かなり忙しそう。

## 読み解きのカギ

### 神話と善悪が逆転……？

インド神話や仏教がモチーフの人気漫画『聖伝 -RG VEDA-』。「帝釈天」に一族を滅ぼされた阿修羅と夜叉王の２人が、圧政を敷く帝釈天の打倒を目指して、予言に示された「六星」と呼ばれる６人を集める旅に出る……という神話と善悪が逆転したかのような物語が特徴です。作中では、帝釈天の配下として「四天王」が登場します。しかし、四天王のうち「持国天」だけは「乾闥婆王《けんだつばおう》」という名前で登場し、なんと阿修羅たちが探している六星に含まれているんです。誰が敵で、誰が味方なのか——ラストは必見です！

『聖伝 -RG VEDA-（愛蔵版）』
CLAMP／KADOKAWA


## 読み解きのカギ

### 「奴は四天王の中でも最弱…」

人気漫画『増田こうすけ劇場 ギャグマンガ日和』。聖徳太子や小野妹子、松尾芭蕉やペリーといった歴史上の偉人も多数登場する、１話完結型のギャグ漫画。作中で打ち切られてしまうファンタジー漫画『ソードマスターヤマト』の１コマに、「フフフ…奴は四天王の中でも最弱…」というセリフが登場します。これは、四天王の最初の１人が勇者に倒され、残りの四天王が放った一言。とはいえ、このセリフ自体も“よくある展開”のオマージュなので、もともと漫画やゲームなどの「四天王あるある」だったというワケですね。ちなみに『FINAL FANTASY Ⅳ』には、「あいつは４てんのうになれたのがふしぎなくらい よわっちいヤツだったからなあ」というセリフがあったりします。様式美！

8 - 11

# 七福神がありがたすぎる

## インド・中国・日本から集まった、福の神オールスター！

福をもたらしてくれる神様と言えば「七福神」が有名です。七福神を祀《まつ》る寺社を巡る「七福神巡り」をしたことがある方も多いかも。**そんな七福神のメンバーは、❶大黒天《だいこくてん》、❷弁財天《べんざいてん》、❸毘沙門天《びしゃもんてん》、❹恵比寿《えびす》、❺布袋尊《ほていそん》、❻福禄寿《ふくろくじゅ》、❼寿老人《じゅろうじん》、の7柱が一般的です。**ちなみに福禄寿と寿老人は同一視されることもあるため、その場合には「吉祥天」などが代わりに入ります。順に紹介しましょう。

大黒天は、袋を担いで小槌を持った姿の神で、五穀豊穣などのご利益があります。その前身は、古代インドの破壊神シヴァ↓P78の別名マハーカーラ（大黒）です。もともとは恐ろしい姿をしていましたが、後にオオクニヌシ↓P110と習合したことで、柔和な表情の神となりました。

続いての弁財天は、七福神の紅一点。琵琶を弾く女神で、財運や芸能のご利益があります。そんな弁財天の起源は、インド神話の河の女神サラ↓P75スヴァティーだそう。

毘沙門天は、四天王の多聞天↓P220としても知られる武神。古代インドの財神「クベーラ」が前身で、ご利益は財運や勝運など。多くの武将に信仰されました。

恵比寿は、左手に鯛を、右手に釣竿を持ち、大漁のご利益があるとされます。七福神で唯一、日本由来の神で、一説では海に流された「ヒルコ↓P100」が起源なんだそう。

布袋尊は、大きな袋を担いだ太鼓腹の神で、そのご利益は福徳円満など。古代中国の伝説的な仏僧「布袋」が、後に日本で福の神として信仰を集めるようになりました。

福禄寿は、長い頭を持つ仙人の姿で、ご利益は子孫繁栄など。そんな福禄寿にそっくりの寿老人は、巻物のついた杖を持ち、延命長寿などのご利益があります。実はこの2柱は古代中国の「道教↓P232」が起源で、もともとは同じ「南極老人星（カノープス）」を神格化した神だそう。七福神は、アジアの福の神が大集合した、**福の神のオールスターと言えるかも。**

七福神と宝船／東京都立図書館蔵

関連知識

## 「7」であるワケはいろいろ

「宝船」に乗る七福神が描かれた江戸時代の浮世絵。七福神の「７」は、仏教の経典『仁王経』に語られる「七難即滅七福即生《しちなんそくめつしちふくそくしょう》（功徳によって７つの災難が消えて、７つの福がもたらされる）」という言葉にちなんだのが由来だとされます。ラッキーセブンじゃないんです。ちなみに「ラッキーセブン」という言葉は、1885年にアメリカのメジャーリーグベースボールで、７回に打ち上げられたフライが強風にあおられてホームランになった出来事が語源であるとされています。さらにちなみに、『新約聖書』の「ヨハネの黙示録」➡P196で「７」という数が多く登場していたのは、キリスト教において７が「完全」を意味する数だからだと考えられています。

読み解きのカギ

『ノラガミ』あだちとか／講談社

## 金髪美女の毘沙門天！

人気漫画『ノラガミ』。ジャージ姿の青年・夜トは社を持たない神、通称「野良神」であり、わずかな賽銭と引き換えに依頼を受けて人々の悩み事を解決していたが、あるとき中学生の少女・壱岐ひよりと出会い……という物語。作中には七福神や貧乏神、日本神話の神々などが数多く登場します。特にキーパーソンとなるのが「毘沙門天」で、なんと黒い衣服を着た金髪の美女という姿。しかし、「最強の武神」とされるのは史実と同じです。日本では古くから、毘沙門天は勝運を司る武神として信仰され、平安時代の武官「坂上田村麻呂」は征夷の記念に毘沙門天を祀ったとしても知られています。また、戦国屈指の名将「上杉謙信」は、自らを「毘沙門天の生まれ変わり」と考え、旗印に「毘」の文字を掲げていました。皆さんも「絶対勝つぞ！」というときには、毘沙門天を祀るお寺にお参りにいくといいかも？

8 - 12

# 般若心経の「色即是空」って何？

## 仏教の真髄を説く、たった数百文字の経典！

『法華経《ほけきょう》』や『薬師経《やくしきょう》』『華厳経《けごんきょう》』など、仏教には数多くの経典があります。それらの経典の内容は、如来や菩薩の功徳が説かれたり、仏教の教理が語られたりと様々。そんな数ある経典の中でも特に短いのが、『般若心経《はんにゃしんぎょう》』です。しかも、「たったの数百文字で仏教の真髄が語られている」とされているんです。**スゴすぎる要約力。**

一説では、『般若心経』の原典となったのは、『大般若経』という中国の経典だとされています。『大般若経』は、唐の仏僧である「玄奘三蔵《げんじょうさんぞう》」が、インドの経典群を中国に持ち帰って漢訳したもの。しかし600巻もの長さがあったため、玄奘は超要約版を作ります。それが、後に日本に伝わる『般若心経』でした。ちなみにこの玄奘とは、『西遊記』でお馴染みの「三蔵法師」のことです。

『般若心経』の文字数は、題字を含めるか否か、あるいは細かなバージョンによって微妙に異なりますが、だいたい260～280字の間。**一般的な原稿用紙1枚以下！** その内容は、釈迦が説法をしている中、そこに居合わせた観自在菩薩（観音菩薩）が釈迦の弟子「舎利子《シャーリプトラ》」に対して、「悟りに至るための方法」を説いている、というもの。言ってしまえば、〝授業形式〟の文章なんです。

そんな『般若心経』の核となる有名フレーズは、「色即是空 空即是色」です。この「空」とは、かみ砕いて言えば「万物は実体をもたないまま移り変わっている」という意味。そして「色」とは、「物質的な存在」という意味。**つまり、「色即是空 空即是色」を超意訳すると、「万物の一切は常に移り変わるものだから、物質への執着をやめることが悟りにつながる1歩なんだ」といった感じになります（もちろん1文で言い表すのにはちょっと無理があります）。**

世界が「空」ならば、この苦しみや悲しみにも実体などない――。そう思えたら、確かに少し楽になるかも？

観自在菩薩《かんじざいぼさつ》　行深般若波羅蜜《ぎょうじんはんにゃはらみっ》
多時《たじ》　照見五蘊皆空《しょうけんごうんかいくう》　度一切《どいっさい》
苦厄《くやく》　舎利子《しゃりし》　色不異空《しきふいくう》　空《くう》
不異色《ふいしき》　色即是空《しきそくぜくう》　空即是《くうそくぜ》
色《しき》　受想行識亦復如是《じゅそうぎょうしきやくぶにょぜ》　舎利《しゃり》
子《し》　是諸法空相《ぜしょほうくうそう》　不生《ふしょう》　不滅《ふめつ》
不垢不浄《ふくふじょう》　不増不減《ふぞうふげん》　是故空《ぜこくう》
中《ちゅう》　無色《むしき》　無受想行識《むじゅそうぎょうしき》　無眼《むげん》
耳鼻舌身意《にびぜっしんい》　無色声香味触法《むしきしょうこうみそくほう》
無眼界《むげんかい》　乃至無意識界《ないしむいしきかい》　無無《むむ》
明《みょう》　亦無無明尽《やくむむみょうじん》　乃至無老死《ないしむろうし》
亦無老死尽《やくむろうしじん》　無苦集滅道《むくしゅうめつどう》　無《む》
智亦無得《ちやくむとく》　以無所得故《いむしょとくこ》　菩提《ぼだい》
薩埵《さった》　依般若波羅蜜多故《えはんにゃはらみったこ》　心《しん》
無罣礙《むけいげ》　無罣礙故《むけいげこ》　無有恐怖《むうくふ》
遠離一切顛倒夢想《おんりいっさいてんどうむそう》　究竟涅槃《くきょうねはん》
三世諸仏《さんぜしょぶつ》　依般若波羅蜜多故《えはんにゃはらみったこ》
得阿耨多羅三藐三菩提《とくあのくたらさんみゃくさんぼだい》　故知《こち》
般若波羅蜜多《はんにゃはらみった》　是大神呪《ぜだいじんしゅ》　是《ぜ》
大明呪《だいみょうしゅ》　是無上呪《ぜむじょうしゅ》　是無等《ぜむとう》
等呪《どうしゅ》　能除一切苦《のうじょいっさいく》　真実不虚《しんじつふこ》
故説般若波羅蜜多呪《こせつはんにゃはらみったしゅ》　即説呪《そくせつしゅ》
日《わっ》　掲諦掲諦《ぎゃていぎゃてい》　波羅掲諦《はらぎゃてい》　波《は》
羅僧掲諦《らそうぎゃてい》　菩提薩婆訶《ぼじそわか》　般若《はんにゃ》
心経《しんぎょう》

出典：『般若心経』玄奘三蔵訳

## 関連知識

### 般若心経

多くの宗派で読まれている『般若心経』には、玄奘三蔵によって漢訳されたとされるもののほかにも、いくつかバージョン違いがあります。中国の「鳩摩羅什《くまらじゅう》」や「支謙《しけん》」といった人物によって、『般若心経』の原型が作られたという説もあるんです。ちなみに般若心経は、唱えたり写経したりするだけでもご利益があるとされました。こうした簡便さも、『般若心経』が現代まで親しまれ続けてきた理由の１つなのかもしれませんね。

## 読み解きのカギ

### トラウマ必至の少年ホラー漫画

人気漫画『地獄先生ぬ～べ～』。「鬼の手」を持つ小学校教師の「ぬ～べ～」こと鵺野鳴介は、次々と現れる恐ろしい霊や妖怪を相手に、児童たちを守るべく奮闘する……というアクションホラー漫画。恐すぎる幽霊が登場するエピソードで、普通にトラウマになったという方も多いはず（私もです）。ゲームや漫画で「僧侶が妖怪や幽霊に対してお経を唱える」というのは定番ですが、漫画版のぬ～べ～は「鬼の手」を解放する際に「南無大慈大悲救苦救難広大霊感白衣観世音」から始まるお経を唱えます。実はこれ、『白衣観音経《びゃくえかんのんきょう》（白衣神咒）』という実在する仏典の一節です。

## 読み解きのカギ

### 般若心経アレンジが大流行！

2010年にニコニコ動画で公開された人気楽曲『般若心経ポップ』は、ボーカロイドの「初音ミク」がポップな伴奏に合わせて『般若心経』そのものを歌うというもの。コメントで意訳が書かれていたのが懐かしいですね。この『般若心経ポップ』がきっかけとなり、『般若心経ロック』や『般若心経ハードコア』など様々な派生作品が作られる一大ブームとなりました。さすがの釈迦も、2500年後にこんなことになるとは予想できなかったはず！

『般若心経ポップ』おにゅうＰ／イラスト：はんにゃＧ

## ケルト神話の王権の女神と現代日本のライトノベル②

第7章のコラムでは、ケルトの王権の女神の神話と現代のライトノベルが、「**王権を与える女神**」というモチーフのもと、共通の構造を持つことを確認しました。このコラムでは、また別の例も見てみたいと思います。

分析する作品は、山野辺りり『堕ちた聖職者は花を手折る』（イースト・プレス、２０２０）です。このような話です。

神殿で下働きをしている主人公の少女ユスティネは、その神殿でひそかに暮らす王太子レオリウスの世話をすることになる。王位は叔父に簒奪され、彼の母はこの叔父に無理やり王妃とされていた。

ある時、温厚なレオリウスの様子が一変している。母が死んだのだ。ところが、たまたまその近くで水浴をしていたユスティネを見た彼は、ユスティネの身体に「**乙女**」の資格を表すあざがあるのを見て歓喜した。「**乙女**」とは神に認められた王の唯一の伴侶である。レオリウスは抵抗するユスティネをすさんだ心のまま蹂躙した。これはしばらく続いたが、やがてレオリウスはユスティネを連れて王宮へ行き、２人は次第に心を通わせるようになる。さらにレオリウスは叔父から王位を取り戻すことに成功する。彼は誠実にユスティネに過去の行為を謝罪し、２人は真の夫婦となる。

この「**乙女**」の存在は、前のコラムで取り上げたケルトの王権の女神によって読み解くことができます。「**乙女**」もまた、王を選び王権を保証する、王権の女神なのです。レオリウスははじめユスティネの身体を蹂躙しましたが、それでは王となる資格を得ることはできませんでした。彼女を心から愛し、互いに想いあう関係になってはじめて事態は動き始め、レオリウスは叔父を倒して王権を手に入れることができたのです。

ところでこの作品は**エロス**を多分に含んでいます。この点でも本作品は、神話に近いところがあると言えそうです。神話は**エロス**の宝庫です。原初のとき、これから世界が創られるために、**エロス**の力が必要であると考えられ、原初の時の神々の性交が時に赤裸々に語られます。日本神話のイザナキとイザナミがよい例と言えるでしょう。互いの身体の違いを確認する会話を交わしてから結婚し、出産の形でイザナミは国土と神々を生み出しました。ギリシアでは、原初の時に愛の「**エロス**」が誕生していますし、インドでも愛の神の「カーマ」は原初の存在です。**エロス**への親近性、という点でも、ライトノベルは神話的なものを表現しやすい媒体であると考えられそうです。

第9章

# その他の宗教

これまでインド神話としてヒンドゥー教を、さらにユダヤ教・キリスト教、そして仏教を紹介してきました。他にも世界には多種多様な宗教が存在しますが、全てを取り上げることは到底不可能……。なので第９章では、「イスラーム」や「ゾロアスター教」「道教」などいくつかを、それらの要素がある『ダークソウル』や『地獄楽』などと共に紹介します！　ちなみにこちらが最終章です！　最後のページまでお楽しみに！

9-1

# ムハンマドが創唱したイスラーム

## 6つの信条と5つの義務を持つ、世界3大宗教の1つ！

キリスト教P168、仏教P204と共に世界3大宗教に数えられるのが、「イスラーム（イスラム教）」です。イスラームは唯一神アッラーを信仰する一神教であり、6世紀に生まれた預言者「ムハンマド」によって創唱されました。ムハンマドはサウジアラビアのヒラー山の洞窟で神の啓示を受けたことをきっかけに、人々に教えを説き始めました。

ムハンマドが受けた啓示は、聖典『クルアーン（コーラン）』に記録されています。イスラームは、この『クルアーン』を最重要視するんですが、実は『旧約聖書』P168と『新約聖書』P184の内容の一部も聖典としています。7世紀頃に始まったイスラームは、すでに広まっていたユダヤ教とキリスト教を一部継承しているというワケ。そのため、イスラームの神アッラーは、ユダヤ教やキリスト教の神ヤハウェと基本的に同一だとされています。

しかしムハンマドは、「ユダヤ教とキリスト教は唯一神の啓示を歪めて広めてしまった」と説きました。そして、**『旧約聖書』に登場する預言者アブラハムP176こそが純粋なる一神教徒であったとし、イスラームはこの古い一神教の復活であるとしています。**このようにユダヤ教・キリスト教・イスラームは起源を同じくすることから、「アブラハムの宗教」と呼ばれています。アブラハムの神を信じる、

### 親戚同士と言えるかも。

さて、『クルアーン』には、守るべき規範や善悪の分別など、様々な事柄が書かれています。特に重要なのが、イスラームの徒（ムスリム）が信じるべき6つの信条と、行うべき5つの義務「六信五行」です。六信はアッラー・天使・啓典・預言者・来世・定命で、五行は信仰告白・礼拝（サラート）・喜捨（ザカート）・断食（サウム）・巡礼（ハッジ）です。日々の生活の中で守るべきルールが細かく定められているのが特徴的ですね。

## 関連知識

### 立方体を意味するカーバ神殿

イスラームの聖地として有名なのが、サウジアラビアのメッカにある「カーバ神殿」。「カーバ」はアラビア語で「立方体」を意味し、神殿はまさに巨大な立方体の形をしています。このカーバ神殿に巡礼することはムスリムの義務である五行の1つ「ハッジ」であり、実践可能なムスリムは人生で一度は行う必要があるとされています。ちなみにメッカには基本的にムスリムしか入れないため、異教徒の人が観光することはできません。

## 読み解きのカギ

### 精霊の秘宝を求めて迷宮へ！

人気漫画『マギ』。御者として働いていた少年アリババはあるとき、旅をしている魔法使いの少年アラジンと出会い、莫大な借金を返すために秘宝が眠る迷宮《ダンジョン》の攻略に挑む……という物語。すでにお分かりの通り、『アラビアンナイト（千夜一夜物語）』がモチーフとなっています。ちなみに、作中で迷宮の宝物庫に封印されている「ジン」と呼ばれる精霊たちは、イスラーム以前からアラブ世界で信じられていた「目に見えない精霊や魔人」である「ジン」が由来。『アラジンと魔法のランプ』に登場するランプの精もジンです。また、作中でジンに付けられた固有名や、迷宮の名前は「ソロモン72柱」➡P182から取られています。中東世界の神話・伝承の要素が盛りだくさん！

## 読み解きのカギ

### 命を懸けて聞かせる物語

アラビアを中心とした民間伝承説話がまとめられた『アラビアンナイト（千夜一夜物語）』。毎晩処女を呼んでは翌朝に殺してしまう古代ペルシアの王に嫁ぐことになった娘が、自らの命を懸けて「明日に続きが聞きたくなる物語」を千夜聞かせ続ける……という物語。作中作という形で、娘の口から様々なお話が語られます。イスラームの歴史的な宗教観が反映された物語の宝庫ですが、もちろん昔話であるため、現代の倫理観からは大きく外れた残虐な展開が多いのも特徴です（幼い頃に読んで衝撃を受けました）。『アラジンと魔法のランプ』『アリ・ババ』『船乗りシンドバッド』など有名なお話もたくさん含まれています。人生で一度は読破したいですね！

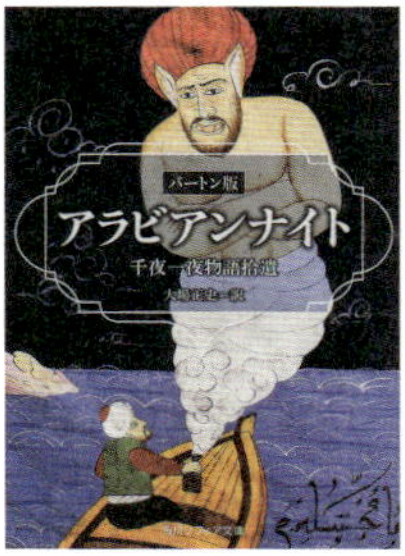


『バートン版　アラビアンナイト 千夜一夜物語拾遺』大場正史（翻訳）／角川ソフィア文庫

9-2

# 善と悪が対立するゾロアスター教

## 「善神vs.悪神」の戦いが、12000年にわたって続く！

宇宙規模で繰り広げられる「善」と「悪」の戦い――そんな世界観を持つ宗教が、古代ペルシアで隆盛した「ゾロアスター教」です。ゾロアスター教の開祖は、神官のザラスシュトラ。彼は、古代アーリア人が信仰していた「原イラン多神教」を批判する宗教改革を行い、新たにゾロアスター教の信仰体系を説き始めたとされています。

ゾロアスター教の特徴は、やはり「善悪二元論」を軸とした思想です。善を司るのは、最高神アフラ・マズダーと彼に従う7柱の善神アムシャ・スプンタ。一方の悪を司るのは、悪神アンラ・マンユと彼に従う悪神ダエーワたちです。**この2つの勢力がなんと12000年にもわたって戦い、最後に善の勢力が勝利する、と説かれているんです。正義は必ず勝つ！** そして人々は、善神と共に悪に打ち勝つ努力を続けなければなりません。

ちなみに、原イラン多神教の神々は、「ヤザタ」と呼ばれる中級の善神としてゾロアスター教に取り込まれました。太陽神ミスラや清浄の女神アナーヒターなど、祀れば恩恵を与えてくれるとして人々に篤く信仰されたんです。

さて、ゾロアスター教のもう1つの特徴は「救世主の到来」や「最後の審判」が説かれていること。そう、後の『聖書』にも見られる思想ですが、実はゾロアスター教が最古の例とされているんです。3人の救世主がやがて到来し悪を滅ぼすと、世界の終末に全ての人間に裁きが下されるそう。そして善人は天国に、悪人は地獄に旅立ちます。キリスト教の最後の審判P196によく似ていますね。

また、ゾロアスター教はときに「拝火教」と呼ばれます。それは、火が「善の象徴」であり「万物を浄化するもの」と考えられ、崇拝されているから。イランには、1000年以上にわたって聖火を絶やさず燃やし続けている「拝火神殿」があるといいます。**消えずの炎、神秘的です。**

## 関連知識

### 善と悪の立場が逆転！

ゾロアスター教の最高神アフラ・マズダー（右）は、王のような姿で、手には「クワルナフ」という光輪を持っています。一説では、このクワルナフは「宇宙の支配権」を象徴しているんだそう。ちなみに、ゾロアスター教の聖典『アヴェスター』には、古代インドの聖典『リグ・ヴェーダ』と類似点が多く見られます。そのため、アフラ・マズダーの「アフラ」はインド神話の魔神アスラ➡P80と語源が同じであり、悪神の「ダエーワ」はインド神話の神族デーヴァ➡P80と語源が同じと考えられています。インド神話とゾロアスター教では善と悪の立場が逆転している、というワケ。面白い！

## 読み解きのカギ

### 世界中の悪魔が大集合

人気漫画『左門くんはサモナー』。悪魔召喚が趣味の主人公「左門召介」は善人が大嫌い。そんな彼がクラスいちの善人「天使ヶ原桜」を「地獄に行くような人間」に堕落させるために暗躍する……というコメディ漫画。左門くんは実際に悪魔を召喚できる「召喚術士」であり、ユダヤ教・キリスト教の悪魔はもちろんのこと、ゾロアスター教からは、眠気を司る悪魔ブーシュヤンスタや悪神アンリ・マユ（アンラ・マンユ）、悪魔アカ・マナフなどが登場します。世界の神話・宗教の悪魔に興味がある方は、ぜひご一読を！

## 読み解きのカギ

### 世界のはじまりとなった火

超高難度の「死にゲー」として名高いアクションRPG『ダークソウル』シリーズ。クリアまでに何度やり直したのか……もう覚えてすらいません。さて、作中では、「はじまりの火」から「光と闇」や「生と死」などが生まれ、この火を絶やさずに継いでいくことで世界を維持できる、と語られます。このように「火」が重要な要素として登場し、その火から善悪二元論の要素が生まれるというのは、まさにゾロアスター教的な世界観ですね。闇に覆われつつある世界で、火を継げるのか――高難度アクションに苦しみながら神話的世界に浸れるなんて最高すぎる！

# 不老不死を目指す道教と陰陽五行思想

## 老子に始まった多神教は、不老不死の薬を求めた！

「中国3大宗教（3教）」と呼ばれるのが、仏教P204、道教、そして儒教です。道教は古代中国の哲学者「老子」に始まり、儒教は同時期の哲学者「孔子」を始祖とします。両者はよく比較されますが、儒教は信仰というより思想・学問的な側面が強く、「宗教」と呼ぶことには議論があります。そこでここでは、道教について紹介しましょう。

道教は多神教であり、信仰されるのは不老不死の仙人や神である「神仙」たちです。神仙に名を連ねるのは、創造神であり最高神である「元始天尊」や、老子自身が神格化された「太上老君」、北斗七星の神「北斗星君」、不老不死の桃を管理する女神「西王母」など様々で、その数が非常に多いのが特徴です。実は、『西遊記』の主人公である「孫悟空（斉天大聖）」も神仙の1人なんです。

また、道教最大の特徴の1つは、「不老不死の探求」という思想があること。古代中国には、不老不死の仙人になれる薬「仙丹」の完成を目指す「錬丹術」が盛んに行われました。西洋で言うところの「錬金術」です。人々が不死を求めるのは万国共通ですね。錬丹術では「水銀を含む薬」によって仙人になれると考えられたそう。**恐ろしい……。**

さらに道教には、万物を説明する理論「陰陽五行思想」が取り込まれ、体系化されました。**陰陽五行思想とは、万物を「陰」と「陽」の2属性に分類する「陰陽説」と、万物が「木」「火」「土」「金」「水」の5つの気（元素）から構成されるとする「五行思想」を合体させたもの。**これを用いて、天体、季節、自然現象、人体、国家など、あらゆる事物の性質やその循環が説明されたんです。占いにも用いられ、呪術的な儀式が行われることもありました。後に科学が発展するまでの長い年月で使われた、〝超万能な理論〟だったというワケ。ちなみに、陰陽五行思想は後に日本に伝わり、「陰陽道」P234の源流にもなりました。

## 関連知識

### 老子は最高神の1柱となった

老子は紀元前6～5世紀の春秋時代に活躍したとされています。老子が著したと伝えられる『老子道徳経』などの教えを根本にして、道教が始まりました。そして4～5世紀になると、老子は道教の神「太上老君」として最高神の1柱とされました。ちなみに『西遊記』では、太上老君は「八卦炉《はっけろ》」という炉を使用して仙丹を練るといいます。あるとき太上老君は、いたずらばかりの孫悟空を懲らしめるため、八卦炉に放り込んでしまいます。49日後に炉を開けると、炉の中で風の方角に身を隠していた孫悟空が飛び出してきたんだそう。さすがのタフネスと知略です。

Fig. 135. Lao Tsz'. From a drawing by Takata Keihō, engraved in the *Keihō gwa-fu* (1804).

老子／国際日本文化研究センター蔵

## 読み解きのカギ

### その島、地獄か極楽か？

人気漫画『地獄楽』。江戸時代末期、死罪人の忍である画眉丸《がびまる》は「極楽と称される島から不老不死の仙薬を持ち帰れば無罪放免となる」と告げられ、地獄のような島に足を踏み入れる……という物語。この「仙薬」とは錬丹術における仙丹のことであり、島の名前は道教の神々の名を取った「神仙郷」。さらには、戦いにおいて「相生／相克」といった五行思想における気の相性が重要となります。このように至るところに道教的な要素が散りばめられているんです！

## 関連知識

### 5つの気の関係性

五行思想で説かれる5つの気（元素）である「木」「火」「土」「金」「水」は、互いに影響を及ぼし合います。例えば、「木を燃やすと火が生まれ、その火から土ができる」など隣の気の力を増やす働きのことを「相生」と呼びます。また、「水が火を消し、火が金（金属）を溶かす」など2つ隣の元素の気の力を弱める働きのことを「相剋」と呼びます。ポケモンのタイプ相性みたいな感じかも？　こういった関係性に、さらに「陰」と「陽」の要素を加えて複雑化したのが、陰陽五行思想なんです。

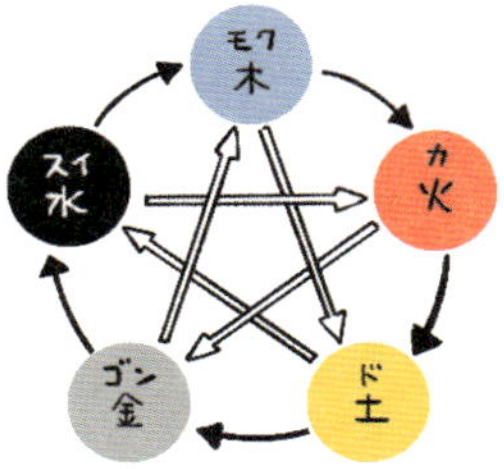


➡相生　⇨相克

9-4

# 陰陽道と最強の陰陽師・安倍晴明

## 呪術を操る陰陽師は、国家お抱えの役人だった!?

「陰陽師」は小説や漫画などの影響によって、「強力な式神や呪術を巧みに繰り、妖魔を討ち払うイケメン術師！」というイメージを持たれているかも。ところが、飛鳥時代以降の日本に実在した陰陽師は、天文と暦の知識や、呪術的祭祀によって、吉凶を占ったり除災を行ったりする官職でした。陰陽師は「陰陽寮」という機関に属していて、そこには天体や気象を観測する「天文博士」、暦を作る「暦博士」、陰陽師を育成する「陰陽博士」などの部署がありました。**イケメンだったかどうかは分かりません。**

そんな陰陽師たちが修めたのが「陰陽道」です。**陰陽道は、古代中国の「陰陽五行思想」→P232を源流にして、日本の密教→P210や神道→P238などが習合して発展した、学問的宗教体系です。**陰陽道では、日本神話の『記紀』には登場しない独自の神々が信仰されました。例えば、陰陽道の主神は、中国神話や道教に由来する冥界の神「泰山府君《たいざんふくん》」です。他にも、祇園社（現在の八坂神社）の主祭神だった疫病神「牛頭天王《ごずてんのう》」や、方位の吉凶を司る8柱の神「八将神《はっしょうじん》」などがいます。流行病や方位といった、当時の占いの対象となった事象が分かりますね。

さて、最も有名な陰陽師といえば、やはり平安時代に活躍した「安倍晴明《あべのせいめい》」です。天文博士だった晴明は、第66代一条天皇の病に禊ぎを行い成功を収めるなど、優れた才覚を発揮したことが様々な記録に残されています。

また、希代の陰陽師とされた晴明には、人間離れした逸話や物語が数多く伝えられています。晴明は人の父と妖狐の母の間に生まれた子であったり、播磨《はりま》からやってきた陰陽師「蘆屋道満《あしやどうまん》」と呪術勝負を繰り広げたり、死の淵にあった僧侶を儀式で蘇らせたり、12柱の式神「十二天将」を従えていたり……。**もはや超能力者のレベルです。**当時から人々はこういった伝説にワクワクしてきたんですね。

疫病神退治をする安倍晴明（泣不動縁起より）／出典：ColBase（https://colbase.nich.go.jp/）

## 関連知識

### 疫病神を退治する安倍晴明

『泣不動縁起』という絵巻には、儀式によって疫病神を退治する安倍晴明（右下）が描かれています。あるとき、重病にかかった寺の住職を安倍晴明が占うと、誰かが代わりにその病気を受ければ助けられることが分かります。身代わりを申し出て病気を受けた若い弟子が、苦しみの中で不動明王➡P218に祈ると、なんと今度は明王が血の涙を流して病を引き受け、弟子は回復しました。この物語は平安時代の『今昔物語』に書かれた安倍晴明の逸話が原型とされ、そちらでは不動明王ではなく、泰山府君の哀れみによって弟子が助かったとされています。後世に不動明王のご利益を語るものに変化したというワケですね。

## 読み解きのカギ

### 現代版の陰陽師バトル！

陰陽師を題材とした人気ライトノベル『東京レイヴンズ』。現代の陰陽道の名家「土御門家」の分家に生まれながらも、呪術の才がなく落ちこぼれと言われていた少年・土御門春虎が、とある事件をきっかけに陰陽師の道を目指す……という物語。土御門家とは、安倍晴明の子孫であり代々陰陽師として朝廷に仕えたとされる実在した家系です。作中には、晴明が行ったという死者蘇生の祭儀「泰山府君祭」や、晴明が従えた12柱の式神「十二天将」など、陰陽道に関する用語が盛りだくさん。現代ライトノベル版の陰陽師バトルを楽しみたい方はぜひ！

『東京レイヴンズ』あざの 耕平（著），すみ兵（イラスト）／KADOKAWA

## 読み解きのカギ

### 陰陽師ブームはここから！

熱い陰陽師ブームの火付け役となったのが、夢枕獏のベストセラー小説『陰陽師』シリーズです。平安時代を舞台に、陰陽師・安倍晴明と相棒である貴族・源博雅が様々な怪異を解決すべく奔走する……という物語。このバディがホントに好き！　2024年には、シリーズの世界観を元にして晴明の学生時代を描いた映画『陰陽師0』が公開されました。活躍から1000年以上が経ってもなお、人々の心を惹きつける安倍晴明――恐るべし！

『陰陽師』夢枕獏／文春文庫

# 修験道と最強の呪術師・役小角

## 霊山に籠もって修行を行い、鬼神を従えた!?

古くから日本には、山を神聖視する「山岳信仰」がありました。そんな山岳信仰と深く結びついた日本独自の宗教が、「修験道」です。修験道は、奈良時代中期の修行者「役小角《えんのおづの》」によって開かれ、山岳信仰に加えて神道P238や仏教、密教、さらには道教P232や陰陽道P234などの影響を受けて成立しました。神道と仏教が習合した、いわゆる「神仏習合P238」の宗教とも言えますね。

修験道の信徒は「山伏《やまぶし》」や「修験者《しゅげんじゃ》」と呼ばれます。**彼らの目的は、霊山に籠もって過酷な修行を行うことで、「悟りを得ること」あるいは「霊験（神仏の超人的な力）を獲得すること」です。****修行してパワーアップ。**

また、修験道は呪術と関わりが深い宗教でもあります。たとえば、「臨・兵・闘・者・皆・陣・列・在・前」と唱えながら両手で印を結ぶ「九字護身法」は、修験道の呪術的な修法であり、魔障や災難を退けるとされました。漫画などで見たことのある方も多いかも? 他にも「卜占《ぼくせん》」や「憑き物落とし」など、様々な呪術を行ったといいます。

開祖の役小角は非常に優れた呪術師であったとされ、「孔雀明王P207の修法を修めて、数多の鬼神を自在に操った」と伝承されています。鬼神の中には、千手観音を守護する神々「二十八部衆」もいたんだとか。**スゴすぎる。**

また、役小角には「修行中に『蔵王権現』という仏尊を感得（その存在を感じ見出すこと）した」という逸話もあります。蔵王権現は、正しくは「金剛蔵王権現」と呼ばれ、修験道の本尊として信仰される仏あるいは神です。忿《ふん》怒形《ぬぎょう》を浮かべた明王のような姿で描かれるんですが、なんと「釈迦如来P202」「千手観音P207」「弥勒菩薩P216」の三尊の化身だとされているんです。**絶対強い！**ちなみに役小角自身も死後は神として祀られ、「神変大菩薩」という名で信仰されています。

## 関連知識

前鬼・後鬼を従えた役小角／国際日本文化研究センター蔵

### 役小角と２匹の鬼

多くの絵画では、役小角と共に「前鬼」と「後鬼」という鬼神の夫婦が描かれています。前鬼と後鬼は役小角が従えた鬼神であり、元々は修験者を邪魔する存在だったそう。しかし、役小角に捕まえられてそのまま弟子になり、水汲みや薪集めといった雑用をこなしていたんだとか。鬼神に雑用をさせる役小角、まるで明王のような強さですね。

役行者像／出典：ColBase（https://colbase.nich.go.jp/）

## 関連知識

### 烏天狗は山伏？

山伏の衣装を着た有翼の妖怪「烏天狗」には、明らかに修験道の影響が見られます。古代中国を起源とする天狗が日本に伝わった後、山伏と天狗が同一視され、このような姿に変化していったと考えられています。また天狗の姿には、日本神話の長い鼻を持つ神「サルタヒコ」や、仏教の竜を喰らう天部の神「迦楼羅天（インド神話のガルダ➡P84）」の影響も見られるそう。ちなみに修験道では、堕落した山伏が「天狗道」と呼ばれる世界に堕ちることで天狗になるとも考えられました。これは六道輪廻➡P212をベースにした思想ですね。

## 関連知識

© 谷菊秀・黒岩よしひろ／竹書房

### 役小角の子孫が鬼神を使役！

人気漫画『鬼神童子 ZENKI』。かつて役小角が使役したという最強の鬼神・前鬼は、役小角の血を引く現代の少女・役小明に使役されることになり、協力してこの世の邪悪と戦っていく……という物語。完全体の前鬼がめちゃくちゃカッコいい！　修験道の伝説がモチーフというかなり珍しい漫画で、作中にはもう１人の鬼神・後鬼も登場します。ちなみに読み切り版での千明は役小角ではなく安倍晴明➡P234の子孫、阿部野千明という設定だったそう。それもまた面白そう！

9-6

# 日本に古くから伝わる神道

## 開祖も教義もないのに、自然の神々を信仰してきた!?

万物には神が宿り、世界には「八百万《やおよろず》の神」が存在する――そんな信仰を持つ日本古来の宗教（思想）が「神道」です。神道はもちろん多神教。しかし、他の大きな宗教のように開祖がいるワケではなく、特にこれといった教義も存在しません。自然崇拝、いわゆる「アニミズム」的な宗教なんです。また、3世紀頃の邪馬台国の女王とされる「卑弥呼」にも見られるように、巫女が託宣や予言を行う「シャーマニズム」的な側面があることも神道の特徴です。

さて、そんな神道で信仰される神々は実に多様です。**日(→P98)本神話に登場するアマテラスやスサノオといった神々や、「天神（菅原道真）」や「安倍晴明」のように人間が神として祀られるようになった「人神」、さらには長く使用された道具に神や精霊が宿る「付喪《つくも》神」、地域に密着した土地の守護神「氏神」や「産土《うぶすな》神」などなど。**神道は他に類を見ないほど多くの神を祀る宗教なんです。

そんな神々を祀る聖域が、神社です。神社には、主祭神が祀られる「本社」のほかにも、主祭神に関わりの深い神が祀られる「摂社」や、関わりのあまりない神が祀られる「末社」などがあります。そして、全国にある神社の数は、大小合わせるとなんと8万から10万にも及ぶそう。稲荷神を祀る「稲荷神社」や八幡神を祀る「八幡宮」など、同一の神を祀る神社が全国に多数存在するものの、日本では相当な種類の神様が全国で祀られていることがわかりますね。ちなみに全国の神社の最高峰とされるのは、最高神アマテラスを祀る三重県の「伊勢神宮（神宮）」です。

古代より日本にあった神道ですが、仏教が広まった奈良時代には、神道の神々と仏教の尊格を同一視し、習合させていく「神仏習合」が始まりました。これによって土着の神々と外来の如来・菩薩などが複雑に結びついていき、現在のような信仰体系ができあがったんです。**スゴい！**

関連知識

## オオクニヌシを祀る出雲大社

島根県にある「出雲大社」の主祭神は、国土を整備した神→P110オオクニヌシです。『古事記』によれば、オオクニヌシが国譲りを認める条件として天津神に「立派な宮殿を建ててくだされば隠れ住みましょう」と願い、このときに建設された宮殿が出雲大社なんだそう。『古事記』にまで遡る由緒、スゴすぎます。ちなみに、旧暦の10月には全国の八百万の神々が出雲の国に集まるとされ、一般に「神無月」と呼ばれますが、出雲地方では逆に「神在月」と呼ばれます。出雲大社でも、毎年の旧暦10月には神々を迎える神事が執り行われています。

読み解きのカギ

## 神と妖怪と人間の関係性

人気漫画『夏目友人帳』。子どもの頃から妖怪が視える少年・夏目貴志は、祖母の遺品である「友人帳」を手に、かつて祖母に名前を奪われた妖怪たちに名前を返していく……という和風ファンタジー。夏目の用心棒となった大妖怪「斑」を筆頭に、作中では様々な妖怪たちが登場し、人との関わりが描かれていきます。日本では、万物に神が宿るというアニミズム的な信仰を基盤にして、自然の中から様々な妖怪が見出されてきました。例えば、道具に神や精霊が宿る「付喪神」は、作中でもそうであるように妖怪にも類される存在です。もしかすると「神」と「妖怪」は表裏一体なのかもしれませんね。

『夏目友人帳』緑川ゆき／白泉社

読み解きのカギ

## 神木から美少女産土神!?

人気漫画『かんなぎ』。美術部員の御厨仁《みくりやじん》はあるとき、切り倒された神木を彫った精霊像から現れた謎の少女ナギと出会い、町に出現するようになった「ケガレ」を退治するために共同生活を始める……という物語。作中ではナギが自分のことを「産土神」と自称していたり、神道において不浄を示す「ケガレ（穢れ）」が現れたり、と神道が物語のベースとなっています。ちなみに、タイトルの「かんなぎ」は漢字では「巫」や「神なぎ」などと書き、神を降ろして託宣を行う巫女のことを意味します。

## インドとギリシアの「パンドラ型神話」

**世界の神話は、距離的には隔たっていても不思議に似ている**ことが多くみられます。日本神話とギリシア神話の類似について第4章のコラムで書きましたが、もう1つ別の例を見てみることにしましょう。

インドとギリシアの神話の類似です。ギリシア神話で有名な話として、最初の人間の女パンドラの誕生の話があります。ゼウスをはじめとする神々が、その時は男しかいなかった人間に災いがあるようにと考えて作られたのがパンドラでした。工匠の神ヘパイストスが土と水から人間の姿を作り、神々が美しく飾り立て、この災いを、敵対するプロメテウスの兄弟エピメテウスのもとに送り届けました。パンドラはその家にあった（と思われる）大甕の蓋を開けて、中に入っていた災いを世界にまき散らしたのでした。

これに対応する話として、インドにティローッタマーの話があります。スンダとウパスンダという2人のアスラの兄弟が神々との戦いに勝利して三界を支配すると、神々はブラフマー神に窮状を訴えます。ブラフマーはこの問題を解決するため、1人の美しい天女を創ることにします。そこでヴィシュヴァカルマンという工作の神が呼ばれ、世界中の美しいものを集めて、1人の天女が創られました。この天女はティローッタマーと名付けられ、スンダとウパスンダのもとに向かいます。天女を見た2人のアスラは、自分が天女の夫にふさわしいと互いに言い合い、ついに武器を取って戦い合い、共に滅びたのでした。

インドとギリシア、2つの神話の共通点を整理してみましょう。

❶最高神が、敵対する2人の兄弟への災いとして1人の美しい女を創ることにする
❷神々の工匠が呼ばれ、美女を創る
❸美女は兄弟のもとに送られ、彼らに破滅をもたらす

このように、とても偶然とは思えないほどの一致を示しています。この場合、インドとギリシアがどちらも同じ「**インド＝ヨーロッパ語族**」という言語の家族の仲間であることが関係するように思われます。**インド＝ヨーロッパ語族は現在は広い地域に分散して住んでいますが、もともとは1つの社会を築き、1つの神話体系を有していたものと考えられています。**それが、分散したのちも各地で受け継がれているのです。その1つの例が、このパンドラとティローッタマーの類似とみてよいでしょう。

# おわりに

本書を読んでいただき、誠にありがとうございます。神話好き、ファンタジー好きのみなさんに「神話や宗教と、現代作品とのつながりって面白いぞ！」とほんの少しでも感じていただけたら、これ以上嬉しいことはありません。ただそれだけで、粉骨砕身の思いで本書を執筆した甲斐があると思っています（あたたかい感想をいただいたら、泣いてしまう気がします）。

また、本書をきっかけに、「懐かしのあの作品」や「新たに触れてみたい作品」をたくさん発見していただけたら幸いです。本書で紹介させていただいた作品は、なんと150作ほどにのぼりました。作品の書影や場面写真などを快く使用させてくださった関係各所の方々、並びに、すべての作品に携わられた素晴らしいクリエイターの方々に、この場を借りて厚くお礼申し上げます。まさか自分がずっと好きだった数々の作品を、こういった形で紹介できる機会をいただけるとは思っておらず、身に余る光栄と恐縮でいっぱいでした。本当にありがとうございます！

さて、ここからは本書の制作を通して感じたことを綴っていきます。極めて個人的な、（どうでも良い）苦労話だらけになること必至につき、興味のない方は最初（P13）に戻って、ぜひ本編を無限に再読してください！

辛くも原稿を提出しきったのは、2024年5月末のことでした。気がつけば、初めにお話をいただいてからおよそ9ヶ月もの時が流れていました。その間に、私が長らく考えていたことは……ほぼ次の1つです。

——これ、本当に発売できるんでしょうか？

この「発売できるのか？」はダブルミーニングであり、1つは「完成するのか？」という意味です。

本書の執筆は、まるで『神曲』の主人公ダンテが地獄を下り煉獄を登っていく……そんな途方もない旅路のように思えました。道の果てにあるはずの天国が、まったく現れる気配がなかったのです。

より具体的に言うと、1項目あたりの本文（右ページのみ）が約800字という厳しい制限の中で、世界中の神話と宗教について100個以上の項目ごとにまとめていく作業は、想定していた以上の大変さがありました。実は、普段の動画の原稿は1万～1・5万字程度なので、文字数だけ見れば、そこまで書籍の執筆量が多いというワケではありません。しかし、文字数に制限が存在しない動画と、最終行ぴったりで終わらせなければいけない書籍とでは、考えるべきことの多さは段違いです。これは始まってから気づいた新たな学び（誤算）であると共に、神話と宗教の奥深さを改めて感じさせてくれる経験でした。

また、書籍の執筆には、事実確認によりしっかりと気を遣いたい、という覚悟で臨みました。もちろん動画もできるだけ調べて丁寧に作っていますが、「趣味の延長」という気分で制作している動画に比べると、尊敬する沖田先生にご監修までしていただき全国で発売される書籍の緊張感はあまりに別次元です。喩えるなら、「慎重さ」につながるギアを100段階くらいあげるような感覚かもしれません。当然、ペダルを回す力は、何十倍も重くなりました。そんなこんなで、「初学者に楽しんでもらえる本を作る！」という情熱だけを原動力にして走り出した道は思いのほか険しく、週1の動画更新との並行作業に苦心しながら、ひたすらに執筆を続けました。今になって思えば、とても楽しく貴重な経験でしたが、これが「完成するのか？」と思っていた主な理由になります。

そして「発売できるのか？」の2つ目の意味は、文字通り「このような本が発売可能なのだろうか？」ということです。初めに書籍の構成を考えていたとき、私はオタクとしての経験と記憶を総動員して「あの作品も入れたいし、この作品も入れたい！」と欲張ったため、構成上の作品数はどんどん増えていきました。しかし、実際に作品についての文章を執筆していくようになると、頭をよぎる心配事があります。――もし、自分の考察が作品の制作陣にとって不快なものだったらどうしよう⁉　そう、私は神話学の専門家ではなく、ただのアマチュア神話好きYouTuber。権威など微塵もなく、そもそも古今東西の素晴らしい作品にとって本書で紹介されるメリットなどないのである……！　と不安を抱き始めたのです。最終的には、画像の使用を相談した際に好意的に受け止めてくださる方が多く（そうは言ってももちろん、考察自体は私の個人的な見解であり、公式さんの考えと必ずしも一致するものではないことは断っておきます）、感謝で胸がいっぱいとなったワケですが、執筆中の私は気が気ではありませんでした。しかし「やります！」と大声で言った手前、編集者のKさんにそんな不安を伝えることはできず（そもそも伝えてどうにかなる問題ではありません）、とにかく良い本を作ることだけを考えるようにして、1つずつ執筆していくことにしました。

ちなみに、お気づきの通り、紹介させていただいた作品には、私の趣味が大いに反映されています。「できるだけいろいろな方に楽しんでもらいたい！」と考えて、幅広いジャンルから名作を集めたつもりではあるのですが、やはりローカルな人生経験からくる偏りはどうしても出てしまいます。Kさんから「女性読者の多い作品が少ない、という意見がありましたね」と言われたときには「確かに……」と納得した一方で、諦めもしました。もちろん、様々な事情によって泣く泣く削除せざるを得なくなった作品も数多くありました。しかし、何よりも楽しかったのは、好きだった映画を観返したり、懐かしのゲームでもう一度遊んでみたり、本棚の漫画を久々に読み返したりできたことです。「紹介させていただくからには、決して作品に失礼があってはいけない」という思いから再履修を始めたのですが、むしろただ純粋に楽しむだけになってしまっていたかもしれません。最高でした。

さて、本書はそんな道のりを経て、こうして無事に発売することができました。何よりも皆さんに楽しんでいただけることが、最大の喜びです。また、しんりゅう1人の力では、到底このような書籍を作ることはできませんでした。本書の制作にご協力いただいたすべての方に、ここで改めて厚くお礼申し上げます。大変お忙しいにもかかわらず、本書のご監修を快く引き受けていただいた沖田瑞穂先生。先生の鋭いご指摘のお陰で、私が長らく誤解していたことや、とんでもない間違いなどに気づくことができました。拙文を余さずチェックしていただき、誠にありがとうございます。

本書での作品のビジュアル素材などの使用を快く許諾していただいた関係各所の方々、並びに、すべての作品に携わられたクリエイターの方々。紹介させていただいた作品に多大な影響を受けながら、これまで生きてきました。このような形で関われたことが大変恐縮でもあり、本当に光栄です。素晴らしい作品を楽しませていただき、誠にありがとうございます。

本書の執筆にあたり、参考にさせていただいた神話学・宗教学の文献をご執筆された方々。ただの神話好きである私にとって、先人が積み上げてきた偉大な文献だけが道標であり、知識の源泉でした。参考にさせていただいた文献は、巻末に記載いたしました。誠にありがとうございます。

本書の表紙を描いてくださいましたイラストレーターのイマムラ様。初めて表紙のラフ画を拝見したときの興奮は、今でもはっきりと覚えています。あまりに魅力的すぎるイラストだったため、会議で大騒ぎしてしまいました。素晴らしいイラストを描いていただき、誠にありがとうございます。

そして本書の制作に携わってくださったKADOKAWAや、出版関係各所の方々。文章の校正や誌面デザイン、印刷や販売に関わる作業など、すべての方々のお陰で、本書を無事に発売することができました。誠にありがとうございます。

最後に、本書の企画から制作のすべてを担当してくださった編集者のKさん。拙文に対して常にポジティブな感想をいただき、挫けそうになる心をいつも励ましていただきました。誠にありがとうございます。

本書が、素晴らしい書籍群の片隅に並ぶことを思うと、恐縮すると共に、どこか奮い立つ気持ちを感じています。僅かでも楽しんでいただけたら幸いです。気が向いたらYouTubeチャンネルも見に来ていただき、その際には……チャンネル登録、高評価、コメント、通知のONをよろしくお願いいたします。それではまた。

２０２４年8月

しんりゅう

神話と宗教をもっと理解するための

# ブックリスト

## ギリシア神話

- 高津春繁訳『アポロドーロス ギリシア神話』(岩波書店、1953)
- フェリックス・ギラン著、中島健訳『ギリシア神話(新装版)』(青土社、1991)
- 西村賀子『ギリシア神話 神々と英雄に出会う』(中央公論新社、2005)
- 廣川洋一訳『ヘシオドス 神統記』(岩波書店、1984)
- 松平千秋訳『ホメロス　オデュッセイア(下)』(岩波書店、1994)

## 北欧神話

- ヴィルヘルム・ラーニシュ著、吉田孝夫訳『図説 北欧神話の世界』(八坂書房、2014)
- 菅原邦城『北欧神話』(東京書籍、1984)
- 谷口幸男『エッダとサガ―北欧古典への案内―』(新潮社、1979)
- 谷口幸男訳『エッダ―古代北欧歌謡集』(新潮社、1973)
- 山室静『北欧の神話』(筑摩書房、2017年)
- 吉田敦彦『一冊でまるごとわかる北欧神話』(大和書房、2015)
- V・グレンベック著、山室静訳『北欧神話と伝説』(講談社、2009)

## インド神話

- 河田清史『ラーマーヤナ(上)』(第三文明者、1971)
- 河田清史『ラーマーヤナ(下)』(第三文明者、1971)
- 天竺奇譚『いちばんわかりやすいインド神話』(実業之日本社、2019)
- 辻直四郎訳『リグ・ヴェーダ賛歌』(岩波書店、1970)
- デーヴァダッタ・パトナーヤク著、沖田瑞穂監訳『インド神話物語 ラーマーヤナ(上)』(原書房、2020)
- デーヴァダッタ・パトナーヤク著、沖田瑞穂監訳『インド神話物語 ラーマーヤナ(下)』(原書房、2020)
- 立川武蔵・石黒淳一・菱田邦男・島岩共著『ヒンドゥーの神々』(せりか書房、1980)
- 藤巻一保『イラストでわかる 密教印のすべて』(『呪術廻戦』のコラム)(PHP研究所 、2006)
- 森本達夫『ヒンドゥー教―インドの聖と俗』(中央公論新社、2003)
- ヴェロニカ・イオンズ著、酒井伝六訳『インド神話』(青土社、2011)

## 日本神話

- 伊藤聡・遠藤潤・松尾恒一・森瑞枝『日本史小百科 神道』(東京堂出版、2002)
- 宇治谷孟訳『日本書紀(上)全現代語訳付』(講談社、1988)
- 宇治谷孟訳『日本書紀(下)全現代語訳付』(講談社、1988)
- 戸部民夫『「日本の神様」がよくわかる本』(PHP研究所、2004)
- 中村啓信訳注『新版 古事記 現代語訳付き』(KADOKAWA、2009)
- 由良弥生『読めば読むほど面白い『古事記』75の神社と神様の物語』(三笠書房、2015)
- 村上重良『日本宗教事典』(講談社、1988)

## エジプト神話

- ヴェロニカ・イオンズ著、酒井伝六訳『エジプト神話(新装版)』(青土社、1991)
- プルタルコス著、柳沼重剛訳『エジプト神イシスとオシリスの伝説について』(岩波書店、1996)
- 松本弥『図説古代エジプト誌 増補新版 古代エジプトの神々』(弥呂久、2020)
- 杉勇・屋形禎亮訳『エジプト神話集成』(筑摩書房、2016)

## その他の神話

- アイリーン・ニコルソン著、松田幸雄訳『マヤ・アステカの神話』(青土社、1992)
- アンドレア・ホプキンズ著、山本史郎訳『図説アーサー王物語 普及版』(原書房　2020)
- 井村君江『ケルトの神話 女神と英雄と妖精と』(筑摩書房、1990)
- カール・タウベ著、藤田美砂子訳『アステカ・マヤの神話』(丸善出版、1996)
- カート・セリグマン著、平田寛・澤井繁男訳『魔法 その歴史と正体』(平凡社、2021)

- 小林登志子『古代オリエントの神々 文明の興亡と宗教の起源』（中央公論新社、2019）
- 後藤明『世界神話学入門』（講談社、2017）
- 千田稔『古事記の宇宙（コスモス）―神と自然』（中央公論新社、2013）
- 白川静『中国の神話』（中央公論新社、1975）
- 谷川政美『ウガリトの神話　バアルの物語』（新風舎、1998）
- トルチーニ・ディエニ『アメリカ先住民の儀式と宗教』（信出版、2017）
- 二階堂義弘『封神演義の世界【中国の戦う神々】』（大修館書店、1998）
- ブルフィンチ著、野上弥生子訳『中世騎士物語』（岩波書店、2019）
- フェリックス・ギラン編、小海永二訳『ロシアの神話』（青土社、1993）
- 本田勝一『アイヌ民族』（朝日新聞社、2001）
- ミルチャ・エリアーデ著、久米博訳『エリアーデ著作集 第一巻 太陽と天空神 宗教学概論1』（せりか書房、1974）
- 森瀬繚編『図解　クトゥルフ神話』（新紀元社、2005）
- 森三樹三郎『中国古代神話』（清水弘文堂書房、1969）
- 矢島文夫『メソポタミアの神話』（筑摩書房、2020）
- 山本多助『カムイ・ユーカラ　アイヌ・ラッ・クル伝』（平凡社、1993）
- ロズリン・ポイニャント著、豊田由貴夫訳『オセアニア神話』（青土社、1993）
- A・レシーノス原訳、林屋永吉訳『マヤ神話 ポポル・ヴフ』（中央公論新社、2016）
- H・ガスター著、矢島文夫訳『世界最古の物語〈バビロニア・ハッティ・カナアン〉』（社会思想社、1989）
- J・G・フレーザー著、吉岡晶子訳『図説 金枝篇（下）』（講談社、2011）
- J・G・フレイザー著、青江舜二郎訳『火の起源の神話』（筑摩書房、2009）

**ユダヤ教・キリスト教**

- 荒井献編『新約聖書外典』（講談社、1997）
- 荒井献・大貫隆ほか編訳『新約聖書外典 ナグ・ハマディ文書抄』（岩波書店、2022）
- 岡田温司『最後の審判』（中央公論新社、2022）
- 岡田温司『天使とは何か』（中央公論新社、2016）
- 岡田温司『黙示録――イメージの源泉』（岩波書店、2014）
- 小川英雄『ローマ帝国の神々』（中央公論新社、2003）
- グスタフ・デイヴィッドスン著、吉永進一監訳『天使辞典』（創元社、2004）
- 草野巧『図解 悪魔学』（新紀元社、2010）
- 新共同訳聖書実行委員会『新共同訳聖書』（日本聖書協会、1988）
- 杉崎泰一郎『世界を揺るがした聖遺物』（河出書房新社、2022）
- 竹下節子『キリスト教入門』（講談社、2023）
- 月本昭男監修『図説 一冊で学びなおせるキリスト教の本』（学研プラス、2020）
- 筒井賢治『グノーシス 古代キリスト教の〈異端思想〉』（講談社、2004）
- ジョン・ミルトン作、平井正穂訳『失楽園（上）』（岩波書店、1981）

**仏教**

- 石井亜矢子『仏像図解新書』（小学館、2010）
- 石田瑞麿『地獄』（法蔵館、1985）
- 岩井宏實監修『日本の神々と仏　信仰の起源と系譜をたどる宗教民俗学』（青春出版社、2002）
- 櫻部建・上山春平『仏教の思想2 存在の分析〈アビダルマ〉』（KADOKAWA、2014）
- 笹間良彦『新装版 大黒天信仰と俗信』（雄山閣、2019）
- 下泉全暁『密教の仏がわかる本――不動明王、両界曼荼羅、十三仏など』（大法輪閣、2019）
- 下泉全暁『不動明王 智慧と力のほとけのすべて』（春秋社、2013）
- 末木文美士『日本仏教史 思想史としてのアプローチ』（新潮社、1996）
- 高木豊・坂輪宣敬『如来――信仰と造形――』（東京美術、1987）
- 多屋頼俊・横超慧日・船橋一哉編著『佛教学辞典』（法蔵館、1987）
- 筒井賢治『グノーシス 古代キリスト教の〈異端思想〉』（講談社、2004）
- 錦織亮介『天部の仏像事典』（東京美術、1983）
- 速水侑『菩薩 由来と信仰の歴史』（講談社、2019）
- 藤巻一保『イラストでわかる 密教印のすべて』（PHP研究所、2006）
- 松尾剛次『仏教入門』（岩波書店、1999）

- 松長有慶『密教』(岩波書店、1991)
- 宮坂宥洪『真釈 般若心経』(KADOKAWA、2004)
- 宮坂宥勝『新装版 密教の学び方』(法蔵館、2018)
- 村上重良『日本の宗教』(岩波書店、1981)
- 村上重良『日本宗教事典』(講談社、1988)
- 安田治樹著・大村次郷写真『ブッダの生涯』(河出書房新社、2005)
- 山辺習学『地獄の話』(講談社、1981)
- 頼富本宏『密教とマンダラ』(講談社、2014)

**その他の宗教**

- 安倍晴明研究会『陰陽師「安倍晴明」超ガイドブック』(二見書房、1999)
- 上村勝彦『インド神話―マハーバーラタの神々』(筑摩書房、2003)
- 岡田明憲『ゾロアスターの神秘思想』(講談社、1988)
- 岡田明憲『ゾロアスター教の悪魔払い』(平河出版社、1984)
- 小林登志子『古代オリエントの神々 文明の興亡と宗教の起源』(中央公論新社、2019)
- 小向正司編『道教の本 不老不死をめざす仙道呪術の世界』(学研プラス、1992)
- 窪徳忠『道教の神々』(講談社、1996)
- 久保田展弘『修験の世界』(講談社、2005)
- 斎藤英喜『陰陽道の神々』(思文閣出版、2007)
- 繁田信一『陰陽師 安倍晴明と蘆屋道満』(中央公論新社、2006)
- 下出積與『道教と日本人』(講談社、1975)
- 杉原たく哉『天狗はどこから来たか』(大修館書店、2007)
- 月本昭男監修『図説 一冊で学びなおせるキリスト教の本』(学研プラス、2020)
- 戸部民夫『「日本の神様」がよくわかる本』(PHP文庫、2004)
- 豊嶋泰國『図説　日本呪術全書』(原書房、2021)
- 中田考・橋爪大三郎『クルアーンを読む カリフとキリスト』(太田出版、2015)
- 中野美代子『孫悟空の誕生 サルの民話学と「西遊記」』(玉川大学出版部、1980)
- 中村啓信訳注『新版 古事記 現代語訳付き』(KADOKAWA、2009)
- 野口鐵郎・田中文雄編『道教の神々と祭り』(大修館書店、2004)
- 宮家準『修験道　山伏の歴史と思想』(教育社、1978)


※本書は、ブックリストに掲載した書籍を適宜参照しながら執筆しました。


ブックデザイン　萩原弦一郎(256)
本文イラスト　前田はんきち
DTP　高見澤愛美(Isshiki)
校正　東京出版サービスセンター
編集協力　穂積みずほ
写真提供　Adobe Stock、iStock、アフロ

しんりゅう
　ファンタジー好きだった父の影響を受けて、ゲーム、漫画、小説など、様々なファンタジー作品に触れて育った一般男性。作品内に登場する用語の「元ネタ」を調べるうちに神話・宗教に興味を持ち、専門書を集めて学び始める。神話好きが高じて、2022年6月にYouTubeチャンネル「しんりゅう / ファンタジー&神話研究所」を開設。「ファンタジー作品の元ネタ紹介」を軸に、神話用語を解説する動画を投稿している。2024年8月現在、チャンネル登録者は18万人。

沖田　瑞穂（おきた　みずほ）
　1977年、兵庫県生まれ。学習院大学大学院人文科学研究科日本語日本文学専攻博士後期課程修了。博士（日本語日本文学）。現在、和光大学教授。専門はインド神話、比較神話。著書に『マハーバーラタの神話学』（弘文堂）、『マハーバーラタ入門――インド神話の世界』（勉誠出版）、『世界の神話』（岩波ジュニア新書）、『怖い女』『怖い家』（以上、原書房）、『災禍の神話学』（河出書房新社）など多数。

神話《しんわ》と宗教《しゅうきょう》の解体神書《かいたいしんしょ》　ファンタジーの元《もと》ネタ超解説《ちょうかいせつ》

2024年 9 月27日　初版発行
2025年 6 月25日　再版発行

著／しんりゅう
監修／沖田《おきた》 瑞穂《みずほ》
発行者／山下 直久
発行／株式会社KADOKAWA
〒102-8177　東京都千代田区富士見2-13-3
電話 0570-002-301（ナビダイヤル）
印刷所／株式会社暁印刷
製本所／株式会社暁印刷



●お問い合わせ
https://www.kadokawa.co.jp/（「お問い合わせ」へお進みください）
※内容によっては、お答えできない場合があります。
※サポートは日本国内のみとさせていただきます。
※Japanese text only

定価はカバーに表示してあります。


ISBN 978-4-04-606715-9　C0014